人民观念的
话语生产

中国特色政治话语体系构建的研究个案

商红日————

著

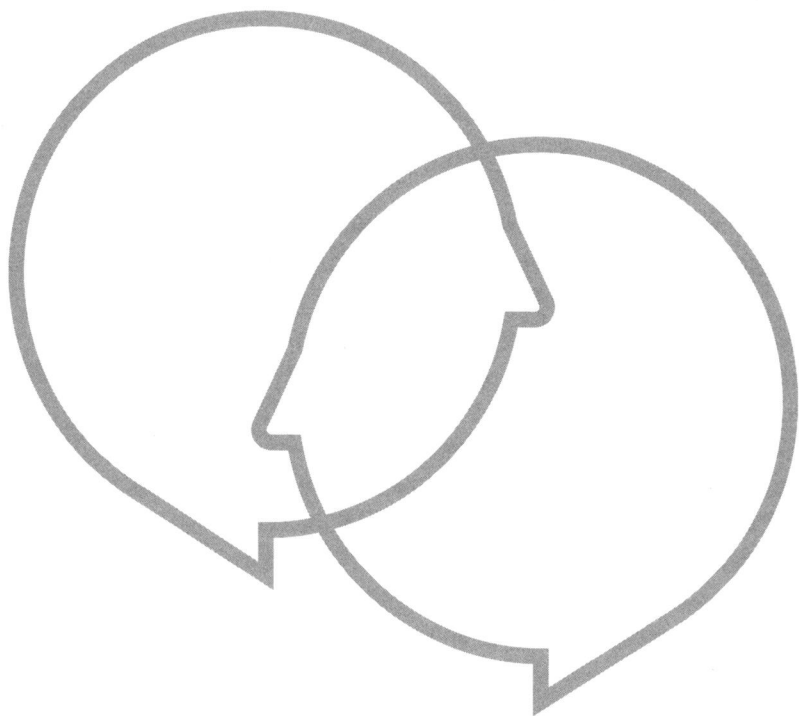

天津出版传媒集团

天津人民出版社

图书在版编目（CIP）数据

　　人民观念的话语生产：中国特色政治话语体系构建
的研究个案 / 商红日著. -- 天津：天津人民出版社，
2022.9
　　ISBN 978-7-201-18804-1

　　Ⅰ.①人… Ⅱ.①商… Ⅲ.①政治—话语语言学—研
究—中国 Ⅳ.①D6

　　中国国家版本馆CIP数据核字(2023)第011348号

人民观念的话语生产：
中国特色政治话语体系构建的研究个案
RENMIN GUANNIAN DE HUAYU SHENGCHAN：
ZHONGGUO TESE ZHENGZHI HUAYU TIXI GOUJIAN DE YANJIU GE'AN

出　　　版　天津人民出版社
出 版 人　刘　庆
地　　　址　天津市和平区西康路35号康岳大厦
邮政编码　300051
邮购电话　（022）23332469
电子信箱　reader@tjrmcbs.com

责任编辑　赵子源
装帧设计　姚立扬 汤 磊

印　　　刷　天津新华印务有限公司
经　　　销　新华书店
开　　　本　710毫米×1000毫米 1/16
印　　　张　21
插　　　页　4
字　　　数　230千字
版次印次　2022年9月第1版　　2022年9月第1次印刷
定　　　价　98.00元

国家社会科学基金重点项目结项成果
项目名称:中国特色政治话语体系构建研究
结项证书号:20212685

目 录

CONTENTS

导　语

一、话语是什么？

尽管后文将专门讨论话语这个概念，但开篇先有个概略的交代总是必要的。当人们将话语这个概念固化为日常生活中的某种表达形式，甚至可能仅仅将话语理解为某种指称或命名，或者将其视为区分不同表达的语言现象，那么就极易发生话语混淆的状况。但在当下各种话语问题的研究中，此类情况还是较为普遍存在的。要在基础研究层次讲清楚什么才是话语，似乎成为刻不容缓的一项研究任务。

本书的话语研究通过话语生产的论说而形成了对话语的一种新的理解和阐释：话语属于某种生产性事物，或者更直接地说，话语属于精神生产的事物。不能不强调的是：话语不能与其所言说的事物相分离，从而二者之间呈现完全的一体性关系。就话语生产理论而言，某一话语一旦脱离了它所言说的事物，那么它就不能作为话语来理解。因此，虽然话语在形式上也体现为概念、命题、思想、理论等，但这只是形式上的表达或呈现方式。从本质上来讨论话语,则话语一刻也不能离开它所言说的事物,话语就是对事物的言说,话语研究就是对事物的本体及其变化的研究。

由此说,话语研究是对事物的根本问题的追问,它是从事物已经呈现出的实然状态出发而返向事物本身的持续探究。因此,在人们普通的日常生活中运用语言进行交流,一定要区分话语和非话语似乎没有太大的必要,只要人们能够领会彼此的意思,达到准确理解就够了。但这也在一定意义上表明,话语问题属于学术的领域,它是基础问题。话语不具有"普通性",是需要经过"生产过程"才能形成的,依照本课题研究的结论:话语是作者的作品,是人们精神生产的成果。

说话语是人们精神生产的成果,这只是一个大致的描述,还不是很精确的解释,例如"打土豪,分田地"这个口号是不是精神生产的成果?当然是!但它却不一定是话语。"打土豪,分田地"是土地革命战争时期,给中国人民留下深刻历史记忆的标语口号。口号与话语,这是一个有意思和值得做话语生产理论研究的主题。从世界范围看,标语口号是人们经常采用的传播方式。但无论是声音所制造的"景观"(如气势、群情等),还是通过视觉而在头脑中所形成的"映象"(如某个场景、某种行为等),标语口号都将藏着的话语表征出来。这就是说,标语口号自身并非是话语,而是话语的"替身"。诸如"黑人的命也是命""我不能呼吸",这些都不能算作话语,而是某种话语的声张或欲求。严复的"救亡图存"、孙中山的"振兴中华"、鲁迅的"救救孩子"等呐喊,也不是话语,而是某种话语的表征。这样一来,人们可能反倒更加迷惑了。话语毕竟是人们说出来或写出来的,它或者是一个概念,或者是一句话,或者是某个理论,而上面列举的这些口号,至少都是一个句子或概念,那么话语和非话语的界限究竟何在？让我们回到"打土豪,分田地"这个口号,来继续说明什么是话语。这个口号不是话语,而它喊出来或张贴出来所表达的意思却是话语。那么它表达的意思是什么？是革命,或更具体地说,是土地革命。革命或土地革命就是这个口号所喊出来的话语。革命这种事物是十分复杂的,包括土地革命这样的事物在内,需要构建出话语体系来系统言说。因此,这里所说的话语是揭示或呈现事物的性质、特征、规律、逻辑、本质联系等等的言说。

二、话语何以生产?

话语生产概念是对马克思、恩格斯"精神生产""思想的生产""思想、观念、意识的生产""精神生产资料"等概念(参见本书相关引用的注释)的引申运用。马克思在《1844年经济学哲学手稿》中,也有"社会也是由人生产的"①用法。当我们了解了话语这个概念的含义,那么对这样的话语如何产生也就会形成大体的认知。话语是生产出来的。作为一种精神生产,话语必将经过生产者遵循精神活动规律,并通过精神劳动而创造出来。话语生产活动也必须具备各种生产要素及条件才能展开或进行,这些生产要素包括劳动者、劳动对象、劳动资料、劳动工具、劳动过程、劳动产品、劳动场所等,并且话语生产也同时形成生产关系。但是话语生产不仅与物质生产不同,与精神生产中其他生产活动(如文学创作等)也依然存在重要区别。例如《静静的顿河》与《国家与革命》,《地道战》《地雷战》与《论持久战》,它们都是对同一个时代的不同叙事,不同的作者运用不同

---

① [德]马克思:《1844年经济学哲学手稿》,《马克思恩格斯文集》第一卷,人民出版社,2009年,第187页。

的思维和语言写出不同的作品与著作,这些作品与著作对人们的生活、对社会发挥影响的途径和机理也是不同的。

三、"人民?有什么好说的?"

本书的研究主题是"人民观念的话语生产",书中第二部分的各个章节都是在讨论各种人民观念所指涉事物及其话语生产问题的。当人们看到这个主题,可能第一反应就是:"人民?有什么好说的?"这样的质疑可能反映了多种多样的"情绪"或疑虑。人民的用语十分频繁地出现在我们的日常生活中,似乎所有关于人民的词语都已经在我们的常识范围内,至少是习以为常了。但是如果扫一眼本书的目录,也许能初步感到中国共产党的人民观念反映着关于人民的诸多事物及其运动,在"人民至上""人民主体地位""以人民为中心"等人民观念中,人民有不同的位置。如果想了解在这些人民观念所反映的事物中,人民的位置究竟有何不同,就必须返回到关于人民的事物中展开研究过程,这是一种话语生产过程。本书正文的最后一段话,可视为本课题要解决的主要问题的总结,不妨将其置于导语中,以便读者把握本书所研究问题:

人民及其福祉:国之大者

在当代中国政治研究中,人民具有三个不同理论视域的位置:在中国共产党与人民的关系中,人民至上;在国家与人民的关系中,人民居于主体地位;在政策与人民的关系中,人民为中心。人民逻辑——从生产逻辑到社会力量生成逻辑,从革命逻辑到进入国家逻辑,从统治逻辑到治理逻辑,从价值逻辑到政策逻辑——构成中国现代政治形成发展基本理路,也是人民话语研究的基本结论。中国共产党始终将人民及其福祉内化于心,外化于行;彰宣其道,成约建制。由中国共产党来领导中国和人民,是人民的选择和历史的选择,合乎人民逻辑,合乎历史逻辑。当然,人民也需要懂得这个逻辑。

上述结论也是本项研究关于人民论说的总概括。

四、如何理解本书的结构?

本书按照一定学术理路来设计内在逻辑结构,因而既不能依从阅读教科书的习惯进行阅读,这样很难进入本书,也不能将其视为一个普及读物来翻阅,这样可能产生许多困惑与误解。中国特色政治话语体系必定是根植于中国特色政治事物的,该话语体系如何,从根本上说取决于该事物如何。中国特色政治话语生产必须回到或深入中国特色政治事物之中,通过找到事物的构成元素或表现事物的现象来解析事物发生、变化、运动轨迹,建立起对该事物各种运动规律的认识。由此说,中国特色政治话语体系构建的基本前提条件是:通过一系列中国特色政治话语的生产过程,形成一系列政治话语产品的成果。话语体系构建作为一种具体话语生产形式,就是在既定的诸多话语成果基础上的话语一体化行动。由于中国特色政治事物的复杂性,对于中国特色政治话语体系构建的研究显然不能一蹴而就,也不可能毕其功于一役。本书以人民话语为中国特色政治话语体系构建这一理论任务的突破口,并尝试通过人民话语生产的探索,找到中国特色政治话语生产的路径。

五、本书使用了什么研究方法？是如何使用的？

从马克思主义历史观中析分出物质生产、社会生产和精神生产话语，并从马克思、恩格斯的著作中读出时间秩序原理，以此构建了本书论说的话语生产的方法论，形成了话语生产的一般理论，为本书研究奠定了理论和方法基础。从这个基础上拉伸出话语史方法等一系列具体方法，并应用于各个人民观念的话语生产过程。在此需申明：笔者反对"套路"（文中也有所批判）的认知和做法，因此方法在本书研究中，不是独立于研究过程及文本的一个"超然存在"；相反，方法内在于研究过程、内在于文本中。展开人民观念的话语生产研究，应努力做到置身于关于人民的事物中，通过进入事物来把握该事物的性质、运动、关系、过程、结果等。伴随事物（如中国特色社会主义）的出现以及发展变化，相应的话语生产出来，并随事物变化而相应变化，于是某个话语史产生。运用话语史和话语实践方法来研究话语生产问题，就要尊重已形成的观念，联系这个观念所反映的事物来研究，并求得符合实际的认识或结论。

六、文本如何体现了知识逻辑和智慧逻辑？

本书附录载有两篇相关论文，第一篇是《中国政治的话语生产：知识逻辑与智慧逻辑会通的思想实验》。该文是本课题正式立项后发表的第一个阶段成果，实际上它也是本课题选题提出、选题论证的主要依据。在申请课题之前的准备工作中，形成了该论文的初稿，在课题获批立项后，论文经修改寄出并发表。无疑，本课题的研究过程一直受到该论文基本思想的影响，但在本书中，一些基本想法更趋成熟。例如，对知识逻辑和智慧逻辑的思考,进一步找到改革开放以来形成的中国经验的支持,从而有所升华。知识逻辑和智慧逻辑都涉及,甚至不能回避理性这个长期争论不休的问题。理性是"人的类本质"的组成部分。理性就是人类固有的某种力量,其存在本身是无可厚非的,关键在于对这种力量的认知和运用。在人类社会中,再没有哪种力量能够超越人民这样一种力量,人民至上、人民主体地位及以人民为中心,都是中国共产党对这种更大的力量的认知和运用,并且是为了人民的目的而运用。这就是中国共产党的独特性,是中国共产党的伟力之所在。能够形成超越并驾驭理性的力量,这就是智慧逻辑的话语。

第一部分
话语生产论说

第一章　话语生产的一般理论

迄今为止,人们构建的各种话语理论,基本上都可归结为话语分析理论。其中除福柯的话语批判理论在分析批判中有新的建构,并已经脱离语言学来使用"话语"之外,大都在语言研究框架内发掘"话语"的功能。本书在历史唯物论的指导下,尝试论说话语生产理论。

一、精神生产

话语生产属于精神生产。在人们的精神生产活动中,话语生产具有重要意义。正因为如此,在讨论话语生产的一般理论时,必须阐释在人类生活中精神生产的一些基本问题,如精神生产与物质生产、社会生产的关系等。弄清这些关系是研究话语生产问题的前提和基础。

(一)作为对象的精神生产

与物质生产、社会生产、人口生产等概念不同,精神生产显现的是人类使自身力量得以生成与发展的深意。考古发掘的每一个器物都能证明这一观点,人类学著作大量资料无疑都能够强化这一认知。在当今时代,人类精神生产的深意更能够通过科学技术的日新月异而凸显,人们当然也能够从对自身的精神生活反思与提升中直接或间接感受这种力量。精神生产即人类力量的生产。对此命题,德国一位教育人类学家在其关于人的图像与想象力研究的著作中,会从某个向度带给人们以启示。该论著认为:"想象力不仅是一种将不在场之物代入现实存在、将世界纳入想象的能力;而且想象力对重建现存秩序、创造一种新秩序,同样具有显著的意义。"①这里的想象力连同图像能力,无疑是人的一种精神生产能力,这种生产能力在人的进化史上一直伴随着人类的演化发展而发挥重要作用。"没有想象力,就没有所谓系统发生意义上的人类形成,也不会有个体发生学意义上的个体成长。"②当然,人类的图像能力、想象力,都只不过是精神生产能力的一种阐释方式,从而图像和想象不过是人类精神生产活动的一种重要方式。

当人类的精神生产现象被人们察觉或发现以后,这种现象就时常会成为人们的研究对象,尽管研究者并不都经常使用精神生产这一概念。成为研究对象意味着人类对自身的反观,特别是对自身力量的反观,这种研究活动在古代就发生了,甚至出现文艺复兴运动这样大规模、历史性的"反观研究"。此后,在17—18世纪的启蒙运动中,人类的精神生产作为对象而备受关注,并在广泛而深入的系统研究中取得史无前例的成就。"启蒙运动时期的知识分子以批判的眼光看待几乎所有公认的欧洲传

①[德]克里斯托夫·武尔夫:《人的图像:想象、表演与文化》,陈红燕译,华东师范大学出版社,2018年,第53页。

②同上,第44页。

统。"他们"分析政治传统、社会和经济结构、看待过去的态度、人性思想、知识、科学、哲学、美学和道德理论,以及最重要的基督教的教义和机构。启蒙作家的目标是推翻旧有结构,重建人类社会、机构和知识,并用所谓的自然秩序为新社会提供坚实的理论基础"①。启蒙运动是精神生产的一个重要历史样本,无论是科学发现,还是哲学成就,抑或人文社会科学发展,都在历史中呈现出了它的精神生产的标志性。黑格尔将启蒙运动时期的哲学称为近代哲学,他概括道:"(近代哲学)是以呈现在自己面前的精神为原则的。中世纪的观点认为思想中的东西与实存的宇宙有差异,近代哲学则把这个差异发展成为对立,并且以消除这个对立作为自己的任务。"②思维与存在的对立是近代哲学的发现,而消除这个对立就构成近代哲学的任务,因此研究精神生产而不是研究精神,成为启蒙运动时期哲学的重要特征。自此以后产生的黑格尔哲学恰是研究精神生产的哲学,并且黑格尔成为一个集大成者,他创立了精神生产的辩证法,开辟了精神生产的唯心主义哲学体系。在黑格尔这里,"精神不单纯是以变得年轻的方式出现的,而是以得到升华的方式光彩照人的"。这是精神生产的过程,它"是向数量无穷无尽的方面自我展开、自我享用与自我满足的"③。从精神生产的意义上说,黑格尔哲学成为20世纪诸多思想流派的榜样,包括现象学、精神分析心理学等。

---

① [美]彼得·赖尔、艾伦·威尔逊:《启蒙运动百科全书》,刘北成、王皖强编译,上海人民出版社,2004年,第11页。
② [德]黑格尔:《哲学史讲演录》第四卷,贺麟、王太庆等译,商务印书馆,1978年,第6页。
③ [德]黑格尔:《世界史哲学讲演录(1822—1823)》,刘立群、沈真、张东辉、姚燕译,商务印书馆,2015年,第24页。

恩格斯这样来评价黑格尔及其哲学体系："近代德国哲学在黑格尔的体系中完成了。在这个体系中，黑格尔第一次——这是他的伟大功绩——把整个自然的、历史的和精神的世界描写为一个过程，即把它描写为处在不断的运动、变化、转变和发展中，并企图揭示这种运动和发展的内在联系。"但是黑格尔只是提出了这个任务，而"没有解决向自己提出的这个任务"，尽管能够提出这个任务就足以建立了"划时代的功绩"①。黑格尔的精神生产只是精神的自我生产，最终只是他自己的精神生产，"世界上过去发生的一切和现在还在发生的一切，就是他自己的思维中发生的一切。因此，历史的哲学仅仅是哲学的历史，即他自己的哲学的历史"②。他用哲学为自然、历史和精神世界画了一个大大的圆，而这个圆的起点和终点都不过是一个既是起点也是终点的概念。如张世英先生在解说《小逻辑》时，依照黑格尔"逻辑在先"原则来解析黑格尔哲学的方法，认为，在黑格尔看来，哲学的方法"只能是圆圈式的方法"，因而如果说哲学有起点，"那就是以概念为起点，但起点又是终点，因此也可以说哲学以概念为终点"③。

黑格尔的辩证法作为黑格尔哲学中的合理内核在马克思创立历史唯物论过程中得到扬弃。历史唯物论最终系统完整地揭示了人类社会物质生产、精神生产及社会生产的复杂辩证关系，由此使精神生产能够获得彻底的说明。马克思说："人们按照自己的物质生产率建立相应的社会关

① [德]恩格斯：《社会主义从空想到科学的发展》，《马克思恩格斯选集》第三卷，人民出版社，1995年，第736—737页。

② [德]马克思：《哲学的贫困》，《马克思恩格斯选集》第一卷，人民出版社，1995年，第141页。

③ 张世英编著：《黑格尔〈小逻辑〉绎注》，吉林人民出版社，1982年，第30—31页。

系,正是这些人又按照自己的社会关系创造了相应的原理、观念和范畴。"①这短短的一句话却揭示了历史唯物论的一个核心原理或总体理论:物质生产、社会生产及精神生产之间存在着历史的和辩证的关系。结合《德意志意识形态》《哲学的贫困》《共产党宣言》及《资本论》等相关著作的基本精神来解读这句话,可以对这个核心原理以及其中的一个基本概念——精神生产——得出新的重要理解。

(二)物质生产、社会生产和精神生产:时间秩序

这里我们首先不能不引证马克思、恩格斯的一些相关论述来做一解析。为了使阅读更连贯,这里将需要引用的段落集中呈现如下,然后再集中分析阐释。

思想、观念、意识的生产最初是直接与人们的物质活动,与人们的物质交往,与现实生活的语言交织在一起的。人们的想象、思维、精神交往在这里还是人们物质行动的直接产物。表现在某一民族的政治、法律、道德、宗教、形而上学等的语言中的精神生产也是这样。人们是自己的观念、思想等等的生产者,但这里所说的人们是现实的、从事活动的人们,他们受自己的生产力和与之相适应的交往的一定发展——直到交往的最遥远的形态——所制约。

我们的出发点是从事实际活动的人,而且从他们的现实生活过

① [德]马克思:《哲学的贫困》,《马克思恩格斯选集》第一卷,人民出版社,1995年,第142页。

程中还可以描绘出这一生活过程在意识形态上的反射和反响的发展。甚至人们头脑中的模糊幻象也是他们的可以通过经验来确认的、与物质前提相联系的物质生活过程的必然升华物。因此,道德、宗教、形而上学和其他意识形态,以及与它们相适应的意识形式便不再保留独立的外观了。它们没有历史,没有发展,而发展着自己的物质生产和物质交往的人们,在改变自己的这个现实的同时也改变着自己的思维和思维的产物。不是意识决定生活,而是生活决定意识。

统治阶级的思想在每一时代都是占统治地位的思想。这就是说,一个阶级是社会上占统治地位的物质力量,同时也是社会上占统治地位的精神力量。支配着物质生产资料的阶级,同时也支配着精神生产资料,因此,那些没有精神生产资料的人的思想,一般地是隶属于这个阶级的。占统治地位的思想不过是占统治地位的物质关系在观念上的表现,不过是以思想的形式表现出来的占统治地位的物质关系;因而这就是那些使某一个阶级成为统治阶级的关系在观念上的表现,因而这也就是这个阶级的统治的思想。此外,构成统治阶级的各个人也都具有意识,因而他们也会思维;既然他们作为一个阶级进行统治,并且决定着某一历史时代的整个面貌,那么不言而喻,他们在这个历史时代的一切领域中也会这样做,就是说,他们还作为思维着的人,作为思想的生产者进行统治,他们调节着自己时代的思想的生产和分配;而这就意味着他们的思想是一个时代的占统治地位的思想。①

　　人们的观念、观点和概念，一句话，人们的意识，随着人们的生活条件、人们的社会关系、人们的社会存在的改变而改变，这难道需要经过深思才能了解吗？

　　思想的历史除了证明精神生产随着物质生产的改造而改造，还证明了什么呢？任何一个时代的统治思想始终都不过是统治阶级的思想。②

　　物质生产、精神生产和社会生产构成各个时代人们"现实生活"及其过程的基本的内容。物质生产就"生产"而言，包括消费资料的生产和生产资料的生产，它们构成人们物质生活的基础部分；而就过程和结果而言，从物质生产直接衍生出生产方式或生产率的概念，它包括生产力和生产关系（即物质生产中的交往关系）。这个关系构成人们物质生产过程中的基本关系。精神生产在人类早期没有形成社会分工或分工不发达的时候，与物质生产等交织在一起，从事物质生产的人们，同时也从事精神生产，这个过程不知经过了多么漫长的时期。但按照人类学家摩尔根的研究，"人类是从发展阶梯的底层开始迈步，通过经验知识的缓慢积累，才从蒙昧社会上升到文明社会的"③。这也就意味着，精神生产同其他生产在

---

　　① 以上三段引文引自［德］马克思、恩格斯：《德意志意识形态》，《马克思恩格斯选集》第一卷，人民出版社，1995年，第72—73、98—99页。

　　②［德］马克思、恩格斯：《共产党宣言》，《马克思恩格斯选集》第一卷，人民出版社，1995年，第291—292页。

　　③［美］路易斯·亨利·摩尔根：《古代社会（上册）》，商务印书馆，1977年，第3页。

漫长的人类进化中难以区分,例如火的使用,铁器、青铜器的使用,这些既是物质生产的体现,也是精神生产的体现,它们紧密交织于一体,共同呈现在生产的成果上,而只有当人类发展到一定的阶段,精神生产的独立性的意义才会出现,按照马克思、恩格斯的论说,这种情况归因于分工。在人类漫长的进化发展历程中,分工一直是自然形成、自发进行的。这时的人类的意识"是对自然界的一种纯粹动物式的意识(自然宗教)"①。随着物质生产效率的提高和需要的增长,同时也由于人口的增加,分工进一步发展,直到出现物质劳动和精神劳动的分离,精神生产作为一种生产领域才真正获得独立性。在物质生产与精神生产的分工实现以后,人类的物质生产与精神生产之间就形成了时间秩序和空间逻辑的关系。其中,时间秩序是人类活动的"第一"与其他的生存与生活秩序,在这个秩序中,物质生产处于"第一"的时间位置。②这一时间秩序从抽象形态说具有不可逆的性质,从而它对精神生产具有基础性、前提性、制约性。但从空间逻辑上,即从时间秩序的空间配置上说,物质生产与精神生产并非始终保持时间关系的不可逆性质,由此使物质生产与精神生产之间呈现辩证运动状态。分工也导致社会状况发展出了它的复杂性,出现了复杂的关系。特别是随着生产力发展,剩余劳动产品的出现,导致对剩余的占有关系的

---

① [德]马克思、恩格斯:《德意志意识形态》,《马克思恩格斯选集》第一卷,人民出版社,1995年,第82页。

② 参见《马克思恩格斯选集》第一卷,人民出版社,1995年,第78—79页。"我们首先应当确定一切人类生存的第一个前提,也就是一切历史的第一前提,这个前提是:人们为了能够'创造历史',必须能够生活。但是为了生活,首先就需要吃喝住穿以及其他一些东西。因此第一个历史活动就是生产满足这些需要的资料,即生产物质生活本身,而且这是这样的历史活动,一切历史的一种基本条件,人们单是为了能够生活就必须每日每时去完成它,现在和几千年前都是这样。"

出现,社会制度开始发生质的变革。物质生产、精神生产和社会生产形成了如此富于变化的时间秩序。

为直观起见,运用下面几幅图展示物质生产、社会生产和精神生产之间的时间关系:

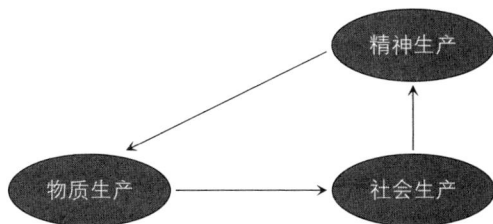

图1 第一时间秩序示意

上图的含义是:分工产生以后,无论是从人类文明的发端时期说,还是从现今人类文明的高度发达状况之下看,物质生产始终处于人类生活时间秩序的"第一"序列。物质生产的生活展开就同时在生产出社会,这就是人们之间的关系模式的形成,而依赖于这个关系模式,并从这个关系模式中生成各种意识的活动,便是精神生产。精神生产的成果将反作用于物质生产活动。这就构成了一个基本的时间秩序,这里将其称为第一时间秩序。

第一时间秩序的要义在于:物质生产、社会生产和精神生产的时间关系体现为人类生活的根本秩序,它既是人类的生存秩序,更是制约人类如何生存的秩序。

以此基本时间秩序为前提和基础,还将有第二时间秩序、第三时间秩序、第四时间秩序等。从第二时间秩序开始的各个时间秩序,都是人们基于第一时间秩序而形成的生活实践的展开,是人类的生活的生产和再生产的不同过程,它们表征了第一时间秩序被人们配置于空间关系中。随着物质生产能力的提高,社会分工不断发展,人类生活的内容和方式不断变化,致使人类生存与生活的时间秩序呈现复杂变化。

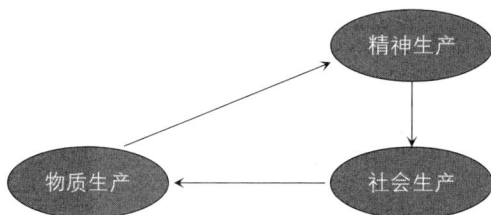

图2　第二时间秩序示意

第二时间秩序的含义是:物质生产与精神生产还将直接形成影响关系,这个影响关系体现为支配物质生产的力量同时也是支配精神生产的力量,从而形成受到物质生产制约、并将服从和服务于物质生产的精神生产及其结果。但是,这种服从和服务于物质生产的精神生产成果一般是先作用于社会,再从社会向度作用于物质生产。这个过程照样是十分丰富多彩的,有时甚至是激动人心的。不仅文学艺术作品,一些科学发明创造,甚至理论研究成果,都首先在社会中发生激励、动员、规范、引导、说服等调节性功效,这些功能在本质上都促进了社会的生产,进而形成新的社会力量来促进物质生产的发展。

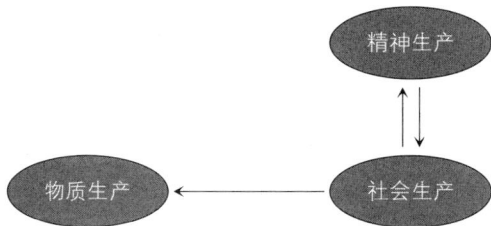

图3　第三时间秩序示意

第三时间秩序指的是人们从社会生产的确定形态出发或以该种社会生产的实际需求为起点而发展出的物质生产、精神生产与社会生产之间的关系运动状态。一定社会制度的修补、完善、重塑等,可视为社会生产的确定形态,而从社会中生成制度修补、完善、重塑等的知识要求及行动要求等,可视为社会生产的实际需求。这种情形就是社会以自身为目的而进行的社会生产。这种社会生产可能来自关系的不同方面,即在关系中处于不同地位的主体都可能是社会生产的发动者、行动者,但不论是哪个主体,都将首先对精神生产发出"信号"。在精神生产领域分布着代表不同关系主体的生产者。社会生产与精神生产的互动,映射着一定社会的精神文化景观或图谱,但最终经过社会生产的吸纳与融化,转变为社会的机制,其中关系物质生产的内容将经由社会而作用于物质生产过程。

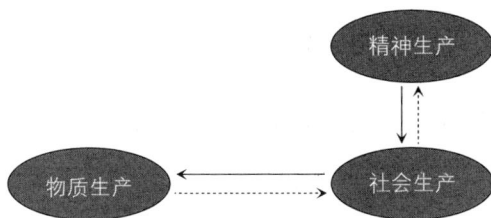

图4 第四时间秩序示意

第四时间秩序是以精神生产为开端,由精神生产要求而发生的物质生产、精神生产与社会生产的关系运动状态。精神生产领域集中了专门从事精神生产活动的人们,其中包括各种专门精神生产机构,如学校、智库、研究机构、出版机构、影剧院、意识形态部门、媒体等,甚至也包括政府以及政党等相关机构。精神生产的相对独立自主性使其成为一个独立的时间秩序。"精神生产—社会生产—物质生产"形成了一个功能链条,这个链条又通过"物质生产—社会生产—精神生产"而形成回路。尽管链条的每个环节所言及的生产都不是短暂的和轻而易举的,但历史长河的浪花就荡漾在这样的链条及其回路的溪流中。

上述四种时间秩序除第一个时间秩序以外,其余三个均为随机排序;与此同时,这些示意图与"结构"的概念没有任何关联,它们并不表示空间结构,其中的每个概念也都不是结构性要素。物质生产、社会生产及精神生产的概念均为对人类基本活动内容分类别的概括,它们表示人类活动的生产性的根本特征。这些人类活动的内容既作为结果也作为历史过程而呈现。作为结果,它们综合体现着人类的社会性存在以及人类生活的复杂多样性;作为历史过程,它们总是在后世中呈现其全貌,并成为当下人们选择的历史基点。

(三)精神生产问题的现实思考

马克思、恩格斯在应用他们所创立的历史唯物论的时候,他们要改变的世界是处于上升阶段的资本主义世界,他们理论研究的注意力几乎全部集中在对资本主义世界的革命这个核心问题上。今天,当我们在运用历史唯物论原理来分析现时代,来面对现实重大问题时,我们关注的侧重点和问题与马克思、恩格斯当时的情形已经大不相同了,就本章节所关注的精神生产问题而言,如果不能联系现实回到历史唯物论原理中,找寻出物质生产、精神生产及社会生产之间在社会主义建设条件下的关系,那么就可能在理论和实践上面临重要的实际困境。自第二次世界大战以来国际共产主义运动的变迁历程,特别是社会主义国家曾出现的"左"与右的思潮,从认识论角度说,都与对历史唯物论的认知、理解与应用相关。

在当代世界环境下,在由共产党领导建设社会主义的国家中,物质生产、精神生产和社会生产的关系是现代化、发展、治理等重大历史实践的深层次关系,对这些关系辩证运动规律的深入解释与把握具有重大基础意义。从本论题视域出发来阐释这些关系,有以下两个关键项需要特别弄清楚。

首先,生产关系(生产中的交往关系)因生产而生,为生产力而存在。但是,生产关系一旦确立起稳定地位,便形成对生产力的垄断性支配趋势,从而生产关系对生产力的反制约、反决定成为难以改变的事实,如果不能正确地认识和处理这个事实,必将在社会主义实践中陷于极大的困境。苏联模式的要害在于,误置"保护"关系,实际上不断强化了生产关系制度性反制约、反决定,从根本上形成对生产力整体发展的制度性阻滞。中国改革开放的密钥即打破生产关系已经形成的对生产力整体发展的制度性阻滞,实现生产力的再解放,促进生产力大发展,特别是生产力的整体发展,而这一点是具有世界历史意义的重大理论突破与实践突破。这个突破的事实构成我们在当今全球背景下分析诸多总体问题的前提和基础。如果不是站在生产力目的性(即第一时间秩序)的立场上,而是将其他时间秩序作为第一时间秩序,那么中国不会发生改革开放的历史实践,从而也就不会出现人们在今天已经看到的中国图景,而这个图景恰是物质生产、社会生产和精神生产的全景。据此说,中国改革开放和建设中国特色社会主义是历史唯物论的一场历史实践。但是必须认识到,自科学社会主义开辟了新的世界历史①以来,"两种世界历史"的较量尚无穷期,对于中国共产党和已经执政的其他共产党而言,牢牢把握第一时间秩序原理,不断解放和发展本国的生产力,不断增加高质量的物质生产总量,在这一基础上,并在这一过程中,处理好其他时间秩序问题,这就是一个关键项,这是一个决定成败的根本事项。邓小平说:"社会主义的本质,是解放生产力,发展生产力,消灭剥削,消除两极分化,最终达到共同富裕。"②这一论述包含了社会主义物质生产、精神生产和社会生产的上述四个时间秩序的复杂关系,但首要的政策行动,特别是改革的行动落在第一时间秩序,然后在展开的实践中始终关注和适时处理各个时间秩序中的问题。

其次,在共产党领导社会主义的历史实践中,最容易出大问题(即系统性、颠覆性问题)的领域是精神生产领域。我们可回到前述的第二时间秩序和第四时间秩序中来分析。就第二时间秩序来说,精神生产的物化

---

① 基于历史唯物论和科学社会主义世界观而形成的一种观点,其核心论述是:"依据唯物史观,资本主义生产方式及其全球性扩张,使世界市场得以形成,从而使一切国家的生产和消费都成为世界性的了。基于此,资本主义率先开辟了世界历史,它通过资本这样'一种社会力量','按照自己的面貌为自己创造出一个世界'。在马克思主义语境下,这个世界称作为'旧世界'。马克思主义创始人及其后继者们,在马克思主义指导下,在这个旧世界中创建了以根本改变这个世界并解放全人类为崇高理想的无产阶级政党——共产党,标志着国际共产主义运动的产生。自19世纪40年代开始到现在,一种根本区别于'旧世界'力量的'新世界'力量不断发展壮大,从而一种新的世界历史亦然发生、发展。于是,整个20世纪,两种世界历史交集、扭结以至对抗,演绎了人类社会内容最丰富、最复杂的历史大剧。"参见商红日、王钰鹏:《中国新型政党制度的历史逻辑政治逻辑和实践逻辑》,《上海市社会主义学院学报》,2018年第6期。

② 邓小平:《在武昌、深圳、珠海、上海等地的谈话要点》,《邓小平文选》第三卷,人民出版社,1993年,第373页。

不断消解其精神内核,使精神生活退化。精神生产物化主要体现为按照或模仿物质生产规律,进而按照整个经济生活惯性进行精神生产,于是原本应该具有的第二时间秩序被干扰,甚至可能出现功能紊乱的状态,而精神生产的领域却不断地以专业化、专门化的科层方式日益独立和自主,并日益精英化而与社会相脱离。这就意味着支配物质生产的力量与支配精神生产的力量之间的同一性,出现需要治理以保护固有秩序的问题。就第四时间秩序而言,它直接承受了由于第二时间秩序功能紊乱而造成的后果,物质生产、社会生产连同精神生产本身都将陷入某种异质性循环,这样的深层次问题将通过一系列症候来表达,这些症候如由理性所包裹着的利己主义日益具有正当性,投机意识、巧取豪夺的行为、急功近利心态以及崇媚做派等显露为生活常态,精神生活渐趋浮躁,精神生产的技术性要素日益侵夺基础原理性要素的地位,精神生产力不断萎缩等。这样的事态如果代际传播,就会形成一定历史性风险,最终在第四时间秩序形成精神脆弱性和精神懈怠性的社会。

(四)内含于精神生产中的话语生产

本章开篇便强调,精神生产是人类力量的生产。当我们将其置于历史唯物论思想体系中来认识的时候,我们获知:精神生产在与物质生产和社会生产的历史联系中而获得这种独立的时间秩序意义,因而必须在人类历史发展变迁的宏观视域中更完整、全面地理解和把握精神生产的规律。这就意味着,人类力量的生产并非是任意而无序的。作为精神生产的范畴,话语生产离不开人的思维规律的作用,离不开早已存在并还在发挥影响力的思想、观念等等意识的作用,但更不能脱离一定的时代,不能脱离这个时代的时间秩序为其提供的条件。某种话语经过生产过程而形成。它一经成为一种话语,也就意味着它可能为人类带来某种精神力量,从而它也就成为一种精神生产活动。这样的精神生产活动因其生产的话语而属于历史,也因其所生产的力量而影响人们的现实生活。

二、话语、话语实践及话语生产:概念析论

这三个概念——话语、话语实践、话语生产——都已经不是使人感到十分陌生的术语,但真的有必要做一些基础的研究工作。

(一)话语

话语作为语言现象,长久伴随着人类的生产与生活。但是,作为非语言现象,话语是以其"特定性"而存在的。这里尝试从语言现象和非语言现象两个视域来考察话语概念。

作为语言现象,话语总是属于某一种语言,它是人们使用语言工具所表达出的一个意思或一种意思的总体。在很长时期中,人们对话语的使用,侧重于其语言工具性,而在语言学中产生话语分析理论以后,人们对话语的使用则更看重其语言功能性。在分析哲学及语言哲学中,话语又经历了从语义学到语用学的转变。

现今,人们对古代文献进行解读或解释的时候,会用"话语"(discourse)这个术语来对应"logos"(即希腊语 λόγος),例如法国以研究柏拉图哲学著称的学者吕克·布里松在其代表性著作《柏拉图:语词与神话》中,系统地探讨柏拉图如何面对神话这一主题,他在定义 logos 时指出:"追随之前的很多思想家,柏拉图揭示出神话包含的许多缺陷,并用哲学

的话语——logos——来与神话相对照。""在柏拉图那里,logos并不仅仅指语言表达,它不仅仅是一般意义上的话语,而尤其指可证伪的话语(le discours vérifiable)。"①类似的例子,有中国学者翻译亚里士多德的著作时,也将logos译为话语,如聂敏里所译亚里士多德的《范畴篇 解释篇》中即如此。②话语这个术语要表达的意思很早就存在于语言中,但作为一个语言现象而引起关注则是非常晚近的事情。学界普遍认为1952年美国语言学家哈里斯在《语言》杂志发表的论文《话语分析》(Discourse Analysis)是一个标志,话语开始作为语言学研究对象而突现。20世纪七八十年代,话语分析作为一个与语言学联系更为密切的交叉学科而出现,现今已风靡全球。语言学者们认为:"话语分析的范围应该包括以各种形式出现的语言使用,关键是确保研究的对象的确是人们在真实的语境中使用的语言。"③可以说,即使成为一个交叉学科,话语分析依然是对语言的分析,从而话语依然作为语言现象而存在。只不过在传统语言学中,话语的研究限于语词和句子,注重的是话语所具有的语言工具的性质,而话语分析超出句子的单位,专注于语篇研究,更注重或凸显话语在语言交流中的功能。

占据20世纪西方主流哲学话语的现象学和分析哲学(含语言哲学)中,话语这个概念在许多哲学家那里已经成为重要的哲学语言,如梅洛-庞蒂、伊曼纽尔·列维纳斯以及保罗·利科等。其中,保罗·利科更具代表

---

① [法]吕克·布里松:《柏拉图:语词与神话》,陈宁馨译,华东师范大学出版社,2020年,第6、98页。

② 参见[古希腊]亚里士多德:《范畴篇 解释篇》,聂敏里译,商务印书馆,2017年。

③ 朱永生:《话语分析五十年:回顾与展望》,《外国语》,2003年第3期。

性。利科在他不同的研究主题中,都有对话语这个术语的重要使用,其至话语几近成为主题。在1990年出版的《作为一个他者的自身》这一体现利科诠释学创造最高峰的著作中,利科明确强调,在研究个人同一性问题中,除了语言哲学的研究路径外,"我们想在自己的方向上找出一个新的突破口,走第二条进路,即'话语'的进路,今天,言语行为(speech-acts)[我更喜欢称之为话语行动(actes de discours)]理论成了话语进路的主要形式。这样,我们就从一种语义学(在该术语的指称意义上)转到了一种语用学上,也即我们在确定的对话语境下使用的一种语言理论"[①]。在此之前几年,利科在他的文集《从文本到行动》中,曾将话语作为语言事件和结构化作品来研究,尝试用"话语—作品—文字"三元素作为诠释"关键问题框架"的"三角支架"[②]。

但是可以确定的是,在现象学和分析哲学中,话语没有能够获得相对于语言的独立地位,它依然属于语言现象,属于"语言问题",无论是作为语言哲学中的语义问题,还是作为语用学问题,话语都不过是哲学家们对语言的"驾驭"。意大利哲学家吉奥乔·阿甘本说:"在哲学中,术语问题非常重要。正如我十分尊敬的一位哲学家所说,术语乃思想的诗意时刻。这并不意味着哲学家必须不断地对他们的专门术语做出界定。柏拉图从未定义过'理念'一词,而这是他最重要的术语。"[③]话语这个已经成为一种

---

① [法]保罗·利科:《作为一个他者的自身》,佘碧平译,商务印书馆,2013年,第61页。
② [法]保罗·利科:《从文本到行动》,夏小燕译,华东师范大学出版社,2015年,第107页。
③ [意]吉奥乔·阿甘本:《论友爱》,刘耀辉、尉光吉译,北京大学出版社,2017年,第1页。

哲学术语的概念,似乎也有阿甘本所说的这种际遇。从总体说,在大家都接受英国分析哲学家奥斯汀的言语行为理论基础上,按照"以言行事"和"以言取效"的基本含义,对话语做语用学解释。也就是说,并非任一说出来的语句,或者任一文本,都可以称为话语。所谓语言即行动,实质是人们对一种对话情境的设定,在设定了对话情境的语境中,"说即做",这里已经包含言说者与听者或写作者与读者的在场及不在场等复杂关系。话语就是在这样的对话情境中语言的效用,至于这种效用的性质、范围、程度等,要看哲学家各自的言说主题。例如,在列维纳斯的伦理话语中,"话语,在自我与他人之间维系一种距离、一种根本的分离,这种分离阻止总体的重构,并在超越之中被宣称出来"①。能够维系、实现这种分离并具有"超越性"的话语,其语词及其语义根本不是作者所关注的对象,作者试图找到或发现一种具有特定伦理效用的话语,其实是一种形而上学话语体系,以此重构一种形而上学的世界秩序。

作为非语言现象的话语,其特定性是指话语自身的对象性,这样的话语已经成为一种独立现象,成为超出语言范畴的事物。这时话语和语言的关系像任何事物同语言的关系一样。对这样的话语的研究,后现代思想家福柯既是首创者,也是卓有成效的论说者,他的话语理论迄今为止依然是话语研究的典范。在福柯的话语理论中,话语具有十分确定的含义,尽管他关于话语的界定用了非同一般的方式。

①〔法〕伊曼纽尔·列维纳斯:《总体与无限:论外在性》,朱刚译,北京大学出版社,2016年,第11页。

　　话语是由符号序列的整体构成的,前提是这些符号序列是陈述,
就是说,我们能够确定它们的特殊的存在方式。如果说我能够像我
将要阐述的那样指出上述序列的规律恰好是我始终称为话语形成的
东西的话,如果说我能够指出话语的构成不是表达、句子和命题的扩
散和分配的原则,而是陈述(在我赋予此词的意义上)的扩散和分配
的原则的话,话语这个术语就可以被确定为:隶属于同一的形成系统
的陈述整体;正是这样,我才能够说临床治疗话语、经济话语、博物史
话语和精神病学话语。①

以上引文是福柯关于话语的定义。福柯没有使用形式逻辑及语言学
等方法,而是运用"知识考古学"的特有方法来定义话语这个概念。在形
成话语这个概念的定义时,福柯实际上已经基本完成了对"话语形成"的
分析和对"陈述"的分析,从而已经揭示了话语实践的规律。话语作为陈
述的整体,是对话语实践规律的精细和高度的概括。在福柯看来,话语形
成离不开四个方面的条件,即对象形成、主体位置的形成、概念的形成和
策略选择的形成。这四个方面的条件恰是陈述的四种功能的实施的领
域,二者所发生的联系在于:话语形成于陈述在对象、主体、概念及策略上
的"扩散"和"分配"。福柯的《知识考古学》,"它是关于话语的话语",作为
话语批判理论,福柯所构建的一套对话语展开批判的话语,"这种话语是

_____

　　① [法]米歇尔·福柯:《知识考古学》,谢强、马月译,生活·读书·新知三联书店,
2003年,第118页。

诊断器"①。因此,福柯关于话语是陈述的整体,既指他所批判的话语是陈述的整体,也指他用于批判而构建的知识考古学的"诊断器"话语同样是陈述的整体。

在上述关于话语概念的讨论中,话语从作为富有效用的语言到作为对象性的事物,这是话语研究的重要转换。这个转换带给本项研究一个重要启示:话语是一个生产性事物,具体而言,话语属于精神生产的事物。笔者在已经完成的另一项相关研究中,曾为这种作为精神生产的话语做出如下界定:

这里将显现所发现事物的概念或命题及其言说称为话语,它是一种在该言说系统里获得确切意义的整体性存在。首先,话语是人们对意义或空缺、稀缺的发现的言说。往大了说,它是人类在认识自然、社会及人类自身的过程中获得的新发现,这是体现人类文明发展的重要标志性事件;往小了说,它是理论和实践中的重要创新成果。定义这种新发现或创新成果,阐释其意义,由此就使某种话语得以形成和发展。其次,话语是系统性言说。既然是发现或创新,就必定是能够完整地揭示了事物的性质、关系、变化规律等的阐释或论说,因而话语即使用一个概念、命题来呈现,也是带着它的言说系统的,即它的意义仅仅从语言层次来理解是不充分的。最后,话语的言说以整体性存在为载体或形态。当我们强调它的整体性存在的时候,这

---

① [法]米歇尔·福柯:《知识考古学》,谢强、马月译,生活·读书·新知三联书店,2003年,第228页。

既是在强调话语的内在统一性与分布性，即在该言说系统里的诸多概念、命题、观念等，都与该言说系统存在有机联系，离开该系统，同样的概念与用语就难以再称其为该话语，也同时还强化了话语的类别区分，即强化了不同的言说系统的存在及差异。①

以上引文中，"所发现事物"和"整体性存在"的语句及其关联是理解话语概念内涵的关键，它揭示的是话语的实质，即话语具有"进入事物"和"生产"的性质，这个性质可概括为"物性"。所谓"进入事物"，是指话语已经融于实际过程、融于各种联系以及各种事态之中，当人们听到或看到某一话语，等同于听到或看到某一活动、某一事件、某一场景，甚或某种运动、某种历史变迁等。由此说，话语是实体性、实然性的存在物即事物的不可剥离的成分，并且正是这一成分使该事物得以呈现。但是，话语还具有生产性。人类社会的各种事物——物质生产方面的、精神生产方面的、社会生产方面的，以及这些方面之间运动的等——都有其发与生、消与长、衰与亡等变化逻辑及其历史轨迹，人类生活就是由这样的事物所构成，并在这些方面不断发现、创造新事物的过程中历史性演进。话语伴随着这个历史性演进的过程，它以其描述、命名、记录、构建、论说、衍生、散布等各种言说方式而同它所言说的事物一体化。话语的生产性就是话语使自身保持与其言说事物一体性的属性。

说到这里，我们已经对话语概念有了一个初步的认识，甚或做了某些

---

① 上海市哲学社会科学规划纪念中国共产党成立100周年专项课题结项报告：《中国特色话语理论：基于话语生产和话语史的研究》（课题编号：2017BHC021，课题结项证书号：2020H18）。

理解上的澄清。但是何以说"话语属于精神生产的事物",以及这一命题的意义何在,这是下面要展开研究的内容。

(二)话语实践

话语实践的概念来自福柯的《知识考古学》,但这里已经对这个术语做了重要批判性改造。由于话语实践概念在本项研究中的基础性意义,这里必须首先对福柯的话语实践概念做一些讨论。

在福柯那里,话语实践是"话语形成"的实现过程。了解这个过程必须了解如下的否定性:一是话语实践不等于话语表达,"我们不能把它同表达行为混淆起来,个体通过这种表达行为来表达思想、愿望、形象";二是话语实践不同于理论的活动,"这种理论活动可以被用于某个推理系统中";三是话语实践不是某个主体的言说能力的体现,"不能同某个说话的主体在构造语法句子的时候所具有的能力'混淆'起来"①。上述否定性理解意在排除"曲解""误解",实际上是福柯想要剥离话语和主体的关系,这是福柯用得十分娴熟的解释和分析方法。

话语实践的肯定性理解可概括为两方面:第一,话语对象的确认。它要求在多样性对象中来"描述散布的系统",即这些对象连续出现的顺序,如果它们同时在场,那么"它们的同时性中的对应关系",还有它们"在共同空间中可被确定的位置,相互作用,被联结和等级化的转换"②等。在此基础上,要找出话语形成的规则,即话语对象、陈述方式、相关概念与主题

---

① [法]米歇尔·福柯:《知识考古学》,谢强、马月译,生活·读书·新知三联书店,2003年,第129—130页。

② 同上,第41页。

选择等,所有这些它们产生与消失所依赖的条件。无疑这是一项十分复杂的研究。第二,析分话语形成的四个序列及其关系。四个序列分别是对象的形成、陈述方式的形成、概念的形成和策略的形成。这四个序列之间的关系"应理解为是一个像规则那样运作的复杂关系网络",它"规定着在话语实践中应加以建立关系的东西,以便使话语使这样或那样的陈述行为起作用,使用这样或那样的概念,建立这样或那样的策略"①。

通过上述"否定性理解"和"肯定性理解"的分析,我们最终能够把握福柯为话语实践这个术语的分析所做出的总结:话语实践"是一个匿名的历史的规律的整体。这些规律总是被确定在时间和空间里,而这些时间和空间又在一定的时代和某些既定的、社会的、经济的、地理的或者语言等方面确定了陈述功能实施的条件"②。最终,话语是关涉陈述的,而话语实践不过是匿名性的陈述成就其整体性的操作。

我们必须对福柯的话语实践概念的缺陷保持警觉。福柯的话语实践概念具有如下缺陷:首先,对话语实践的处理过于冗繁的缺陷;其次,过于看重陈述的自发性而无视其主体性的缺陷;此外,福柯话语实践概念始终在话语的内在循环中难以根本解脱。对这些缺陷我们不能不做个分析。福柯在《知识考古学》中同时提供了"两套话语":一套是他所批判的话语;一套是他所创立或构建的话语。两套话语之间既有叠加、重合,又有析分、识别。但是它们共享关于话语的同一定义。前者通过关于陈述的盘根错节的分析,批判思想史(波及历史)、人类学(波及社会科

① [法]米歇尔·福柯:《知识考古学》,谢强、马月译,生活·读书·新知三联书店,2003年,第80页。
② 同上,第130页。

学)等知识话语违背话语实践规律,揭示这些话语对象的不确定性、缺少明确界限、没有独立的科学的分析方法,它们只是一些"漂移不定的语言,无定型的作品,无关联主题的学科";它们"是观点、谬误、心理类型,而不是知识、真理、思想形式的分析"①。但在批判的同一时刻和过程,却在引向"实证性""档案""考古学"等一系列话语构建。应该说,这是独具匠心的构思与十分巧妙的运思,只是对话语实践的处理过于冗繁、杂糅,同时又似乎漫不经心,"话语游戏"意味十足。这就大大降低或减弱了话语实践概念应有的作为阐释与分析工具的力度。对福柯来说,没有对陈述的分析,就没有话语分析,甚至难以界定话语;与此同时,没有对陈述的主题化,就没有档案概念的和盘托出,就难以形成考古学的新方法。但是陈述的复杂性令人望而生畏,似乎需要一把"奥卡姆剃刀"。根由在于福柯的"主体恐惧"。陈述从头到尾都是只见事件与话语,不见言说者,只有符号的"整体功能",而"主体"充其量不过是偶尔碰到的符号。最终,知识考古学只是演绎作者的"话语自由",这几乎等同于"作者自白"。话语的内循环更是几乎窒息了话语实践的活力。话语只是在设定的范围内、在话语层面上不停地叙说,它的实践性被作者的操作随意性所阉割。

因此,对话语实践这个富有生气的概念,我们只能在获得灵感中进一步改造而使其真正富有生命力。在话语生产问题的研究中,话语实践是话语在人们处理各种事物过程中不断减少其冗余的过程。各种事物不包括人类生存所不得不做出被动反应的不可抗事物,如地震、飓风、重大疾病

---

① [法]米歇尔·福柯:《知识考古学》,谢强、马月译,生活·读书·新知三联书店,2003年,第150页。

等。我们将人类不断面临需要处理的事物抽象为三类事物,即物质生产事物、精神生产事物及社会生产事物。人类处理这些事物就是人类的生活本身,也是人类通过对这些事物运动规律的把握而促进人类力量增长的思想实践和社会实践过程。在这样的过程中,始终存在着话语如何进入事物以及如何言说事物及其运动规律的问题。话语实践所表达的就是这里的"如何"的问题,实质是不断减少"冗余"而不断逼近乃至完全反映事物及其运动规律。对于这样的目的而言,任何远离该事物或不能真正反映该事物及其运动规律的话语,都是一种冗余。话语实践就是不断克服或减去冗余。这个过程绝非像福柯那样,将其赋予话语自身,以为话语在陈述过程形成了这种自为性,恰恰相反,话语实践是主体实践的方式。

话语进入事物以及它的生产性始终在话语实践中拥有活力,这就是话语生产的基本含义。对于话语生产来说,当它始终在话语实践中而富有意义的时候,也恰恰表明人们正在寻找或已经发现了"稀缺",从而用新的话语填补了这个稀缺的过程。话语生产与话语实践的关系可基于话语生产的本质来阐释:话语生产作为人类精神生产活动,是人们在思想实践和社会实践中实现的社会存在与社会意识的结合。结合得好,则话语成为一种力量,从而话语生产即力量的生产,而话语实践则成为人们的话语生产的机制;如果结合得不好,甚至不能实现结合,则话语不会生成力量,甚至意味着话语生产失败,而话语实践只能是话语的自我论证与循环,这时话语实践走向该事物的反面。何为结合?何为结合得好与不好?显然这是在历史唯物论语境下的整体性判断,这些提问都不能针对任何一个具体的作者或作品,因为任何一个具体的作者或作品都必须纳入具体时代的某个整体性中才能看清其所属及所论。

(三)话语生产的本质及其呈现形态

人们在思想实践和社会实践中实现其社会存在与社会意识的结合,这是一个关于话语生产本质的哲学命题。思想实践是认识的过程,是思维的生产活动,也被称为"认识的特定生产方式"①,表现为观念的操作过程。社会实践即人们的社会生活,特别是变革社会的活动。人们在思想实践和社会实践中所实现的其社会存在与社会意识的结合过程,也就是话语生产过程,从而这种结合本身就构成话语生产的本质。我们可回到物质生产、社会生产和精神生产的四个时间秩序中来讨论这个命题,由此我们将对话语生产的本质及其生成的三种形态做出更具有直观性的描述。

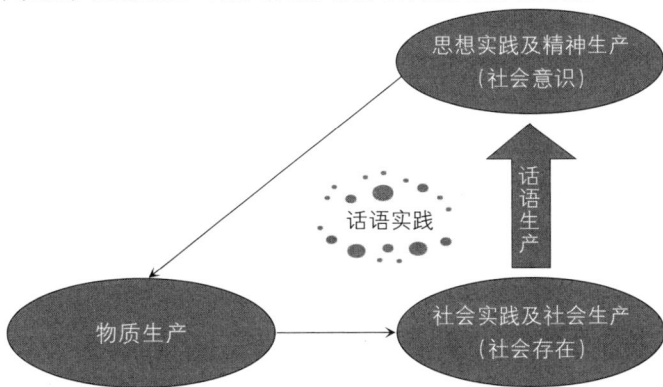

图5　第一时间秩序的话语生产

人们的社会存在决定人们的社会意识,这是社会存在与社会意识结合的第一种形态。这是以"决定"这样的关系样态所表征的"结合",而"结合"过程就是该种形态的话语生产过程。在该种形态中,话语生产者(统

---

① [法]路易·阿尔都塞、艾蒂安·巴里巴尔:《读〈资本论〉(第二版)》,李其庆、冯文光译,中央编译出版社,2017年,第36页。

一称为作者,见下面相关部分的论述)开展话语生产活动的根据或目的或其他驱使的动力来自其社会存在,也就是说,作者的根扎在某个确定的土地上。这块土地决定了作者要播撒什么样的种子,从而长出什么样的秧苗,收获什么样的果实。这也是一个复杂的判断、甄别、厘清、消除冗余而做出选择的话语实践过程。依照历史唯物论,第一时间秩序是抽象的历史时间中具有不可逆性人类活动秩序,其中活动的内容全在于解决物质生产问题而非其他问题,例如不是诸如劳动问题、资本问题、文化问题等等,因为这些问题都是具体的历史或经济的范畴。在第一时间秩序的语义和语境中,人们的社会存在,从而作者的社会存在都要受物质生产方式所制约而获得某种确定性。话语生产作为这种确定性的反映,代表着或表征了其发端所植根的历史深度与哲学抽象的一般性程度,其结果体现着在最难挖掘、最难获得发现的基础层所获得的成果,这就是最富有原始创新性、最具有基础性的关于科学、关于人类、关于历史、关于发展与文明等等的话语。当然,只有极少数的作品能够达到这样的深度。

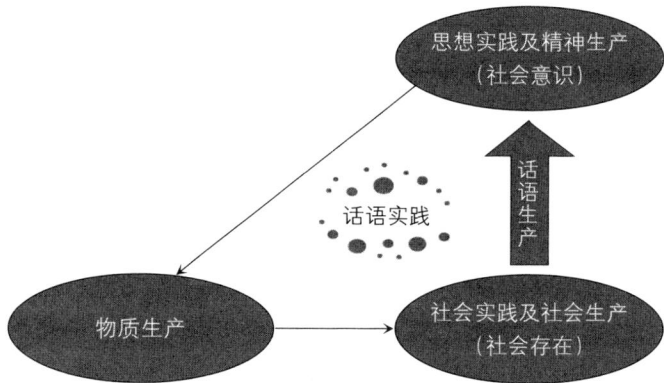

图6 第二时间秩序的话语生产

已形成的社会意识能够相对独立于与其对应的社会存在。这种具有相对独立性的社会意识具有反作用于社会、反作用于人们的社会存在,进而反作用于社会生产的力量。第二时间秩序的话语生产集中体现为话语生产与社会生产的关系。

按照物质生产、精神生产和社会生产的时间秩序逻辑,第一时间秩序在历史空间的配置将导致不同的时间秩序格局的出现。第二时间秩序的原理意涵强调"支配物质生产的力量同时也是支配精神生产的力量,从而形成受到物质生产制约、并将服从和服务于物质生产的精神生产及其结果。但是这种服从和服务于物质生产的精神生产成果一般是先作用于社会,再从社会向度作用于物质生产"[①]。第二时间秩序是人类历史中最为常态化的时间秩序,而这个时间秩序格局中的关键项在于社会生产。支配物质生产的力量必然是社会的核心力量。但是,如何保持社会团结,特别是维护核心力量的凝聚,从而长期稳固地成为支配物质生产的力量,这是社会核心力量始终不能放松的议程。于是,话语生产与社会生产的关系在一个宏观历史向度中紧密联系起来,而对这样的联系的清醒认知与自觉,常常成为那些形成长久历史影响的作者的根本理据,也因此促使这样的作者成长为言说历史、言说时代的话语生产者,他们的作品具有了十分重要的话语史地位,甚至被称为经典。

虽然在第二种时间秩序语境下所形成的话语生产成果并非都能够具有经典性,甚至还会存在大量的一般性乃至无意义作品,但这并不重要,重要的是话语生产与社会生产构成话语生产本质的一种呈现形态。如果将前一种呈现形态命名为"形态一",则本呈现形态可命名为"形态二"。形态

[①] 详见本书第20页相关阐述。

一的主要特征在于作者的"植根"以及由此决定的话语生产的向度和深度；形态二的特征在于已有话语对新的话语生产以及由此对社会生产的作用。话语生产与社会生产的关系是一个十分广阔的研究领域，就话语生产的视域而言，这里"充满了"思想与理论的稀缺，有待于另行开辟研究主题。

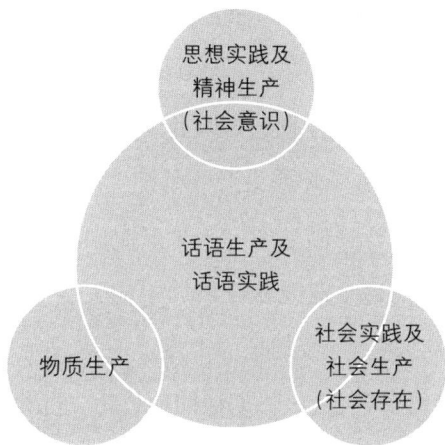

图7　第三、第四时间秩序叠加的话语生产

前述的第三时间秩序和第四时间秩序分别阐释第一时间秩序的两种空间配置状态。它们是在同一历史空间中或有先后或并存的时间秩序，为了分析方便起见，前文将其分别用不同示意图来描述。社会存在与社会意识的结合，在同时存在社会生产目的性和精神生产目的性的二元张力状态下，这一话语生产的本质将呈现为"形态三"的特征：一是异质话语生产和话语实践之间存在持续的紧张乃至冲突关系，多样化话语生产和话语实践广泛存在；二是话语生产和相应话语实践注满了物质生产、精神生产和社会生产的关系空间，其中既包括真实的话语生产，也包括虚假的话语生产。无论是精神生产领域还是社会生产领域，当自身的目的性凸显以后,不论是历史必然性使然还是某种"主体意志"作祟,其话语生产作为一种事物而提升其在各种事物中的地位,这是与上述两种形态存在重要区别的。无疑,在形态三的情形中,对话语生产作为一种事物的管理的必要性和紧迫性也会随之日益增强。

三、话语生产的语境和语义

语境和语义问题分属于语言学和现代哲学问题而分别形成研究的不同态势,其中,语境和语义并不总是作为一个统一的议题来研究,从而语境学和语义学作为两种独立的研究领域而形成各自的研究趋向。在话语生产活动中,语境和语义均具有非常重要的作用。对任何一种话语生产活动而言,语境和语义都是一套不仅不能远离,而且不能脱离、不能隔离的话语时空系统。话语生产要具备自己的语境学和语义学,这既是话语生产的客观实在的条件和话语生产的需要,也是人们分析研究与理解把握一定话语的条件和需要。这就是说,话语生产的研究应同时联系话语生产的语境和语义问题的研究来进行,并且是将语境和语义作为一个互涉的统一问题来加以研究的。这里从以下几个向度展开探讨。

(一)话语生产中语境和语义的建构

在话语生产活动中,语境和语义建构是话语生产的一定方式。我们可从文本间关系入手来展开分析。"所谓文本间关系,指不同文献之间由作者建构起来的关联,如与马克思主义文献、与各种政治发展理论研究的文献等建立起来的联系。文本的改写、翻译、引证、分析、接续、呼应(互文)等活动,均会形成文本间关系。一旦某种文本间关系确立,则相应发生语境和语义变化。"①引证、辨析、对话、比较等方法在语境和语义建构中都是典型的方法。

恩格斯在《〈资本论〉第三版序言》《〈资本论〉英文版序言》和《〈资本论〉第四版序言》中，三次提及马克思《资本论》的引文。其中，恩格斯在《〈资本论〉英文版序言》中说：

> 关于著作的引证方法，不妨说几句。在大多数场合，也和往常一样，引文是用作证实文中提出的论断的文献上的证据。但在不少场合，引证经济学著作家的文句是为了表明：什么时候、什么地方、什么人第一次明确地提出某一观点。只要引用的论点具有重要意义，能够多少恰当地表现某一时期占统治地位的社会生产和交换的条件，马克思就加以引证，而不管这种论点是否为马克思所承认，或者是否具有普遍意义。因此，这些引证是从科学史上摘引下来并作为注解以充实正文的。②

恩格斯的上述说明是他对马克思在《资本论》研究和写作中引证方法的解读。在一定程度上说，恩格斯"参与"了《资本论》的写作，这不仅因为他主持《资本论》第二、三卷的编辑、整理、定稿以及出版事宜，而且在《资本论》第四版中，恩格斯还"补加了一些说明性的注释，特别是在那些由于

---

① 商红日：《政治发展话语的中国语境和语义重置》，《中国社会科学评价》，2020年第2期。

② [德]恩格斯：《〈资本论〉英文版序言》，《马克思恩格斯文集》第五卷，人民出版社，2009年，第33页。

历史情况的改变看来需要加注的地方",引文的核实与校对以及"其他一些细小的不确切和疏忽的地方也都改正了"①。不论从哪个意义上说,恩格斯关于《资本论》引文的说明都更具权威性。那么如何理解恩格斯的以上引文内容? 马克思通过引证方法,一方面建立文本的科学史语境和语义,从而将自己的陈述建立在所言说事物的历史事实及其存在条件的基础之上;另一方面建构起新的话语时空系统,这就是《资本论》的语境和语义。这双重语境和语义的建立是解读《资本论》话语体系的重要方式。在此,我们可引用《资本论》一段言说为例证:

　　政治经济学作为一门独立的学科,是在工场手工业时期才产生的,它只是从工场手工业分工的观点把社会分工一般*看成是用同量劳动生产更多商品,从而使商品便宜和加速资本积累的手段。同这种着重量和交换价值的观点截然相反,古典古代的著作家只注重质和使用价值。*由于社会生产部门的分离,商品就制造得更好,人的不同志趣和才能为自己选择到适宜的活动范围*,如果没有限制,在任何地方都做不出重要的事情*。因此,产品和生产者由于分工而得到改善。他们偶尔也提到产品数量的增加,但他们指的只是使用价值的更加丰富。他们根本没有想到交换价值,没有想到使商品便宜的问题。这种关于使用价值的观点既在柏拉图那里*,也在色诺芬那里占统治地位。前者认为分工是社会分为等级的基础,后者则以他所特有的市民阶级的本能已经更加接近工场内部的分工。在柏拉图

　　① [德]恩格斯:《〈资本论〉英文版序言》,《马克思恩格斯文集》第五卷,人民出版社,2009年,第36—37页。

的理想国中,分工被说成是国家的构成原则,就这一点说,他的理想
国只是埃及种姓制度在雅典的理想化;与柏拉图同时代的其他人,例
如伊索克拉底*,也把埃及看成是模范的产业国,甚至在罗马帝国时
代的希腊人看来,它还保持着这种意义。*①

　　上段引文460余字,其中引证7处,并在引证的注释中涉及历史人物
十几个,其中包括威廉·配第、亨利·马丁、亚当·斯密、贝卡里亚、詹姆斯·
哈里斯、库斯托第、马姆兹伯里、阿基洛库斯、塞克斯都·恩披里柯、修昔底
德、柏拉图、色诺芬、伊索克拉底、狄奥多鲁斯等,也涉及著作十余部。这
样的引证在《资本论》中是十分常见的。上述引文的完整段落是在《资本
论》第十二章第五节,该章题目为"分工和工场手工业",其中的第五节题
目是"工场手工业的资本主义性质"。在上述引文中,马克思指出早在古
希腊就有了对一般社会分工的认识,但历史上的著作家只是看到了分工
有助于提升商品的质量,这只是在商品的使用价值方面意识到分工的意
义。到了工场手工业时期,人们对分工的认识进一步加深,看到了分工带
来的效率和交换价值,分工能够加速资本积累,从而使古典政治经济学得
以建立,政治经济学学术史的语境和语义也由此建立起来。但是工场手
工业的分工只不过是资本主义生产方式的起始阶段的分工,对这个分工
的认识只停留在古典政治经济学的阶段是不够的。马克思将分工置于资
本主义生产方式的整个历史过程中来研究,不仅阐明了分工在资本主义

---

　　① [德]马克思:《资本论》第一卷,《马克思恩格斯文集》第五卷,人民出版社,
2009年,第422—425页。该段引文出自《资本论》第一卷第十二章,引文中的*是原文
中的引文标号。

起始阶段对劳动组织形式的确立和生产力发展,从而对相对剩余价值生产所具有的意义,即分工生产了资本统治劳动的新条件,而且进一步阐明工场手工业的分工所具有的局限性,即它的"狭隘的技术基础发展到一定程度,就和它自身创造出来的生产需要发生矛盾",从而它必然进一步"生产出机器"。[①]由此导入《资本论》第十三章《机器和大工业》。可以看到,《资本论》对分工的研究是《资本论》独立的语境和语义建构的重要逻辑环节,而这个环节是资本的历史发展的一个环节的理论言说。

语境和语义的建构即话语时空建构的操作。其中,语境是作者为一个话语生产活动寻找到的最大边界,也可将其喻为"话语边疆"。作者为这个边界范围内的与特定话语生产关涉的事件或事件的总体给出或暗示出特定意义,由此形成语义,与此同时,这便是语境和语义的互涉。语境及其语义建构过程呈现为一定话语时间和话语空间的渐次展开,话语时空的缝隙在语境和语义的设置中显露出来。

在现实的话语生产中,人们一般对语境和语义不加讨论而直接按照自己的理解来使用,这在话语生产中是习以为常的,而这样的习以为常的操作,其认识论的根据应通过追问其话语生产的本质而找到答案。语境和语义的建构内在于一定的话语生产的本质。

(二)关于"术语的革命"与语境和语义

恩格斯在《资本论》英文版的序言中强调了术语的重要性以及"术语的革命"问题。马克思在《资本论》中应用了许多既与日常生活中的含义

---

①［德］马克思:《资本论》第一卷,《马克思恩格斯文集》第五卷,人民出版社,2009年,第426页。

不同,也与普通政治经济学中的含义不同的术语,恩格斯指出:"这是不可避免的。一门科学提出的每一种新见解都包含这门科学的术语的革命。"恩格斯以化学为例指出,化学的全部术语大约每二十年就彻底变换一次。恩格斯强调:"把现代资本主义生产只看作是人类经济史上一个暂时阶段的理论所使用的术语,和把这种生产形式看作是永恒的、最终的阶段的那些作者所惯用的术语,必然是不同的。"①对恩格斯的这一重要阐述,阿尔都塞做了专门解读。阿尔都塞从分析《资本论》研究对象的角度评价说:"这段论述是十分出色的,因为它阐明了一门特定的学科的对象和它的术语体系、概念体系之间的内在关系,从而阐明了对象和它的术语以及与之相应的概念体系之间的内在关系。这种关系表明,一旦对象改变了(一旦它的'新的见解'被把握),那么观念体系和概念术语也必然发生相应的变化。"②如果从话语生产的角度来解读恩格斯这段论述,那么这种术语革命的必然发生机制更需要加以特别强调,这必定在深层次中触及语境和语义问题。

所谓深层次具体指话语生产的各种要素。术语革命的必然发生机制存在于话语生产要素与其相关的语境和语义联系中,其中作者要素同语境和语义的联系更具有基础意义。作者对自身的时空位置的确定从根本上影响着其他话语生产要素与语境和语义的关系。一旦作者将自己在话语生产中的时空位置明晰地确定下来,那么作者的语境和语义在

---

① [德]恩格斯:《〈资本论〉英文版序言》,《马克思恩格斯文集》第五卷,人民出版社,2009年,第32—33页。

② [法]路易·阿尔都塞、艾蒂安·巴里巴尔:《读〈资本论〉》(第二版),李其庆、冯文光译,中央编译出版社,2017年,第165页。

客观上就形成了。这时,作者对自身话语生产的时空定位成为特定语境和语义形成的根本机制。语境和语义一旦形成,则概念术语体系必然发生革命性变化,即使术语形式还保留原样,但它们已经不再表达原来的意义了。不仅如此,像《资本论》这样的著作,已经不能仅仅从既有的学科或科学的概念中来认识其"术语的革命"的价值,它对现代世界的颠覆性话语生产的价值才更具有根本性的意义,这才是马克思撰写《资本论》的作者时空定位,由此促使一个全新的透视现代政治与经济的语境和语义得以形成。

(三)话语生产中的语境和语义重置

现代世界的全球性包括现代性话语的全球散播。现代性话语在话语史的意义上一般追溯至启蒙运动,甚至追溯至文艺复兴运动。随着现代生产力的全球迅速扩张,现代性话语的生产也日趋膨胀。在现实中,话语生产的内容和形式通常按其相关边界属性来分类,严格说是按其学科的归属来分类。这是现代科学制度与规范的基本要求,从而也是科学研究所遵循的基本规则。它的合理性在于它的现代性,而它存在的问题也恰恰导源于现代性。当人们将对象及其问题锁定于特定边界,这种锁定越具有科学规定性,则越可能违背科学的本质。话语生产的内容与形式锁定在这样的境况中,最终必然处于困境中而难以自拔。如果在马克思主义超越现代性问题的视域来展开分析话语生产的内容与形式,则可能重新找到话语生产在时间与空间上的确定性,从而走出困境。语境和语义重置问题来自现代性话语生产的复杂性,而重置语境和语义是试图走出困境而寻找到的路径。

    何为语境和语义重置？这个问题在学科层面和社会实践层面会有不同的体现。但问题的意义不在于了解和描述不同学科以及社会实践在语境和语义重置上的状况与类型，而在于阐释为何会存在这样的问题，以及研究重置的机理。毫无疑义，这是一个尚未形成共识，甚至存在激烈的思想冲突的领域。但这是话语生产理论中一个亟待探讨的根本原则问题。

    现代化在物质文明领域具有同质性、共享性，但在文化、政治、社会等领域却呈现多样性，其中不乏充满冲突的方面和问题。特别是，现代化并非只是某一种文明的成果，更不是人类文明的终极样式。毫无疑问，既存在着人们共享共用的现代化语境和语义，也存在着差异化的现代化语境和语义。因此，话语生产首先面临着语境和语义的甄别、确认及选择等问题，也存在着语境和语义重置的问题。所谓语境和语义重置，即辨析与厘清话语生产的时间和空间，澄清问题意指，重新确立话语边界，其实质是脱开现代性为人们做好的装备，回到本真的问题界面，真正找到话语的空缺，开启真实的话语生产实践。

    在话语生产问题的研究中，语境和语义问题的研究具有十分重要的理论和现实意义。如果我们将视域移至20世纪后半期，特别是20世纪80年代以后的苏联，我们能够从苏共话语生产能力蜕化中领悟到话语生产的价值和实际意义；当然，我们也完全能够从各种"颜色革命"中看到：西方国家长期的西方话语渗透，从而建构起一种语境，致使一些国家出现思想混乱、社会失序、政治动荡的局面，所谓"颜色革命"，实质是某种话语生产的得势。这从另一个向度给我们以深刻的警醒。

四、话语生产的若干方式

话语生产方式涉及话语生产的逻辑、思想张力、话语生产与话语及其体系构建的关系等一些具体问题。话语生产的逻辑既包括寻找的行动的逻辑，也包括意义的发现的逻辑。思想张力问题是话语生产的机制问题。话语生产与话语及其体系构建的关系则是话语生产的基本规范问题。这里试分别加以讨论。

(一)话语生产中的寻找的逻辑

无论话语生产是根植于普普通通的现实中，还是面对冷峻的未知世界，它的基本任务和方向是寻找空缺或缝隙，并在其中发现填满空缺的价值。

反思式和批判性思维方式是最常见的和更有效的寻找方式，这已经被各种学术史、思想史所证明。需要解释的是，为什么这种思维方式最常见且更有效？马克思关于辩证法的论述为我们提供了一个用于分析的指导性答案。"辩证法在对现存事物的肯定的理解中同时包含对现存事物的否定性理解，即对现存事物的必然灭亡的理解；辩证法对每一种既成的形式都是从不断的运动中，因而也是从它的暂时性方面去理解；辩证法不崇拜任何东西，按其本质来说，它是批判的和革命的。"①反思式和批判性思维在本质上是辩证法思维，其根本特征是：全面把握对象，在对象所言及事物的运动过程中把握对象，在客观性立场上把握对象，最终呈现的结果是有所发现、有所前进。马克思自己的研究践行了他的辩证法思想，在

---

① [德]马克思：《资本论》第一卷，《马克思恩格斯文集》第五卷，人民出版社，2009年，第22页。

19世纪40年代，马克思就批判黑格尔辩证法中的神秘性，批判黑格尔将"观念"转化为"思维主体"这一思维过程，尽管这是一个辩证法思维的过程。马克思倒置了黑格尔的辩证法思维，从而发现了黑格尔辩证法神秘外壳里的合理内核。

反思式和批判性思维方式发生在对象与对象所言及事物之间的关系研究上，这是寻找这一话语生产行动所遵循的逻辑。这一行动的逻辑为找到或找出空缺提供了可能性。这种逻辑在诸多话语生产中都不断地发生着，从学派之间到作者之间，再到文本之间的关系中，我们能够看到诸多清晰的逻辑链条。

反思式和批判性思维也贯穿或渗透于各种方法论中而构成为一种寻找的机制。在常见的实证研究、比较研究、质性研究中，问题意识主要依赖反思和批判。例如做"田野"这样的典型的质性研究，首先面临的是对"田野"本身的反思与批判性辨思，即分析"田野"的同质性与异质性。在实际研究中，通常会出现"此田野非彼田野"的状况，如果作者没有这样的分析甄别过程，就易于在话语生产中导致出现虚假问题意识。问题意识就是寻找的意识，虚假的问题意识将导致寻找失误或失败。此外，人们也偶尔能够看到的极端化的思维方式，要么全盘否定，要么全盘肯定，这种思维方式显然是与辩证法思维，与各种科学方法中的思维背道而驰的，其形成的意见与主张均不具有寻找的意义。

(二)话语生产中发现的逻辑

所谓发现即能够用话语呈现出意义。著名哲学家、人类学家列维-施特劳斯在一场讲座中说："我认为我们的确失去了某些东西，而且应该尽力尝试以期能将之寻回。由于置身于当下这种世界,我们不得不生活于其间的这个世界,再加上那种我们不得不追随的科学思考方式,我不敢肯定我们能否分毫无损地,好像从不曾失去似的找回这些已经失去的东西;但是,我们还是可以尽量地去了解它们的存在以及重要性。"[1]列维－施特劳斯作为结构主义的代表人物,他将结构视为普遍性的存在样式,而找到"结构"就是研究者的使命。意义是什么?施特劳斯给出了一个语义学的答案,意义即某种规则或称之为"秩序",而结构就是这一秩序。[2]在施特劳斯这里,找回失去的东西——在这里称之为空缺的东西,一是要寻回已经和正在远离现代人类生活的世界,二是这种寻找的方式。但是这两种空缺之间存在双重张力:一重张力存在于科学思维与神话思维之间;另一重张力存在于失去的世界与现存世界之间。这双重张力之间的纽结点,从而也是打开张力的着力点就在"意义"上。虽然这里的空缺与施特劳斯希望寻回的意义世界有所不同,特别是他将寻找与发现画等号,这无疑严重遮蔽了话语生产的部分通道,但施特劳斯试图破解双重张力的思路对发现的逻辑的阐释会带来重要启示。

如果说通过寻找的行动,人们找到了空缺,从而也就找到了方向、找到了问题所在的空间,那么这如同考古学家找到了考古发掘的位置。对于话语生产来说,这只是一个通道,需要继续展开深入研究和探索,以期真正有所发现。正是在这样的节点上,施特劳斯遇到了难题:在现代世

---

① [法]克洛德·列维－施特劳斯:《神话与意义》,杨德睿译,河南大学出版社,2016年,第13—14页。

② 参见[法]克洛德·列维－施特劳斯:《神话与意义》,杨德睿译,河南大学出版社,2016年,第23—24页。

界,一个祛魅的世界,神话以及对古代民族的研究是否还有意义?尽管施特劳斯自己深信不疑,并给出肯定的答案,但是相关的思想张力一直存在着。对科学的态度,施特劳斯是积极的,并相信科学能够助力人类学研究,但是不能幻想科学能解决所有的问题,施特劳斯十分坚定地认为,"科学永远不能给我们所有的答案"①,于是在思想家们之间而不是在同一个思想家身上,思想张力一再上演。

科学始终面临着探究事物的真假问题,如果说,科学要给出事物的意义的答案,那么这个答案也始终存在于去伪存真这样的层面上。科学对事实的确认在于解释它何以是以及它将会怎样,因而科学的答案不能超出真假范围。由于现代世界人将自己置于中心位置,于是在许多时候,许多人都可能给科学置入了人所发明的能够促进科学对人的利益最大化的"芯片",这时科学就不能自证清白了。在这样的情况下,秩序正被人们以秩序的名义所打乱,真假问题不断被"合理"的问题所取代。

发现的逻辑以找到的空缺为前提,通过意义的追问和回答指导话语生产,因而认为,现存各种分类、各种张力等,都不能固化为绝对知识,不能将其视为永恒的解决方案或永远的难题,在这些方案或难题面前,不是只有"选择"这一条路可走,而是超越选择,努力去发现,通过发现而有所创造、有所前进。

(三)话语生产中的思想张力

简要论之,思想张力通常表现为以下情形或状态:其一,一种思想自

---

① [法]克洛德·列维–施特劳斯:《神话与意义》,杨德睿译,河南大学出版社,2016年,第25页。

身所具有的强大吸引力以及生产的潜力。在客观意义上，它形成于读者的阅读感受中或研究过程所生成的思想中，而在主观意义上，它是作者创造力的凝聚点或爆发点。其中，作者与读者之间既可能存在思想的默契关系，也可能存在差异关系。其二，思想者之间关于共同话题的异见。在各种学术史中，这种思想张力很普遍，甚至可以说，如果没有思想张力，就谈不上学术史。其三，不同学派之间的紧张关系，这是在更大思想空间中的张力。仅就我们有限的知识视域就能够发现，古今中外的思想论争，正是存在着思想张力而促进了各个世代的精神生产。其四，跨域或跨时空的思想碰撞关系，如现代思想同古代思想的碰撞、中西思想碰撞等。①

话语生产的实践作为人们的一种精神生产活动，总是在一定的历史时空内、在确定的关系框架内展开。这符合历史唯物论所揭示的人们的社会存在与其社会意识相互作用关系的规律。但微观的、具体的话语生产实践具有事件性和生产性特点。所谓事件性，在此指话语生产在其必须经历的主题形成或思想形成的过程中，意义的发现。它也是某种话语生产是否真实发生的检验手段。话语生产的生产性是指概念的形成、陈述功能的形成乃至言说策略形成的过程，即前述的维持与其所言及事物的一体性的过程。由于思想张力具有事件性和话语生产性等特征，从而思想张力成为话语生产的一种重要实现机制。

结合科学研究活动的经验来看，一种思想张力中可能至少包含以下三种内在动力机制，正是这些机制在推动着某种话语生产实践的发展或

---

① 需要申明的是：思想张力与意识形态领域的思想斗争有着根本的区别。意识形态领域的思想斗争一般会关乎根本的政治选择与"道路"等政治原则和立场问题，而这里所论的思想张力则限于学术史论域。

深化：

一是意义的发现或再发现，可简称为"发现机制"。这种机制本质上是科学研究活动对创造或创新的内在要求，这样的要求在研究者行动中的转换和贯穿，始终体现为意义追问。一旦意义被发现或再发现，就会进一步激发研究者的兴趣，驱动新的研究活动的发生与持续。

二是对象事物变化的牵引，可简称为"牵引机制"。这种机制是指研究者对研究对象变化的积极反应，因而它是客观事物与研究者之间互动关系的呈现状态。虽然互动是这种机制发生影响的根本机理，但研究者必须是起动者，只不过研究者的主观意图能够在持续的话语生产互动中"牵引"出来。

三是话语权维护，可简称为"维护机制"。一旦某种思想张力形成，这些机制便不约而至，内在地推动着话语生产实践的发展。维护机制从根本上说是道德机制，学术研究的伦理责任是思想张力得以维护和形成维护机制的理据。因此，思想张力状态下的话语维护，体现着学术正义的伦理要求，也凸显学者作为思想的生产者所应当具备的学术品格。

上述三种机制在推动一定的思想张力向着某个方向发展或向着某个新的空间拓展中，伴随这个过程而出现新的语境、语义以及语用的变换，于是话语生产实践不断呈现丰富性和新颖性。当然，在一般思想张力事件中，外部机制时常也会发生并发挥作用，有时可能是至关重要的作用，如学术机构、学术共同体、同道者、某种强力等，这些外部机制都可能进入到张力场域，影响某种思想张力的走势。可以认为，思想张力作为一种话语生产的实现机制，其学术功能不能小觑，这一点非常值得中国学术界在繁荣发展中国学术生活中审慎研究借鉴。

(四)话语生产与话语体系构建

话语建构和话语体系构建这两个概念在话语生产理论中有诸多差异,应有区分,特别是应厘清它们之间的差异。虽然话语建构和话语体系构建都属于话语生产的范畴,但是这里的建构一词更注重其"动作""行为""行动"等意涵,因而话语建构是指话语生产中体现某种具体生产方式的操作活动。例如,在寻找的逻辑中,话语建构有如航标灯,它既不在场,但又必须出场;在发现的逻辑中,话语建构就是对发现的意义的话语呈现,它直接以某种结果的方式来表示或表达出生产的活动的目的。可以说,话语建构更直接关涉作品的形成(本书后文专门讨论了作品概念)。但是,话语体系构建的概念更强调话语生产的结果状态,并且是话语体系构成的状态,其中构建一词不仅仅具有建立、建设等语义,它还具有组织话语使之成为一体,以及构筑一系列话语之逻辑而形成言说系统的意涵。这样,话语体系构建的复杂性更需要做一些具体分析,特别是本书主题包含着体系构建的内容,因此这里尤为需要做出原理性的阐释。

话语体系构建具有生产性,这是首先要指出来并应该首先讲清楚的问题。一种话语体系一定是体系化生产而成就的结果状态。就形式而言,在时间逻辑上,先有话语建构,然后才可能发生该种话语体系构建的活动和过程,因此话语建构是话语体系构建的前提和基础。但就内容来说,体系化生产则是话语建构在时间和空间中的发展,从根本上说,话语体系构建是人们在物质生产、精神生产和社会生产的关系架构中开展的系统的话语生产活动及其成果状态。当然,并非所有的话语建构都导向体系的构建,话语体系构建的生产性也包含着"话语潜能"的意涵,即当话语所言说的事物包含着广泛复杂的时空联系,具有众多的未知性与不确定性,因而充满"话语稀缺",于是这里需要持续的和多样性的话语生产。这就是说,有更多的作品蕴含在一种话语空间中。话语体系构建的生产性也恰是事物的复杂性与人们对事物认识的有限性之间的矛盾所使然。

话语权利是这里阐释话语体系构建问题的一个特别用语,它多向度地表征话语体系构建的原则和机制。作为原则,话语权利体现话语体系构建的制度规范;作为机制,话语权利体现作品对作者的监督(这里的作者和作品的术语都是特定概念,见下一节的阐释)。话语权利这个概念不同于通常人们所说的话语权,因而在汉语语境中,话语权利不能简写或简称为"话语权"。话语权利既是一定话语体系内的话语秩序、基于该话语体系的某一具体话语建构的合逻辑性、话语实践性等,也是该话语体系与外在世界关系的伦理要求。就话语体系内在关系而言,其中的任何一项话语建构都要受到整个话语体系构建的制约,进而形成整个话语体系的秩序;该话语体系必然与其外部世界发生各种关联,话语权利就是其中的伦理要求,甚至也可能产生司法要求。这些阐释说的都是话语权利的制度规范问题,但话语权利还是话语体系构建的机制,主要是"自我监督"的机制,它体现为确定的话语体系作为作品的集成而对该体系的话语生产形成制约,其制约力直接作用于作者(集体的或个体的)。由于该问题属于话语生产的要素研究问题,在下面的专题内容中有更具体阐释。

在话语体系构建问题的研究中,话语自主性问题也需要加以强调。一般说,话语自主性问题应该在上述的话语权利范围或框架内来讨论,并且只有在这样的框架内研究,才可能使话语自主性的哲学意涵获得更有力、更深入的分析。但是,毫无疑问,话语自主性的中国际遇以及这个话题的现实主题性,需要将其作为一个独立的知识议题来处理。在第一次全球化,即世界的殖民地化进程中,在中国发生了西方话语的译介传播过程。两次世界大战使第一次全球化所建立的世界秩序彻底瓦解。中国共产党领导的中国革命取得成功,标志着中国走上独立自主建设自己的现代化道路。在这样的世界历史潮流中,中国共产党作为代表中国现代历史前进方向的先进力量,在把握近代以来中国历史演进的性质及其与世界秩序的关系中,在领导中国革命历程中,始终坚持马克思列宁主义与中国道路的话语体系构建,书写了中国革命胜利的历史篇章。"文化大革命"的惨痛教训促使中国共产党重新阅读和重思马克思主义基本原理,重新思考中国与世界的关系、中国现实与中国未来的关系,形成了中国特色社会主义道路这一具有世界历史意义的成果,它成为中国特色话语体系构建的重要基础、前提、过程和经验支持。因此,在当今中国,话语体系构建的话语自主性问题,实质并非是在诸多的世界话语体系中如何选择的问题,更绝非是如何改造他者话语使其标注为自己的话语的问题,而是对当代中国话语生产规律的系统解释、认知、知识化及其信仰问题。

五、话语生产中的作者

话语生产的微观研究,这里侧重于话语生产的要素分析。要素既是事物的构成元素,也是对该事物进行分析研究的因素。据此,这里将作者、读者、对象及作品等视为话语生产的核心元素,同时也将其视为研究话语生产的分析工具。本节论题"话语生产中的作者"只是选取话语生产诸要素中的一个,即作者要素,以此为视角,并统合其他诸要素来透视话语生产问题。

（一）作者与作者问题

作者有着十分广泛的不同称谓,如作家、诗人、导演、作曲家、乐团指挥、摄影师、艺术评论家、画家等。但本书论述的作者是话语生产者,是整日甚至终生都在用思想的各种工具来工作的人。正如上文关于话语及话语生产的一般阐述,从事如此的话语生产的人在这里被称为作者。在世界古往今来的众多话语体系中,最常见的现象是,以作者来命名某一话语体系,这恐怕不仅仅是一种历史记忆方式,也不仅仅是人类思想的检索形式,更重要的还在于,它是一种标志:它告诉人们该话语体系是这样一种而不是那样一种话语体系,并指引人们探求作者在该话语体系构建中的话语史地位。显然,并非所有的从事写作的人都能够纳入话语生产的作者范畴,作者是一种"资格"。在作者视角下来研究话语生产,将把话语生产活动与特定时代或历史时期的联系视作一个基础背景,探讨作者的产生,集体作者与个体作者,作者的话语生产行为,人们的社会存在与社会意识的作者中介,作者的使命、责任,等等。应该说,话语生产的作者问题是一个触及话语生产本质的问题,具有重要研究价值。

作者的思想存在与社会存在、作者的历史总体性和作者的自我同一性,这是作者问题中三个基础研究课题,值得深入思考。

首先,作者的思想存在和社会存在问题。

在整个人类社会历史长河中,作者只有来者,而无终者。他们始终耕耘着人类的精神,他们的家园就坐落在精神生产的田园。长期以来人们将这些以从事精神生产为业的人群分别划出不同范围来研究,例如各种思想史、艺术史、文学史、历史研究,实际是对该人群划分出从事知识生产的人,然后对其思想及各种各类作品进行研究;还有大量的传记类研究、个体某一知识类别的思想研究;比较耀眼的是知识分子研究。这些研究与本书论述的作者研究有叠合、交叉,但却存在很大不同。本书是研究话语生产问题的,作者是由话语来确认和划分的,进入本书研究视野的作者,以其话语史意义来选择并对其展开研究。

作者的话语史意义首要的是作者的思想存在和社会存在问题。这里将引入"社会感"这个主题词来加以讨论。社会感这个术语引自著名奥地利心理学家阿尔弗雷德·阿德勒。在阿德勒的话语体系中,社会感是在人类群体生活的逻辑命题下而形成的一个重要话语。阿德勒论证道:"我们思考的一个重要层面,就在马克思和恩格斯形容过的社会物质层面中。根据他们的解说,'经济基础'(就是一群人生活期间的形式)决定'理想的、逻辑的上层结构'(就是个体的思想与行为)。我们对'绝对真理'的'人类群体生活的逻辑'所持的概念,部分与他们的概念吻合。"①基于这样的逻辑,社会感是个体成长的阶梯、准则和检视标准。因此,社会感是人对自身与社会内在一体关系的世界图景。这一概念在引入本论题之后,我们对其做了如下修正:对作者而言,社会感已不仅仅是个体对生存环境及生存际遇的认知和反思、调整以适应社会的问题,也不单纯是来自社会已形成的构建共享的世界图景并深度影响个体成长的问题,而是作者基于自己的发现而构建的世界图景问题。这样的社会感将作者的思想存在与社会存在结合起来,甚至一体化。思想存在和社会存在分别是作者在思想世界和社会世界中的位置,作者以其社会感的机制与方式促进了他

---

① [奥]阿德勒:《阿德勒人格哲学》,罗玉林等译,九州出版社,2004年,第204页。

的思想存在与社会存在的结合,生产了属于他的世界图景,这个世界图景最终通过话语乃至话语体系而呈现出来。于是,我们能够从柏拉图、亚里士多德、孔子、老子、阿奎那、朱熹、王阳明等数不清的思想家那里,看到色彩缤纷的话语世界。

其次,作者的历史总体性问题。

作者的历史总体性也就是话语生产的历史总体性。话语生产的历史总体性分析不属于历史范畴的认识活动,而是旨在揭示与阐释在一定历史时期出现的话语生产所具有的总体性特征。这种总体性基于诸多思想文化运动经验而总结概括得出,诸如古代中国春秋战国时期的百家争鸣、希腊化时期的斯多葛学派和伊壁鸠鲁学派,以及文艺复兴、启蒙运动、五四运动、法兰克福学派等,它们构成为一种历史叙事,但历史因它们而富有某种标志性。正如理查德·塔纳斯评价文艺复兴时所言:"从彼特拉克、薄伽丘、布鲁诺和阿尔贝蒂,到伊拉斯谟、莫尔、马基雅维利和蒙田的初始阶段,再到莎士比亚、塞万提斯、培根和伽利略的最后表现,人类成就的新典范接踵而至。人类意识和文化的发展如此令人叹为观止,自西方文明诞生之初的古希腊奇迹以来是从来没有过的。实际上西方人重新获得了生命。"[1]作者们因他们在这段历史中的话语生产及其作品而永远被历史所记忆,不论人类文明如何发展。因此,作者的历史总体性所关涉的问题在话语生产、作者及历史的多重联系中不断被提出,从而作者既存在于他所在的历史时空中,也存在于言说与其相关的话语叙事中;作者既是他的话语的生产者,也是人们研究该话语的概念工具。

---

① [美]理查德·塔纳斯:《西方思想史》,吴象婴、晏可佳、张广勇译,上海社会科学院出版社,2017年,第253页。

最后,作者的自我同一性问题。

自我,这是一个复杂的哲学问题,而自我同一性则更加复杂难解。查尔斯·泰勒将自我问题作为一个重大的现代性问题,用数百页篇幅的鸿篇巨制来加以阐释。他带着与哈贝马斯有些类似的情怀来虔敬地翻阅西方文化,并论证道:深埋于西方哲学原理层面之下的"善"正"处于窒息的危险之中",因此泰勒并不像哈贝马斯那样呼吁完成现代性这个未竟的事业,而是"尝试通过重新表达来发现被隐藏的善,靠重新表达使这些根源再次具有授权的力量,使新鲜空气再次进入半坍陷的精神肺腑中"①。由此已能看出,自我的问题成为困扰当代西方思想家——这样一些作者——的一个"心结",也通过这些思想家,人们能够感受到自我这个话语生产问题长期以来嵌于西方文化和观念深处。但是,不能因为复杂而回避,不能因为难解而放弃,作者自我同一性视角,平添了话语生产问题存在的广度和深度,这就促使人们要深入不同文化和不同价值追求的紧张之中,揭开话语生产的许多"密钥"。一个好消息是:这里的作者的自我同一性并非是在西方道德哲学或现代性框架内讨论的问题,更具体说,它只是话语生产问题。它的关切全在于作者和他的话语及其生产。它不要求或并不引向"我是谁?"这个典型的西方式自我的哲学追问,而是更关注话语本身,更加基于话语的事实而去探究它的生产;更加基于话语史而去探究作者。当话语生产研究强调作者自我同一性问题时,只是在追问或强调:其一,作者对自己正在从事的话语生产是否如自己所愿地真正实现了话语的生产性要求;其二,如果自己通过话语生产而构建了某种世界图

---

① [加]查尔斯·泰勒:《自我的根源:现代认同的形成》,韩震等译,译林出版社,2001年,第817页。

景,那么自己是否属于这个图景中的一个元素?

当然,作者的概念在话语生产中具有更重要的使命。这个概念作为话语生产论说中的一个基本概念,它承担着言说工具的功能,而这个功能又是在集体作者和个体作者的分类关系中实施的。集体作者和个体作者都是话语生产的重要概念。在话语生产问题的研究中,集体作者并非是一个作品署名的概念,而是指某一话语及其体系,或某一话语史中所有作者的构成。如果以马克思主义话语体系为例,那么我们既能够由此了解何为集体作者,也能够了解何为个体作者。在马克思主义话语体系中,集体作者规模宏大壮观,除马克思、恩格斯外,可举出众多的集体作者;而在其中的集体作者中,每个作者又具有相对独立的个体性,这些相对独立的个体作者既与一定的相关集体作者群具有总体性关系,又保持了属于他特有的标志性话语。这几乎是一个"通则",可应用到各种话语体系中,例如对法兰克福学派来说,先后加入法兰克福研究所的每个学者都是该学派集体作者的构成成员,但毫无疑义,其中每个人有不同的"批判理论"话语史上的贡献,哪怕他的话语与该学派之间存在思想张力,就像哈贝马斯与法兰克福学派的思想关系那样。话语生产的集体作者与个体作者的分类,又使得作者问题进一步丰富化,从而作者的思想存在与社会存在、作者的历史总体性和作者的自我同一性这三个基础研究课题,更增添了不胜枚举的主题和想象。

(二)作者与读者

对于话语生产而言,作者与读者的关系是基于阅读而建立起来的生产关系。阅读作为话语生产活动而产生时,这是作者首先成为读者的一个重要场景。法国的马克思主义理论家路易·阿尔都塞在对《资本论》做哲学研究时生动地描写道:"当我们阅读马克思著作的时候,在我们面前立刻出现一位读者,他在我们面前大声朗读。马克思是一位令人惊叹的读者,这是重要的事实,但对我们更为重要的是,马克思感到必须用大声朗读来丰富自己的著作。"①阿尔都塞在《读〈资本论〉》这一重要著作中,实际上通过提出和回答马克思如何写《资本论》而提出和回答人们今天应如何读《资本论》的问题,其中触及的马克思的阅读与《资本论》的话语生产的关系,以及阿尔都塞本人对《资本论》的阅读与阿尔都塞话语生产的关系,从中贯穿着话语生产中的作者作为读者,如何影响其话语生产活动的认识论逻辑,这成为一个十分有意思的讨论话题。

对话语生产活动而言,作者的阅读即进入科学研究的过程,也是作者通过如此的研究活动而试图形成某种认识的过程。但是,马克思是如何阅读的,马克思如何使自己成为忠实的读者,以及马克思如何从读者转换为作者等,这些追问对于作者和读者的关系的话题,具有一些更深的含义。阿尔都塞说:"若把马克思对斯密和李嘉图(我在这里只是举例)的阅读仔细加以研究,就会发现它是相当奇特的。这是一种双重阅读,或者更确切地说,这种阅读体现了两种完全不同的阅读原则。"②其中,第一种阅读原则是将所阅读的文本视作为一个既成的"事物",读者与作者共处于这个事物之中,他们针对共同的对象进行对话。这样一种阅读被阿尔都塞称为第一种阅读,也叫"直接的阅读"。直接的阅读带来

---

① [法]路易·阿尔都塞、艾蒂安·巴里巴尔:《读〈资本论〉(第二版)》,李其庆、冯文光译,中央编译出版社,2017年,第7页。
② 同上,第8页。

的话语生产的操作是：实现从读者到作者的身份转换，体现为以新的作者的名义来直接面对"旧作者"及其作品，对其中正确的可引以为据的便加以引证，而对其中错误的，则加以分析和批判。但是对于新的读者（如对《资本论》的读者）而言，他们通过新的作品而更加深入地了解了旧的作品（如古典政治经济学著作），这样也就使得旧的作品在话语史中被确立起相应的地位。

第二种阅读原则被阿尔都塞概括为"症候阅读"，这是阿尔都塞的"发明"，似乎是试图以此论证他的"结构"的普遍性观念。所谓"症候阅读"即"通过文本中的疏漏、沉默、缺失、忽略等症候把握文本深层的、表面看不到的结构"，这个看不到的结构"主要表现为理论的总问题"①。从这里出发，就可以过渡到阿尔都塞作为作者（"结构主义的马克思主义"话语的生产者），他与《资本论》这一马克思的作品之间的关系上来。阿尔都塞作为《资本论》的读者，他对《资本论》做了哲学的阅读。他既做了"直接的阅读"，也做了"症候阅读"。但阿尔都塞论述的重点在后一种阅读上。阿尔都塞通过他的症候阅读呈现给他的读者一个不同的《资本论》，即在这个巨大的文本背后的同样巨大的"文本"。阿尔都塞说："在《资本论》中鉴别和认识马克思主义的哲学对象要以鉴别和认识《资本论》本身的对象的特点为前提，而后一种鉴别和认识又要依赖于马克思主义哲学并要求它不断发展。不借助马克思主义哲学就不能真正阅读《资本论》，而我们同时也应该在《资本论》中读出马克思主义哲学。如果这种双重的阅读，也就是不断从科学的阅读回复到哲学的阅读，再从哲学的阅读回复到科学的阅读是必要的和有成效的，那么我们就有可能在这种阅读中认识到马克

① 衣俊卿：《西方马克思主义概论》，北京大学出版社，2008年，第305页。

思的科学发现所包含的这一哲学革命的本质：一次开创了全新的哲学思维方式的革命。"①阿尔都塞在《资本论》的"两个文本"之间往复穿越,写就了他的"结构主义的马克思主义"的代表作——《读〈资本论〉》。

作者与读者的论题通过上述阿尔都塞个案的引入而可能带来更加广泛的研究选择,如话语史中的苏格拉底—柏拉图—亚里士多德、孔子—孔门弟子等"师徒"传承演化路径,现象学、弗洛伊德心理学、法兰克福学派等门派演化路径,它们使作者与读者的话语生产关系呈现丰富多彩的样态,从而促使话语生产的微观研究充满奇异、有趣和有价值的论域。

从话语生产理论研究的角度说,作者与读者的关系作为话语生产关系,在作者的三个根本问题上拥有广阔理论探讨空间。作者的社会感决定着作者的阅读决策及其行为;作者的历史性存在决定着作者呈现为何种读者角色,以及他将如何作为作者来面对各种相关文本;作者的自我同一性将在更深的层次中制约作者与其阅读的文本及其作者的关系。这些结论性的命题无疑是作为问题的答案给出的,但是,这些答案的解析不妨作为"空白",以留待更专门化地研究和更从容地探讨。

(三)作者与对象

这里的对象指话语生产对象,即一种高级精神文化劳动对象。在物质生产活动中,劳动对象是指各种物质生产资料,而话语生产中,劳动对象是所有能够经大脑思维进行加工处理的资料,统称为思想资料,包括数据、知识、无法归类的信息等。物质生产劳动生产出具有使用价值的物质

---

① [法]路易·阿尔都塞、艾蒂安·巴里巴尔:《读〈资本论〉(第二版)》,李其庆、冯文光译,中央编译出版社,2017年,第79页。

产品,而话语生产劳动生产出一种精神世界,或者某一精神世界中的新思想、新精神。这种精神世界或某一精神世界中的新思想、新精神,总要通过特定话语来呈现,即经过话语实践而使得话语更准确呈现这种精神世界,或某一精神世界中的新思想、新精神。对这种精神世界或某一精神世界中的新思想、新精神,这里统一将其称为作品集成。这样,话语生产的结果一般体现为一定的作品集成。

话语生产的对象既是认识对象,也是加工对象。两者之间存在重要联系和区别。话语生产的认识对象只有类型而无边界,加工对象则是具体的、有边界的和易于识别的。但加工对象是从认识对象中析出的,它来自认识对象的某个类别,经过了认识过程的加工,因而可以说,话语生产的认识对象如同原始资料,而加工对象就像初级产品。但对话语生产过程而言,这个初级产品是再加工的对象。

从形式或操作层面上说,话语生产的认识对象唯有划分类型才可以把握,而类型则可借用福柯的"档案"概念来识别①。这是由于话语生产是人类基本的精神生产活动,其认识对象分布于所有领域,面向所有事实、经验、文本,它们在具体的话语生产活动未发生之前都是"静默"地存在着,我们将其比喻为"档案"形态。这种档案"从总体性上看,它是不可描述的;就它的现实性来看,它是不可回避的"②。当某一话语生产活动开启,作者在其可能的视域内,掀开相关"档案",一种认识对象便进入研究议程。这时,加工对象将在作者努力下而渐次清晰并从"档案"析出,话语

---

① 仅仅是借用,而非在其原意上使用,但保留了"档案"原意的特征,参见下一引文。
② [法]米歇尔·福柯:《知识考古学》,谢强、马月译,生活·读书·新知三联书店,2003年,第145页。

生产的结果呼之欲出。

在整个话语生产过程中，对象是中介体，它将作者与未知世界联系起来，将选择的意识与选择的行为联系起来，标志着话语生产的一个环节，但却占据话语生产的整个阶段，并最终完成自身的转化，即由一般的分析资料变成具有特定意义的言说资料，进而转变为新的话语或新的话语要素——产品形成。这样的中介体性质及其在话语生产过程中的转化，使话语生产对象自身形成一种内在的规则性要求：其一，话语事实或社会事实的辨识与确认；其二，认识对象的辨析或证明；其三，工具与方法论描述；其四，加工对象的析出及其清晰化论证；其五，产品描述。我们说话语生产对象是话语生产的一个环节，就是说对象形成过程是在一个集中的时间约束和目标驱使下完成的一个行为，是话语生产得以展开所必经的过程；说话语生产对象占据整个话语生产阶段，是说对象经过转化最终凝结于产品中。

作者与对象的关系需要在以下三个层面来认识：首先，话语生产对象与作者的思想存在和社会存在的关系。作者通过他的话语生产来构建他的世界图景，这使得作者对话语生产对象形成强烈的依赖关系，它不仅仅是"巧妇难为无米之炊"的状态，更主要的还是作者与对象之间的认识论逻辑的建构问题，用阿尔都塞的话说是"认识的生产"问题①。其次，话语生产对象与作者的历史总体性的关系。由于这个关系既触及科学问题，也触及

① 这是一个很大的哲学问题，它关涉作者—认识的主体—如何把握对象。因为对象是双重的：一重是作为已经存在的认识，即各种思想资料；另一重是现实对象。阿尔都塞认为，不同于现实对象，"认识对象则是思维的产物，思维在自身中把它作为思维具体、思维整体生产出来，也就是说，把它作为与现实对象、现实具体、现实整体绝对不同的思维对象生产出来"。参见[法]路易·阿尔都塞、艾蒂安·巴里巴尔：《读〈资本论〉（第二版）》，李其庆、冯文光译，中央编译出版社，2017年，第36页。

意识形态问题,既涉及历史,也涉及现在和未来,既有时间关系,也有空间关系,因此这个关系在话语生产实践中可能会被作者作为真实的关系来影响其话语生产活动,也可能被作者作为某种策略关系来影响其话语生产活动。无论如何,这层关系对于作者而言,它将对作者的话语生产活动形成一定的干预。最后,话语生产对象与作者的自我同一性的关系。这个关系考验着作者面对各种思想资料,他将在做出取舍时所持有的态度,他的价值信守以及他能否做到对各种思想资料科学和规范地使用。

(四)作者与作品

在话语生产理论中,作品概念是一个不容易理解和把握的概念。尽管前述内容中多次涉及作品概念,偶有解释,但这个概念由于长期来在人们使用中的惯性所致,依然会发生诸多误解、不解。如果用否定性、排除性方式来解说,则作品不是书写的历史,不是学科,不是思想,不是意识形态,也不能以著作、论文等各种通常被称为作品的东西作为标志物,尽管在广义上说,著作、论文也可称为作品①。这里的作品概念与出版印刷、图书史及传播史中的作品概念几乎完全不同,因此在这里的作品概念中,不包含赝品、作伪,甚至不等同于"成品"等。这里也不同意将作品称为"文本"②。话

---

① 这一描述需要细加说明。当我们将一部著作或一篇论文称为作品时,在话语生产理论中,这是明确了所指的著作或论文一定包含了狭义的,即本书通常使用的作品,如下文所述,作品具有功能性、机制性,它是某个具体话语,但作品不等同于话语。

② 当代美国哲学家乔治·J.E.格雷西亚对文本展开本体论研究,视文本为富有意义的实体,将文本定义为:"一组用作符号的实体,它们被作者选择、排列并赋予意向,从而向一定语境中的特定读者传达特定的意义","文本包括诸如表述、句子、段落和书之类的东西"。参见[美]乔治·J.E.格雷西亚:《文本:本体论地位、同一性、作者和读者》,汪信砚、李白鹤译,人民出版社,2015年,第4—5页。

语生产的作品,作为产品,它类似于某种设备、某种装置①,它意味着一个复杂精神机器的终端接口的形成。作品产生以后,一个具体的话语生产活动具有了明晰的阶段边界,甚至标志着一个阶段的终结。因此,作品具有抽象的成果性、实体性,它总能在相关的人们的精神活动中占有一个空间,哪怕这个空间仅仅是一个点。也许这样描述作品依然会使人产生误解,似乎作品是时间浓缩到空间中的一个固定场所,或者是对多种相关性整合加工而成的一种新的确定性,甚或被理解成类似空气所凝结成的一滴水。所有这些描述都不能完全反映作品的根本特征。作为话语生产的一种产品,作品就是思想打开的闸门,抑或文化发展环节中的一种链接,它一定是某个创造性的核心要素,或是某个系统论说的逻辑环节。

作为话语生产的要素之一,作品是对作者的考验,是对读者的暗示或启示,是对象的产物,它使话语生产的功能最终获得呈现。毫无疑义,作品属于精神产品,但并不等于精神产品,因为作品最经常的形态呈现是功能的发生。作品躲在话语中,话语因内在地包含作品而成其为话语。在话语生产中,作品就是反映该种话语生产基本性质和特征,促进该种话语生产富有活力,通常属于该话语体系中具有标志性或代表性的具体话语。诸如韦伯的"理性资本主义"或"资本主义精神"、弗洛伊德的"本我"、胡塞尔的"意向性"、海德格尔的"此在"、阿尔都塞的"症候阅读"等概念都是这里所说的作品,尼采的"上帝死了"、福柯的"权力具有生产性"、邓小平的"走自己的道路,建设有中国特色的社会主义"等命题也是这里所说的作品。任何一个被公认的话语体系,都饱含诸多这样的作品。

依据学术史或我们自己的阅读经验,上述所指的作品有时隐含在一

---

① 不是乔姆斯基的"装置"概念。在乔姆斯基那里,"装置"即一套句法规则。

个话语体系之内,或存在于该话语体系之外却给读者以明确指示,阿尔都塞用"空缺""沉默""空白"等字眼来表达。阿尔都塞说:"科学的生命不在于它所知道的东西,而在于它所不知道的东西。当然,绝对的条件是要捕捉这种不知道的东西并在问题的严格意义上把它提出来。"这种"所不知道的东西""是这门科学在充分'论证'的外表下包含在自身中的弱点,是它的表述中的沉默,某些概念的空缺,它的论证的严格性的空白"①等等。这样的"空缺""沉默""空白"被作为科学的普遍性的东西提出来,就具有了规律性的指涉。德里达从另外的意义上,即不是从科学出发,而是从他的"解构"的意义上也对作者"未说出的"话语进行论说②,这也使得作品的概念的内涵更为丰富。

作者和作品的关系同样是一个复杂而有价值的话语生产理论的论域。在上面关于作品的讨论中,我们已经能够获得某种感知:作品决定着一个话语体系的品格,包括它的特征、深度、广度,决定着其话语史的地位。作品考验和检验着作者的话语生产能力。没有好作品,就不会有深刻的理论,在一定历史条件下说,能否生产出好作品,取决于作者的话语生产力。因此,作品承载着作者的学术命运,也是一个话语体系的活力之源。而一旦人们了解并接受作品的意识,那么作品就成为作者的动力机制、鞭策机制和监督机制,虽然它还未降临,但它的功能已然历历在目,并

---

① [法]路易·阿尔都塞、艾蒂安·巴里巴尔:《读〈资本论〉(第二版)》,李其庆、冯文光译,中央编译出版社,2017年,第22页。

② 参见[法]雅克·德里达:《论精神:海德格尔与问题》,朱刚译,上海译文出版社,2014年。德里达在该书中提出"海德格尔的问题",即海德格尔为什么避谈西方思想文化中的"精神",甚至一再提醒人们避免使用"精神""精神性"等词语。德里达认为,海德格尔恰恰是以避谈的方式在言说"精神",尽管不出现"精神"词语。

将深入影响将要开始的话语生产活动。

六、小结

精神生产是人类的重要生产活动。对这一重要生产活动的研究必须以唯物史观为指导。当我们进入唯物史观的语境来了解人类的物质生产、社会生产和精神生产之间的关系时,我们对其中的时间逻辑有新的理解与认知。这种时间逻辑在这里被概括为时间秩序,这个时间秩序就是人类生活的生产和再生产的根本秩序。也就是说,物质生产、社会生产及精神生产的时间秩序在人类的具体实践中,体现为或归结为生活的生产和再生产,由此产生的人类各种事物都可视为人类生活的生产和再生产的事物。对这些事物的认识与参与,反映了人们的思想世界和社会世界状况,即体现为精神生产劳动者的思想存在与社会存在。

话语生产是人类精神生产活动的重要内容与重要体现。作为精神生产活动,话语生产不能脱离物质生产、社会生产和精神生产之间关系的时间秩序,并且以对其中的事物的探求为己任。抽象的、一般性的表达,话语生产是人们对未知的意义的时间和空间的发现及其言说,这种言说是人们在思想实践和社会实践中实现的社会存在与社会意识的结合。而具体来分析,揭示或呈现事物的性质、特征、规律、逻辑、本质联系等等的言说即为话语,通过寻找、发现、对话、构建等方式来揭示或呈现事物的性质、特征、规律、逻辑、本质联系等等的活动即为话语生产。从而,话语生产在本质上是进入事物、实现与所言说事物的一体化。宏观的语境和语义的设定,以及微观的具体话语生产过程所包含的,也是话语生产中必定要发生的作者、读者、对象及作品问题,均可视为话语生产的规律性问题。

第二章　话语史

本书已经多次提及话语史的概念。在相关研究中,话语史的称谓与观念并非鲜见,尽管迄今为止并无话语史的系统言说,也无具体的话语史的著作。不研究话语史,话语生产的真谛就难以清晰显现;缺少话语史的向度,对一定话语体系的理解和把握就可能失之偏颇;更重要的是:话语史内在于一定的话语生产中,它是历史逻辑与生产逻辑的统一。因此,话语史,即话语生产史,它是话语生产理论的组成部分,也是研究话语生产规律的重要途径。

一、话语史不是概念史

概念史(Begriffsgeschichichte)研究者认为,自18世纪已降,就存在着一种具有明确自觉意识的概念史,并认为概念史术语显然源于黑格尔。[①]中国有研究者认为:"所谓概念史,就是研究文本的语言和结构,通过对历

---

① [德]瑞因哈特·考斯莱克:《"社会史"和"概念史"》,载[英]伊安·汉普歇尔-蒙克主编:《比较视野中的概念史》,周保巍译,华东师范大学出版社,2010年,第23页。

史上主导概念的研究揭示该时代的基本特征。"①第二次世界大战以后,在欧美学术界聚集了一批概念史研究者,也形成了具有内部差异的两支言说派别。其中一派是以历史学家昆廷·斯金纳为代表的思想史研究,也称剑桥学派;另一支以德国历史学家瑞因哈特·考斯莱克(亦译莱因哈特·科泽勒克、科塞雷克等)为代表的社会史研究。两派关于概念史的研究很相近,但却不同。两派都受索绪尔结构语言学和维特根斯坦语言哲学的影响,并都试图将维特根斯坦的语言哲学转化为历史分析的工具。但这一共同性不意味着两派之间存在交叉点,正如一位比较研究两派概念史的学者所言,两派对概念史的研究"是沿着平行的轨道展开的",它们之间"尽管很近,却永不相交"②。

　　以斯金纳为代表的剑桥学派以变革思想史或观念史研究而著称,特别是对政治思想的研究由"观念主导"转变为"概念主导",而形成了一种政治思想研究方式。斯金纳富有代表性的表述是:"在我认为可以区别的语言的两个维度之间,我明显地做出了区分。一个是传统上所说的意义的维度,即对据称是附属于词和句子的意义及其范围的研究;另一个最好称之为语言行动的维度,研究说话者在(及通过)使用各个词和句子时他们能够做的事情的范围。"③例如,研究霍布斯的关于公民科学的主张时,不是仅仅将霍布斯的这些主张视为各个命题,而是视为包含在论点中的

---

① 孙江、陈力卫主编:《亚洲概念史研究(第二辑)》,生活·读书·新知三联书店,2014年,第3页。

② [美]特伦斯·保尔:《"概念史"和"政治思想史"》,载[英]伊安·汉普歇尔–蒙克主编:《比较视野中的概念史》,周保巍译,华东师范大学出版社,2010年,第118页。

③ [英]昆廷·斯金纳:《霍布斯哲学思想中的理性和修辞》,王加丰、郑崧译,华东师范大学出版社,2005年,第9页。

各个动作,要追问"他反对的是什么传统,他采纳的是什么论证方法,他给现存辩论带来的变化是什么"①。这样一来,斯金纳就将"语言即行动"的维特根斯坦命题转换为分析工具,用以研究历史中那些经典文本的作者的"思想行为",而非仅仅是"思想观念"。

以瑞因哈特·考斯莱克为代表的另一派概念史研究有更加明确和强烈的"概念史"关怀。如果说剑桥学派努力变革思想史特别是政治思想史研究,而以瑞因哈特·考斯莱克为代表的这一派概念史研究则努力变革历史学研究。瑞因哈特·考斯莱克就认为,西方史学界在历史学内部形成诸如"英国经济史""西方现代早期外交史"及"教会史"等专门性学科来研究,带来了"学科之间的壁垒和分野",而将历史分为"社会史"和"概念史",则是"将'历史'范畴化为一个整体的两种方法"。这两种方法"彼此需要并相互依赖,但却从不会合二为一"。依照索绪尔关于语言的"历时性"和"共时性"结构区分,社会史和概念史各以不同方式研究"共时性事件"同"历时性结构"之间的关联,其中概念史所要探求的是"一个特定的、共时性的'言说'(speech)与恒在的、历时性的、先前就存在着的'语言'(language)之间的关联"。②

但是无论在斯金纳的意义上,还是在考斯莱克的意义上,概念史都不等同于话语史。在斯金纳的意义上,"概念"是将经典文本作者置于他思想形成的历史语境,并通过对其"思想行为"的探究来理解文本而获得

---

① [英]昆廷·斯金纳:《霍布斯哲学思想中的理性和修辞》,王加丰、郑崧译,华东师范大学出版社,2005年,第9—10页。

② 参见[德]瑞因哈特·考斯莱克:《"社会史"和"概念史"》,载[英]伊安·汉普歇尔-蒙克:《比较视野中的概念史》,周保巍译,华东师范大学出版社,2010年,第21—41页。

的一种指引或重思。作为一种或多或少具有颠覆性的政治思想史研究方式,所谓斯金纳革命即对原有的、且长期占据主导地位的思想内容的历史连续性观念的拒绝,将思想作为政治本身来认识或定义,从而概念史不过是思想及思想家的政治实践史,而在思想及思想家之间,思想史是非连续性的。在考斯莱克的意义上,概念史本来就有别于"话语史"。考斯莱克不仅使用了"话语史"的概念,而且明确了二者的共存及其联系。考斯莱克说:"尽管基本概念总是在话语中展开的,它们是话语的核心,所有的论证都是围绕着它们展开。出于这种原因,我并不相信'概念史'和'话语史'可以被视为是互不相容的、对立的。'概念史'和'话语史'不可避免地是相互依赖的。"①所要申明的是,虽然考斯莱克使用了"话语史"概念,但其"话语"一词指作为符号的语言系统,因而他的"话语史"的概念属于语言学范畴,是"语言变迁史"的含义。考斯莱克将"概念史"和"话语史"并置、对应,意在强化作为历史学的概念史与语言变迁的结构性联系。

话语史属于话语理论,或者说任何一种话语理论内都包含着相应的话语史,它伴随着确定的话语生产过程而发生和发展,并最终消融于该种话语体系之中,只待人们去发现和揭示。如果人们没有话语史意识,没有这种明确的意图来关注某种思想史或概念史,那么这绝不意味着话语史不存在。话语史总是内在于确定的话语理论的结构中,并使该种话语理论富有特色。在当今已经高度制度化了的各种具体学科(如中国目前的

---

① [德]汉斯·恩里克·鲍德克:《概念·意义·话语:重新思考"概念史"》,载[英]伊安·汉普歇尔-蒙克主编:《比较视野中的概念史》,周保巍译,华东师范大学出版社,2010年,第96页。

二级学科)范围内,都客观存在作为话语生产史的话语史,只是人们尚未形成话语史意识,因而尚未形成专门化研究活动。但是,这绝不意味着话语史属于"历史"或"思想史",话语史有其独立的、不能替代的话语理论研究的认识论和方法论价值。

二、作为话语生产史的话语史

话语理论认为,每种话语都有自己的话语史,这是因为每种话语都是历经复杂的生产过程而形成的,从而话语史即话语生产史。定义话语史关键在于揭示话语何以成"史",即探究各种不同种类的话语生产的过程与生命轨迹。因此,如果不加明晰或严格的限定语,例如政治经济话语史、批判理论话语史,或者海德格尔存在主义话语史,甚或韦伯资本主义精神话语史,等等,只是非常一般地讨论类似形而上学一样的话语史是不可能的。这就表明,话语史的形态是具体的或比较具体的,这种具体形态与话语生产密不可分。

话语生产是人们对未知的意义的时间和空间的发现及其言说。话语生产的历史性内在于经过话语生产而形成的话语及其体系。只有具备这种历史性的话语生产,才能证明其意义。我们引入一个特别的时间概念来表达话语生产的历史性,这个时间概念称为话语时间,它表达如下话语史内涵:其一,前话语;其二,命名话语;其三,话语衍生;其四,话语散布。我们可借助如下一些示意图来解析上述四层话语时间含义:

前话语阶段,如下图:

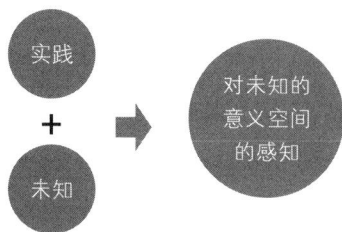

图8 前话语阶段

    对话语生产的根源及其发生是不能做简单化理解的。运用话语时间概念,我们可将话语生产的起始引向事物原本的事实状态。但这个状态充满历史和哲学意蕴。它既可以是某个大规模的事变或总体性变迁过程,也可以是某个学者在现象学意义上走向对象本身去探寻"可能性"的过程。就话语生产而言,无论是大规模总体性事物,还是个体化事件,我们都只能假定:(1)它在一个复杂的未知域中展开;(2)确定的未知域表明,人们的话语生产活动已经开始,或者说,人们已经知道他所面对的领域是未知的。这就是说,话语生产活动的原初状态类似于人们找到并站立在一片未开垦的处女地上。

    在未知域的活动称为实践。在图8中,我们将其从"未知"的图形中析出,并在它和"未知"图形之间用"+"表示这种析出关系。在未知域中开展的实践呈现了人们的各种有意图的活动,包括思想、意识等精神活动,也包括社会变革活动,甚至包括物质生产活动。前者称之为思想实践或理论实践,后两者统称为社会实践。当实践在未知域展开,话语生产的关系,即作者与未知域中被干预的事件的关系便处于建立、反观、调整、修复、重构等等复杂的"实验"过程中。其中,被干预的事件也有重要的呈现自身的状况,它既体现为各种实际样态,也体现在作者的表象中。这种关系建立、展开、完结的整个过程,反映了话语生产的实践性本质。

但是,话语时间的前话语阶段,只是话语生产的表象阶段。图8中的"对未知的意义空间的感知"是该阶段终止的时刻。这个"时刻",话语生产活动已到达"找到"的门槛,跨过这道门槛将意味着话语生产活动将取得重要"阶段性成果",从而话语时间将迎来新的"时刻"。

命名话语阶段,如下图:

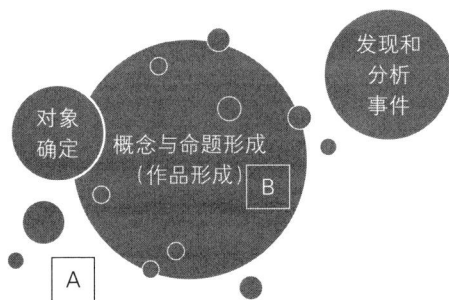

图9　命名话语阶段

话语命名过程将经历三个时期:第一,发现和分析事件;第二,对象确定;第三,概念与命题形成,即作品形成。在图9中,"发现和分析事件"图形在"概念与命题形成"图形之外,并与其存在一定距离。与此同时,"概念与命题形成"图形之外,还有以图形"A"为代表的诸多类似图形;在"概念与命题形成"图形之内,也存在以图形"B"为代表的诸多类似图形。图形"A"表示在"发现和分析事件"时期,存在一些甚或许多干扰事件;图形"B"表示在"概念与命题形成"时期,同时也形成诸多话语的衍生点。

话语命名绝非像给某个物质产品起个名字或在工商部门注册一个商标这样单纯。在话语时间的意义上,话语命名实质上表示某种意义空间的发现,从而标志某种或某个话语已经形成,这时,可以将该意义空间命名为诸如"新康德主义""行为主义革命",或者直接以代表人物的名字命名,诸如"胡塞尔现象学话语""马尔库塞话语"等。

下面就话语命名将要经历的三个时期的特征展开具体描述和分析。

第一,发现和分析事件时期。事件虽然不是话语本身,但事件在话语生产中,从而在话语史形成中,具有举足轻重的地位。事件包括政治、经济、社会、文化、思想、学术等所有领域中各种具有嬗变性质的事物。其中,有的事件具有总体性,例如"冷战"、2008年金融危机等;有的事件具有单一性,例如1977年中国恢复高考;有的事件具有长久的时间轨迹,如从奥古斯丁、蒙田到笛卡尔、帕斯卡尔的"现代主体"的发现;有的事件则超出人们的惯性思维或常识思维而突现,如各种"黑天鹅"事件的出现。事件是发现的,即使它早已存在。例如"启蒙"作为一个总体事件,不知影响了多少话语生产活动,但直到现今,依然有众多的基于启蒙事件的研究或反思,并生产关于启蒙的话语,霍克海默和阿多诺的《启蒙辩证法:哲学片段》可以视为对启蒙的总体事件有新的发现的一例。总而言之,当话语时间经历了"前话语"阶段以后,话语生产的持续展开的必备条件就是发现标志性或关键事件[①]。它们使表象成其为表象,它们引导话语生产进路,它们也在相当程度上牵引着作者的思维走向对象,直至影响问题形成、概念的确定等。因此,事件也已经成为当代的哲学研究对象,并在诸多学科领域成为富有活力的术语。

第二,对象确定时期。话语史中的对象概念强调其时间性。话语生产朝向对象,并最终围绕对象、深植于对象的厚度中,从表层至深层展开

---

① 由此也能看到话语史与思想史的区别:话语史中的命名活动是作者的原创式话语生产活动。

探索活动,而"厚度"即时间性比喻。同时,对象的确定也具有过程性,从而也具有时间性。对象与事件在话语时间中有不同意义。对象是能够直接进入话语中,并赋予话语以生命力的成分,而事件是对象的原载体,它为对象的确定提供"佐证",为对象提供语境。在话语史中,对象确定构成一个独立的时期。这个时期必须完成话语生产中一些关键的步骤,其中主要包括问题分析、纲领筹划以及核心意旨的把握等。问题的实在性(真实性、价值性等)以及问题的丰富性、吸引力强度等,构成问题分析的内容,也是对象确定的首要环节和依据。纲领筹划是话语生产的战略布局,它从宏观上制约着话语的体系性,并最终将影响"产品"的质量。核心意旨是话语的灵魂,它将被配置于话语的不同序列及不同中心里,但首先它将在话语命名中占据显要位置,并将在最深层次制约该话语时间。

第三,概念与命题形成时期。在话语史意义上,概念与命题形成具有重要时间标志性:某个或某种话语时间获得命名。一是蕴含该话语核心意旨的一些基本概念得以确立,它们有的外显于概念的标志性中,有的内含于基本命题中。这些概念已经根本改变了它们原本的在某个语言系统中的语词地位,被放置在一个凸显出来的意义世界。二是人们已经开展、正在开展及将要开展的实际活动,即理论实践与社会实践的内容,将纳入这些概念框架中审视与衡量,从而这些实践将获得统一命名,进而话语生产将在刚刚开始的话语实践中得到支持,并获取更丰富的资料。三是话语生产的主题获得了规范性管理,多个话语生产的衍生点得到培育,话语体系构建的可能性得到关注,一种话语史正在向更开阔的空间延展。正是在这个时期,某个核心范畴除了作为概念,还作为名称而固定下来。

话语衍生阶段,如下图:

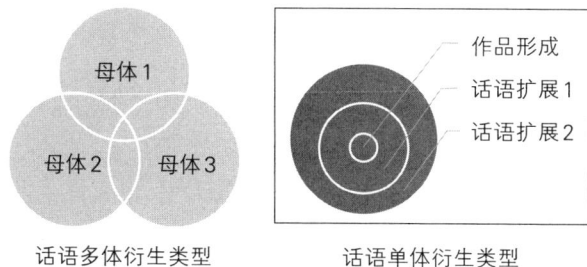

| 话语多体衍生类型 | 话语单体衍生类型 |

图10 话语衍生的两种类型

图10描述话语衍生的两种基本类型,实际是描述话语再生产的两种基本样式。但这里只是描述其话语史特征,而难以具体分析某一类型的衍生过程。话语衍生是某一话语内在力量的运动和溢出,而话语衍生类型则是话语流变的轨迹。话语内在力量揭示出话语的品质,它具备了衍生与流变的潜质。从根本上说,它能够总是关涉人类的各种实践诉求,因而其内在力量总是被新的思想实践与社会实践所吸入。话语衍生阶段在该话语史中具有时间的"刻度"意义。每一次衍生过程都类似于生成了一个年轮,或生成一个新的意义世界。这就是说,话语衍生绝非体现为不断的复制或机械循环,而是新的创造阶段的生成演化。

话语散布阶段,如下图:

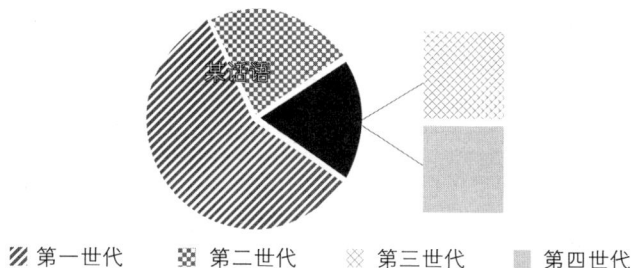

🔲 第一世代 🔲 第二世代 🔲 第三世代 🔲 第四世代

图11 话语散布阶段

话语散布是话语影响力的跨时空配置。图11描述的话语散布包含如下语义：某话语形成后，它在一个固定区域的影响力持续了两个世代（例如200年），而在另外的空间（如非本土区域）又发挥出两个世代的影响力。这里的"世代"不是具体时间长度，而是标明话语影响力的时间性。无数经验事实证明，有许多话语时间绵延数千年，也有许多话语时间在其他的陌生的空间中散布。作为话语史的一个阶段，话语散布不同于话语衍生。其中最大的区别是：话语散布不仅仅由于话语具有强大的内生力量，更由于实践作为该种话语的外在力量形成对该话语的强烈的需要，因此话语散布的核心特征在于其中的配置性，相似或不同的实践对话语形成的需要，使话语在时间和空间中转移，体现为话语影响力的配置。这种配置使话语散布的话语史价值更加毋庸置疑。

话语史的话语散布隶属于该话语史，是某种话语时空的重要标志，因此不能将其等同于话语传播。话语传播已经超出了话语史的范畴，尽管它与一定的话语史具有重要联系。

三、话语史：话语生产理论的方法

话语生产理论既面向已知的未知——人类最近数千年来流传下来的思想和智慧、人类创造的各种文明成果，它们既是已知的，但也包含着无数的未知在其中；也面向正在行进中的人类和世界——不断反思与追问；还面向对未来的探求——用过去思考未来，用实践检验想象。由此，话语生产理论仅有的成就是十分初步的和十分不完善的。话语史以其方法的作用，将在推进话语生产理论的繁荣和发展中证明其独特的地位。

话语史如何能够成为话语生产理论的方法？

话语史是关于话语生产的。话语生产理论将面临在该话语生产理论中"话语是如何生产的"的基本追问，而话语史将为这样的追问提供解析的路径。由此，话语史建立一套分析、考察、挖掘与发现的概念系统，构筑起独特的对象范畴和问题意识，在发现和解析话语中验明自身，在一系列话语叙事中探求意义世界的真相。每一种观念的存在都具有自证性，而话语史将要展开"他证"。话语史认为，任何一种学说、系统思想、理论体系及知识系统，都在其中存在着一定话语生产理论。话语史在这些学说、系统思想、理论体系及知识系统中重构起关于它们的话语生产的对象空间，将其意义世界的价值逻辑揭示出来。尽管几乎所有现今已经建立起来并将其制度化的学科，似乎都或多或少要光顾相关知识起源、脉络、演化等等"历史"因素，甚至早已确立起专门著述其"历史"的专门学科，诸如各种学说史、思想史、发展史等，但所有这些现实呈现都不是话语史的否定依据，特别是，当这些现实呈现也同样构成话语史的对象时，则话语史的独立价值昭然若揭。

但是，话语史并非只是用于解析已存在的话语生产理论，它更重要的方法论价值还在于促进话语理论的生产，因而它总是"面向未来"的。人类的生活将在人类的生生不息中前行，而在这个最大事件中，人类之思将始终伴随。话语生产，从而人类对意义的生产将无时不在、无处不有。话语史作为话语生产的自觉，它既是话语生产本身，又是话语生产的结果。作为话语生产本身，话语史主要不是在程式上规范话语生产流程，而是在观念上强化话语生产的本质；作为话语生产的结果，话语史最终在话语生产的作品中表达自身。

话语史是何种方法？

　　话语史倡导回到历史唯物论立场。为什么是"回到"？一是说,现今存在历史唯物论被标签化的情况;二是说,话语史方法的最终根据是历史唯物论。历史唯物论也能够被"套路化",而这种套路化方法论恰恰是历史唯物论所反对的。正是这种套路化的普遍化,并成为束缚人们思维的羁绊,严重一点说,它也可能经常成为禁锢人们思维的枷锁,因而真正运用历史唯物论来研究问题将面临诸多挑战。话语史作为方法,它建立在历史唯物论的根本原则和立场之上,因而它最终的解释力根源于历史唯物论。

　　"套路"这个词原本是中国武术中的术语,指各种武术方法中确定的攻防招式。但它现在已经成为网络生活中的流行语。不仅如此,套路一语已经渐渐成为某种违法犯罪术语,诸如"套路贷",以及各种诈骗犯罪的套路,如"碰瓷""调包""中奖"等。甚至在学术活动中也出现类似于某种"潜规则"的所谓套路而发生影响。在贬义上,这个词一般指含有机关性的巧妙设计而让人难以设防并入套的行为。但该词也在褒义和中性的语义上广为使用。这里是在中性语义上来使用。

　　所谓套路化是指在包括学术研究在内的社会活动中,人们将某种行为经验固化为一套操作流程,并视其为一项有效的解决方案而不断复制的方式。例如,实证理论在转变为具体应用方法中,套路化的做法十分普遍,对社会科学研究正在形成严重冲击。历史唯物论被套路化,有以下几种情形:一是基于错误或带有偏见的立场来解读历史唯物论的原理,推演出某种似是而非的逻辑,并且这种逻辑不断被复制性引用。此种实例何其多也！其二,不能正确辨析实际情形或实践中的问题,同时也没能做到领悟历史唯物论的实质精神,武断宣称历史唯物论已经过时,并且这种论断不断被复制性引用。此种例子也不胜枚举。其三,并不真正研究历史唯物论,也做不到真正实行理论联系实际的原则,将历史唯物论原理标签化、口号化。这在现实生活与工作中也不鲜见。

回到历史唯物论立场,这里主要强调在宏观和微观上所要坚持的思想方法:从宏观上说,要深入领悟马克思主义关于人类、关于人类历史、关于世界、关于世界历史的根本认识和形成的理论,深入解读马克思主义中的实践和时间智慧,深入把握马克思主义关于社会存在及其辩证思维,并基于对上述诸原理的把握而将其作为话语理论研究的指导原则;从微观上说,蕴含在典型事件中的"铁的必然性"以及对人类生活形式的返向探究方式,构成话语史研究的具体方略。马克思在《资本论》第一版序言中说:"我要在本书研究的,是资本主义生产方式以及和它相适应的生产关系和交换关系。到现在为止,这种生产方式的典型地点是英国。因此,我在理论阐述上主要用英国作为例证。"而其中的典型性的主要特征在于,它包含着一般规律,即"铁的必然性"[①]。在《资本论》第一章中,马克思论述说:"对人类生活形式的思索,从而对这些形式的科学分析,总是采取同实际发展相反的道路。这种思索是从事后开始的,就是说,是从发展过程的完成的结果开始的。"[②]对话语生产,从而对话语理论研究,运用话语史方法,主要是应用历史唯物论来指导,从宏观和微观的不同层次和视域而展开,追求的是对事物及其发展变化的意义解析和把握。

---

① [德]马克思:《资本论》第一卷,《马克思恩格斯文集》第五卷,人民出版社,2009年,第8页。

② 同上,第93页。

四、分类、对象、问题：话语史研究具体方式

分类是现今我们所熟悉的诸多研究领域常见的研究方法。话语史研究可尝试运用这样的方法开始自己的研究操作。我们可依据话语生产的各种可选择标准来划分话语生产类型，暂时可将这样的方法视为开展话语史研究的一个初步操作步骤。"各种可选择标准"主要包括"客观标准""主观标准"及"主客观结合标准"。客观标准是指将已经存在、并获得普遍认可的命名的话语生产，按其公认的知识范畴进行一级、次一级、再次一级等不同分类；主观标准是依据话语生产的认识维度来分类，如微观的维度，依据话语生产主要构成要素及其整体联系进行分类，宏观维度则依据话语生产的时间和空间维度来分类；主客观结合标准的维度是从研究对象的特点出发，综合话语生产的某一种构成要素与客观知识领域中的既定话语的关联，做出新的话语生产类型划分。依据主观标准和主客观结合标准来分类，也同依据客观标准分类一样，均可分为各个不同层次。

上述三种标准，每一种都至少可以找到一个典型示例，从而标明该种标准已然确立，具有可选择性。诸如启蒙话语、现代化话语、全球化话语、革命话语、民主话语等，都是依照客观标准做出的话语生产类型划分；直接以作者（集体作者或个体作者）名字或名称命名的话语，如马克思话语、马克思主义话语、西方马克思主义话语、柏拉图理想国话语、罗尔斯正义论话语等，这样的话语生产类型是依据主观标准做出的划分；诸如现代性话语、后现代话语、行为主义政治学话语、新制度主义话语等，可视为依照主客观结合标准而划分的话语生产类型。

定义各种类型，当然需要花费诸多功夫。即使是按上述所言的客观

标准来分类，即按照通常人们的认知或习以为常的做法采用某种类型划分，也需要开展一定的辨析以厘清语境和语义。但是，话语生产类型确立的目的在于话语史研究，因而各种标准之间的界限、严密性等都不是更重要的问题，只要能够析出某种富有独特性的话语生产即足矣。这是定义类型学的一个基本要求。但这不意味着话语生产类型划分只是"名号"的区分，无实质意义。话语史研究首先确立话语生产类型，类似于福柯话语分析必先确立"话语的单位"①，否则连最基本的工作都无法展开。一旦这项工作展开以后，人们就会在持续和深入的研究中，将该种话语生产类型的特征给予更严密的论证。

类型划分的过程并非是对象确定的过程。类型划分是某项话语史研究的开始，可类比为人们的"专业"选择，假定类型划分完成得很好，也依然处在所要研究的某种话语史之外，还没能进入该话语史。因此，类型划分不同于话语史中的"话语命名"阶段。两者由于可能出现"共享名称"的情况，因而易于混淆它们之间质的区分。类型划分工作完成，意味着肯定性地确立了"考古挖掘"的位置，但是如前文所述，对象是话语史的对象，是话语生产中一个大的阶段里的一个时期，而所谓话语史研究对象的确定，就是要找到或进入这个时期。

现实的研究活动通常存在的一个重要误区是对象与要研究的问题分不清，甚至将二者等同。对象是问题存在的领域，即问题生成的地方，而且是诸多问题生成的地方，可喻为"问题家族"。在做出类型划分以后，明确方位、分析可能的关系、探测基本的格局，找到关节点，这些便是

---

① 福柯的《知识考古学》首先分析"话语的单位"，而这一步骤被福柯视为是他展开话语批判的基础理论，十分重要。

对象确定的基本方略。话语史研究在运行方式上，从类型划分开始，从对象确定进入，以寻找到问题为具体的和基本的方法，此为话语史研究的基本方式。

找出问题无疑是话语史研究具体的和基本的方法。马尔库塞说，"当代实证主义走进一个空谈具体性的全面贫乏的世界"，"当代实证主义所创造的虚假问题比它毁掉的更多"①。这是马尔库塞在批判分析哲学作为"思想的治疗方案"时，给出的一个直截了当的评断。尽管这种"方案"是"学术性"的，但它在塑造与培养"肯定性思维"方面却具有直接的"实践性"，因而它是后工业社会形成"单向度思维"的知识与方法的基础。在这里引证马尔库塞话语试图表达两种关切：一是技术理性的肆虐与横行不断强化着某种偏执的行为，为未来埋下了众多的隐忧；二是与此相关的"科学研究"的浮华所"创造的虚假问题比它毁掉的更多"，这已经不是隐忧，而是已经呈现出来的困境。当我们要探寻话语史研究的道路时，从一开始就应该有这种学术警醒。进入话语史研究，找到问题是作为方法以致作为逻辑进路而不是作为"操作程式"来识别的，"找到问题"而非"创造问题"是这两者之间的根本区别。

五、话语史中的意义研究

话语史专注于意义研究，但是这种意义研究有别于传统语言学的语义分析，也有别于语言哲学中的意义分析。话语史在话语生产的层面也将重视语境和语义的研究，但话语史关于意义的追问不仅从语言的语义

---

① ［美］赫伯特·马尔库塞：《单向度的人：发达工业社会意识形态研究》，刘继译，上海译文出版社，2014年，第158页。

层来探求,而且更关注事物本身及其变化。

事物概念在这里已经做了哲学抽象。我们从超市里的人流看到日常生活事物,从各种军事演习看到战争事物,从各种新闻发布会看到了国家、社会、国际关系、生产、经济生活、信息传播等各种事物,同样地,我们从阅读中看到了话语生产的事物。这里的事物的概念无疑是哲学抽象的表达,事物已从实然的、感性的具体而上升为抽象的、一般的存在。在由事物构成的现实世界和历史的世界中,我们可以抽象出人们思想实践和社会实践的行动、过程及其结果的事物。这些事物都是与话语生产相关的事物,是话语史关注的重点。这里的意思是,只有经过进一步抽象了的事物——人们思想实践和社会实践的行动、过程及其结果的事物——才蕴含着更广泛更深刻更重大更久远的意义,从而也才成为话语史关注的重点。

语言哲学将意义归结为语义学的范畴,在一般层次说,意义即语义。在语义如何获得的问题上,存在"内在语义"和"外在语义"的论争,但语义存在于语言系统中,意义是能够在这个系统中穷尽的,这是语言哲学意义理论的要义。在所谓生命哲学的研究中,威廉·狄尔泰给予意义范畴一个十分深刻的解析。狄尔泰在其代表作《历史中的意义》中论述道,生命是一个整体。理解生命的特征与发现生命是同一过程。理解生命的整体性,需要许多范畴,"意义、价值、意图、发展,以及理想,都是这样一些范畴"。这些范畴都能够反映生命的整体性。"但是,它们都取决于下列事实,即只有通过个别的组成部分对于理解这种整体来说所具有的意义,人们才能理解某种生命所具有的联系状态,而且人们只有通过同样的方式,才能对人类生命的某一个部分加以理解。意义就是这样一种与领悟有关的范畴——通过这种范畴,生命就会变成可以理解的东西。"①狄尔泰把意义范畴定位于某种关系中介地位,并且它通向最终理解事物的要道,这是富有启示价值的。存在论哲学、诠释学等也十分关注意义问题。海德格尔的名著《存在与时间》就是从对"存在"的意义的追问开始的。海德格尔对意义做出如此论说:"意义是某某东西的可领悟性的栖身之所。在领会着的展开活动中可以加以勾连的东西,我们称之为意义。"②与语言哲学不同的是,一方面,存在论哲学将意义归结为主体的能力,另一方面,意义只是与人的生存相关,由此使意义的论说充满着局限和狭隘。

　　意义既不存在于语言符号系统里,也不存在于人的头脑中;发现意义既不取决于如何使用语言,也不受事物表层力量的制约。意义确实如海德格尔所言,它在其所在的地方,但这不是意义的主要含义。重要的是那里第一次产生这个意义,这个意义就是话语史中的意义概念。③世界是人类建构的整体性存在,意义就存在于人与这个整体性存在的关系中。在这样的关系中,意义就是诸多秩序序列中联结的生成。意义远比价值的范畴更大,比历史所代表的时间更久远。话语史将这里的意义称为意义世界。对这个世界的研究探讨一直是人类文明发展中的学术基调和任务,话语史将是其中的一个途径。

---

　　①［德］威廉·狄尔泰:《历史中的意义》,艾彦译,北京联合出版公司,2013年,第50页。

　　②［德］海德格尔:《存在与时间》,陈嘉映、王庆节译,生活·读书·新知三联书店,1987年,第185页。

　　③话语史探求话语与其对应事物之间的原本的关系,但许多话语在其历史演化中逐渐脱离了原本的关系。这里强调意义的概念,旨在强化话语史研究中对话语原初意义的追问。

意义世界对许许多多秩序序列进行了联结。在许许多多秩序序列中，有些序列是正向性的，有些是逆向性的，还有一些是协同性的。这样的认知直到现今一直是模糊不清的。我们可通过以下示意图式来初步描述。

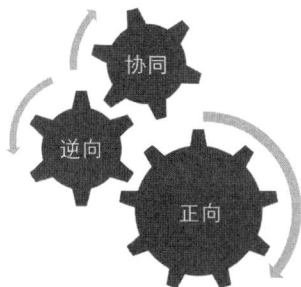

图12　多重性质的秩序序列

人类建构了实然的由人类社会组成的世界，而这个世界建构的任务只有始点而无终点。人类在其漫漫路途上始终存在着与这个世界的关系。我们用秩序序列的词语来概括这个关系。意义既存在于这些秩序序列之中，又在这些秩序序列已有的联结之外增加了新的联结。已形成的和新增加的联结一起构成意义世界。意义不是静止性存在，而是生成性的，是动态的，是变化的。

意义问题正在一点点淡出人们的视野和话语，也就是说，它正在远离我们的生活，而这无疑为我们自身积累起沉重的负荷。话语史意图以自己的方式和可能性来追寻意义，并希望意义在人们的普遍关注下真正能够回归于人类生活。

六、现代性话语史的哈贝马斯拐点：一个研究个案

如果要以作者为单位来撰写话语史，或者撰写以作者命名的话语史，

那么"哈贝马斯话语史"将是十分丰富而又不失个性的话语史。但真要这样尝试,恐怕需要更多的时间和更专门的写作,限于时间条件和主题的约束,这里只就某些"点"做些讨论,我们把这些"点"称之为"拐点",并将其置于哈贝马斯的话语史叙事之中,做一些十分初步的"统括性"研究。

"某些点"显然是说不止一个点。将这些点描述为"拐点",无非是说它们不在一条直线上。从现代性话语到交往理性的话语转换,是哈贝马斯力图完成现代性哲学话语构建的重要论说步骤,从而通过交往理性话语的建立而确立了现代性话语史的第一个重要拐点。实际上,这个拐点同时延伸出另一个附加的拐点,即实现批判理论的方向与布局的转换。

哈贝马斯"一直没有放弃"现代性的话语生产这一计划,从1980年开始,他坚持"现代性——一项未完成的设计"①的学术与政治理念,此后他的这项事业与工程就从未间断,并在不断的理论研究中取得新的成就。在20世纪50—70年代,法兰克福社会研究所的基本研究维度、研究视角以及核心主题是技术理性批判。正是在这样一种批判语境中,哈贝马斯用数年时间(他自己说是四年时间)来研究马克斯·韦伯及其关于理性的论断,其成果集中体现在《交往行为理论》的著作中(或者说,体现为哈贝马斯交往行为理论的创立)。这一理论成果具有多重意义:首先,它是对此前十多年来哈贝马斯一直探讨的批判理论方法论研究"明确其批判尺度的社会理论的开端"②。其次,它为哈贝马斯后续研究奠定了重要基础,

---

① [德]于尔根·哈贝马斯:《现代性的哲学话语》,曹卫东译,译林出版社,2011年,作者前言第1页。

② [德]于尔根·哈贝马斯:《交往行为理论:第一卷 行为合理与社会合理性》,曹卫东译,上海人民出版社,2004年,第一版序言第3页。

即三大主题的研究议程得以确立,分别是关于交往理性的概念、关于生活世界和系统的两个层次的社会概念,以及现代性理论。第三重意义是由本论题所建构出来的,即交往行为理论标志着哈贝马斯现代性话语史的"前话语"阶段的工作基本结束。

几乎与此同时,哈贝马斯将现代性研究从生活世界的社会关怀转入哲学视界,他开始从西方理性文化的深层寻找完成现代性这一"设计"的途径,同时试图与生活世界建构起实践连接。他的理论目标定位于为交往理性打开理论与实践的通道。《现代性的哲学话语》虽然是在数个讲座基础上整合而成的著作,该书似乎在结构完整性、逻辑连贯性以及主题的凝练性上都不尽人意,但该书依然顽强地论证了交往理性的理论价值和实践价值,突现了拐点的标志性。

哈贝马斯认为,自18世纪后期开始,现代性就已经成为学术主题,因此即使对现代性的美学话语加以"限制",现代性的哲学话语生产依然必须面对启蒙及现代世界,特别是必须挖掘现代世界已降,在西方哲学和思想演化中形成的诸多"话语体系",诸如黑格尔,这个"第一位意识到现代性问题的哲学家","他的理论第一次用概念把现代性、时间意识和合理性之间的格局突显出来"[①]。经由尼采而实现的后现代转折构成另一种现代性话语的总体,哈贝马斯将其大体归为两个谱系:一是"怀疑主义科学家试图用人类学、心理学和历史学等方法来揭示权力意志的反常化、反动力量的抵抗、以主体为中心的理性的兴起等,就此而言,巴塔耶、拉康、福柯堪称是尼采的追随者";二是"比较内行的形而上学批判者则采用一种特

---

① [德]于尔根·哈贝马斯:《现代性的哲学话语》,曹卫东译,译林出版社,2011年,第51页。

殊的知识,把主体哲学的形成一直追溯到前苏格拉底,就此而言,海德格尔和德里达可谓步了尼采的后尘"①。除上述两个谱系之外,附带的还有以霍克海默和阿多诺为代表的第一代法兰克福学派学者,尽管他们的"意识形态批判"只是"在延续对本体论思想的非辩证启蒙"②,但由于他们传播了对现代性的悲观情绪,而这种情绪对于要继续完成"现代性设计"的哈贝马斯来说,当然要给予理论上的回应,这也可视为是现代性哲学话语生产不应忽视的"档案"。

在这一现代性言说的展开中,哈贝马斯逐一对黑格尔及其黑格尔之后的衍生形态(黑格尔左派与右派)、尼采、霍克海默与阿多诺、海德格尔、德里达、巴塔耶、福柯等展开批判式论析,建构他们的思想逻辑,然后和盘托出他自己的意图:"有必要回到现代性的哲学话语的起点,以便重新考察当时人们在面临重大选择时所指明的前进方向。"哈贝马斯在考察中发现:"青年黑格尔、青年马克思,甚至还有作为《存在与时间》的作者的海德格尔,以及研究胡塞尔的德里达,都是有选择余地的,可惜,他们没有做出任何选择。"③那么,这应该是何种选择? 哈贝马斯直言道,需要立即转换"范式",要从"客观认识的范式"转换到"具有言语能力和行为能力的主体的理解范式"④。由交往理性取代已经被证明基本失去效能的实践理性,交往理性必须成为体现这种新范式的一种现代性设计,它是摆脱现代性困境的根本出路。

---

① [德]于尔根·哈贝马斯:《现代性的哲学话语》,曹卫东译,译林出版社,2011年,第113页。

② 同上,第150页。

③ 同上,第346页。

④ 同上,第346—347页。

当现代性的拐点在哲学上（或者说在思辨的理论上）确立起来以后，哈贝马斯转入另一新的论说领域，即再次进入生活世界，并在这个世界中探寻改变世界的实践方式。于是，哈贝马斯努力将西方现代性的"意识哲学"研究转向现代性的政治哲学研究，话语政治实践即以交往理性为条件的程序民主运行成为哈贝马斯现代性话语史研究的新的拐点。完整呈现这个转换的作品就是哈贝马斯的《在事实与规范之间：关于法律和民主法治国的商谈理论》。

如何实现这样一种转换？在哈贝马斯看来必须在理论上解决如下一些基本问题：首先是由交往理性替代实践理性的理论论证；其次是话语政治实践理论及其对民主法治国的知识重构；最后是程序民主论说，即法治国与民主的内在联系阐释。哈贝马斯对上述问题的阐释构成《在事实与规范之间：关于法律和民主法治国的商谈理论》的核心内容。

由交往理性替代实践理性的理论论证是哈贝马斯为其话语政治实践理论建立重要认识论前提的工作，也是他试图将西方哲学作为"提供对科学知识作重构式利用"[①]的思想意图的实施。但是这不像由一种理论替代另一种理论那样单一，哈贝马斯的研究任务更为复杂的是，生活世界里的人如何按照交往理性中的理性而不是实践理性中的理性来进行交往实践。于是，哈贝马斯从实践理性及其与西方现代世界的关系中析出了事实性和有效性之间的紧张关系问题，通过对这一问题的阐释而解决了话语政治实践的认识论前提问题。哈贝马斯并不认为西方民主政治体制要全盘否定，相反，要基本予以保留，因为问题不出在整体层次上，而是出在

---

① ［德］于尔根·哈贝马斯：《在事实与规范之间：关于法律和民主法治国的商谈理论》，童世骏译，生活·读书·新知三联书店，2003年，第2页。

局部层次上。所谓局部层次,哈贝马斯强调的是"内在于法律的事实性和
有效性之间的张力"①。要通过话语政治实践理论,至少要基于该理论视
角来重构关于民主法治国的知识,这就是哈贝马斯《在事实与规范之间:
关于法律和民主法治国的商谈理论》这一著作的任务。所谓话语政治实
践,就是生活世界运用交往理性实施程序民主的活动和过程。这个过程
的实质内容在于加强"公共领域"交往权力,以强化对行政权力的再授权,
保证行政权力作为主要的系统构成部分,必须建立在话语政治实践中形
成的公共舆论的基础上。

　　上述"两个拐点"的分析,不是概括哈贝马斯关于现代性的思想及其
发生演化的历史,也不是试图从哈贝马斯著述中找出关于现代性的主要
概念,以此解析哈贝马斯现代性论说与现代世界的关系。这里只是试图
呈现哈贝马斯现代性研究的话语史特点。这个特点集中在作者所关注的
事物及相应的作品上,即哈贝马斯不止于思想或理论的构建,更将其话语
生产的意义落脚于社会实践。当然,也正是基于这一意义的研究发现,可
以强化这一观察性判断:哈贝马斯现代性话语与其说在批判,不如说在完
善。他一步步消解第一代批判理论家们的批判精神,努力从西方现代性
内部寻找克服现代性缺陷的途径,从而使批判话语倒转为完善现代性的
话语。

---

　　①［德］于尔根·哈贝马斯:《在事实与规范之间:关于法律和民主法治国的商谈
理论》,童世骏译,生活·读书·新知三联书店,2003年,第50页。

七、小结

话语生产的历史,简称话语史。它内在于一定的话语体系及任何一种话语生产过程中,既具有总体性,也具有不同话语生产史的差异性;它既是话语生产理论的有机组成部分,但也有相对独立性,可以分门别类研究;它既是某种对象,也是话语生产问题研究的方法。

如果具体分析某种话语生产的过程,以及评价某种话语的影响力、生命力,可运用话语时空概念。这一概念有助于人们展开分析一定话语生产过程的不同阶段及其特点,也可用于对某种话语史的总括性表达,同时话语时空概念也具有一定的分析功能,是话语史研究的重要概念。

正如本书前文所言:"话语史意图以自己的方式和可能性来追寻意义,并希望意义在人们的普遍关注下真正能够回归于人类生活。"这里表达了话语史研究的深层思考以及话语史作为方法所具有的学术品性。话语史方法更加强调意义世界的存在,将对事物意义的追问作为话语史的最终追问,这构成话语史的独特性和价值。

第二部分

人民观念的话语生产

第三章　当代中国政治的话语生产及
话语体系构建:总体语境和语义

一、中国的现代世界观及话语生产的语境构建

当代中国政治的话语史意义存在于当代中国与当代世界的关系及其认知中,也存在于中国对世界和人类问题的深入系统阐释中,更深植于当代中国的现实实践中。中国共产党将当代中国各族人民整合团结于当代中国之中,在领导中国特色社会主义现代化建设的历史征程上,领导人民和国家处理好与当代世界的关系,并努力影响世界秩序构建与人类进步方向。在中国共产党领导下所形成的当代中国的现代世界观,为当今中国政治话语生产建构起重要语境。

改革开放重塑了中国的现代世界观。这种现代世界观建立在现代人类现实的共同处境基础上,通过对现代世界从宏观世界历史的"析出"而确认其独立的历史意义,探寻破解世界历史难题的钥匙。发现现代世界在其历史过程中铸成的人类问题,并由世界各国

建立起共同解决这些问题的机制,这是中国现代世界观的基本观念。在现代世界通向未来的历程中,每个国家都与这种现代世界及其人类问题的解决建立起开放关系,这是一个重要理念和行动的重要原则。任何与这样的理念和原则背道而驰的主张与战略,都将在人类命运共同体的大势中逐渐陷于孤立。可以认为,在多种不同的世界历史性的力量都竭力书写不同的"现代世界"叙事的当下,中国的现代世界思想摒弃机械理性思维,拒绝思想世界的殖民意图,以现代世界的人类命运为关怀,这大大突破了政治发展理论在其他国家形成和发展的原来语境。改革开放的中国,通过开创历史性的实践构筑起现代世界历史新地标,为政治发展,乃至为现代化建立了中国语境和语义。①

就中国的现代世界观话语体系而言,以上引文提出或触及的两个重要话语,即改革开放话语和构建人类命运共同体话语,应做进一步延伸思考和理论的论析。

(一)关于改革开放话语

一位极具战略眼光的管理学家休·佩曼在其研究中国变革的著作中说:"中国经济的重新崛起提供了经过验证的、实用的和基本上普适的观念,而不是某些不相关、不兼容的国家或文化的一些神秘抽象理论。事实上,中国的实际国内生产总值从2007年到2016年增长了107%,而同一时

---

① 商红日:《政治发展话语的中国语境和语义重置》,《中国社会科学评价》,2020年第2期。

期美国只增长了12%、英国增长了9%、欧盟增长了5%、日本增长了3%:这肯定是一个令人头疼的警钟。解答中国谜题就能解决当今经济、商业和社会中最重要的问题之一,揭示世界可能的发展方向和繁荣之道。这就是为什么,在日益颠覆的时代,深入了解中国的变革、它是如何发生的以及它可能意味着什么,是地球上最伟大的剧目。"①休·佩曼被马丁·雅克评价为西方国家中为数不多的理解中国的人,他在自己的著作中研究的是中国对改革的管理问题。从上述引文中能看出佩曼对中国改革开放取得的成就视为当今世界最值得做出解释的巨变,具有全球意义。但是对于那些十分不了解中国,特别是对那些一直唱衰中国的西方人而言,该书无疑是一部普及中国改革开放知识的读本。改革开放话语研究,自然不能停留于此。在一个经济不发达的国家建设社会主义,如何处理好与世界的关系,这肯定不是一个新问题,但在社会主义实践中留下来的教训表明,直到中国开展改革开放实践之前,这是一个没有很好解决的重大历史课题。

改革开放既是中国道路的探索,也是社会主义与现代世界关系的探索,贯穿着从站在中国看世界到基于人类看中国发展的重要逻辑,书写了中国的现代世界观及当代中国与现代世界关系的大叙事。

所谓站在中国看世界和基于人类看中国发展,其一是"我们的现代化建设,必须从中国的实际出发"。中国有自己的国情,现代化建设必须"走自己的道路,建设有中国特色的社会主义",这是中国共产党"总结长期历

---

① [英]休·佩曼:《中国巨变:地球上最伟大的变革》,万宏瑜译,人民出版社,2019年,前言第7页。

史经验得出的基本结论"①。可以说,站在中国看世界和基于人类看中国发展,首先是看道路、看方向,把握事物的根本性质。这是中国通向世界的道路、方向以及对自己在世界中做出的定位。"坚持社会主义,是中国一个很重要的问题。如果十亿人的中国走资本主义道路,对世界是个灾难,是把历史拉向后退,要倒退好多年。""十亿人的中国坚持社会主义,十亿人的中国坚持和平政策,做到这两条,我们的路就走对了,就可能对人类有比较大的贡献。"②

其二,站在中国看世界和基于人类看中国发展,则中国发展离不开世界,世界也需要中国发展。"搞社会主义可不是一件容易的事。"中国必须把自己的事情办好,但关起门来搞社会主义就很难把事情办好。"一个国家要取得真正的政治独立,必须努力摆脱贫困。而要摆脱贫困,在经济政策和对外政策上都要立足于自己的实际,不要给自己设置障碍,不要孤立于世界之外。根据中国的经验,把自己孤立于世界之外是不利的。"③"世界繁荣稳定是中国的机遇,中国发展也是世界的机遇。"④在这样的视角下,看世界并非去看各种制度有什么不同,而是看人类问题,看人类的共同命运和世界各国所处的困境。"我们要坚持从我国实际出发,坚定不移走自己的路,同时我们要树立世界眼光,更好把国内发展与对外开放统一

---

① 邓小平:《中国共产党第十二次全国代表大会开幕词》,《邓小平文选》第三卷,人民出版社,1993年,第2—3页。

② 邓小平:《坚持社会主义,坚持和平政策》,《邓小平文选》第三卷,人民出版社,1993年,第158页。

③ 邓小平:《加强四项基本原则教育,坚持改革开放政策》,《邓小平文选》第三卷,人民出版社,1993年,第202页。

④ 习近平:《论坚持推动构建人类命运共同体》,中央文献出版社,2018年,第2页。

起来，把中国发展与世界发展联系起来，把中国人民利益同各国人民共同利益结合起来，不断扩大同各国的互利合作，以更加积极的姿态参与国际事务，共同应对全球性挑战，努力为全球发展作出贡献。"①

其三，站在中国看世界和基于人类看中国发展，就是准确把握世界大势，准确把握中国发展与世界发展大势的关系，主动顺势而为，坚决反对逆潮流而动者，积极参与全球治理。"中国民主革命的先行者孙中山先生说：'世界潮流，浩浩荡荡，顺之则昌，逆之则亡。'历史告诉我们，一个国家要发展繁荣，必须把握和顺应世界发展大势，反之必然会被历史抛弃。"②当代世界处于"转型过渡期"，它的发展大势是"多极化加速推进""经济全球化持续发展""国际环境总体稳定"和"各种文明交流互鉴"③。把握中国发展与世界发展大势的关系，正如党的十九大报告所阐述的："必须统筹国内国际两个大局，始终不渝走和平发展道路、奉行互利共赢的开放战略，坚持正确义利观，树立共同、综合、合作、可持续的新安全观，谋求开放创新、包容互惠的发展前景，促进和而不同、兼收并蓄的文明交流，构筑尊崇自然、绿色发展的生态体系，始终做和平的建设者、全球发展的贡献者、国际秩序的维护者。"

其四，站在中国看世界及基于人类看中国发展，就是要坚信中国特色社会主义的生命力及其不断获得的发展力量，坚信中国特色社会主义的创造性实践及其成果能够产生更广泛的世界意义，正如党的十九大报告

---

① 习近平：《论坚持推动构建人类命运共同体》，中央文献出版社，2018年，第3页。
② 同上，第91页。
③ 参见习近平：《论坚持推动构建人类命运共同体》，中央文献出版社，2018年，第539—540页。

所阐述的："中国特色社会主义进入新时代，意味着近代以来久经磨难的中华民族迎来了从站起来、富起来到强起来的伟大飞跃，迎来了实现中华民族伟大复兴的光明前景；意味着科学社会主义在二十一世纪的中国焕发出强大生机活力，在世界上高高举起了中国特色社会主义伟大旗帜；意味着中国特色社会主义道路、理论、制度、文化不断发展，拓展了发展中国家走向现代化的途径，给世界上那些既希望加快发展又希望保持自身独立性的国家和民族提供了全新选择，为解决人类问题贡献了中国智慧和中国方案。"

（二）关于构建人类命运共同体话语

人类、人类发展和人类命运这些以人类为终极关怀的术语在哲学、文化学、人类学等知识体系中，都是各种相关研究主题的重要概念。但随着工业化的发展及经济全球化的推进，这些概念日益与世界性或全球性问题联系起来，到20世纪60年代末期，这些问题被罗马俱乐部统称为"人类问题"。在罗马俱乐部的第二个报告中就集中分析了"人类发现自己面前出现了多种前所未有的危机：人口危机、环境危机、世界粮食危机、能源危机、原料危机"等，认为"全球性世界发展危机日益加深，而又难以找到有效的解决办法，这就向长期以来指导人类社会演变的一些最基本的前提提出了挑战"[①]。20世纪80年代以后，特别是90年代以来，联合国框架下关于面对和应对这些危机问题的议题不断被正式提出，并展开讨论研究，产生诸多决议、宣言、议定书、公约等正式文献，一定的应对这些危机的国

---

① ［美］梅萨罗维克、［德］佩斯特尔：《人类处于转折点：给罗马俱乐部的第二个报告》，梅艳译，生活·读书·新知三联书店，1987年，第1—2页。

际秩序理念得以建构，为各国采取联合的行动提供了指导性文件。如1992年在巴西里约热内卢召开的联合国环境与发展大会就通过了关于环境与发展的《里约热内卢宣言》，大会还通过了非法律性文件《关于森林问题的原则声明》，众多联合国成员国在此次大会上签署《气候变化框架公约》及《生物多样性公约》等。这些文件为全球生态环境和生物资源的保护提供了指导，也为此后的气候变化和可持续发展谈判奠定了重要基础。再如2015年联合国可持续发展峰会，会议通过《改变我们的世界：2030年可持续发展议程》，依照该议程，到2030年要在全球实现17项可持续发展目标和169项具体目标，这些目标包括在世界各地消除一切形式的贫穷，消除饥饿，确保健康的生活方式、促进各年龄段所有人的福祉，确保包容性和公平的优质教育、促进全民享有终身学习机会，实现性别平等、增强所有妇女和女童的权能，确保为所有人提供清洁饮水与卫生设施并对其进行可持续管理，确保人人获得负担得起、可靠和可持续的现代能源等。联合国解决人类这些共同问题的倡导，获得了国际社会大多数国家的赞成，这表明解决人类面对的共同危机的问题正在国际社会获得广泛认同。但是必须看到在这些问题背后，依然存在着多重根源的复杂矛盾、冲突，甚至斗争。人类解决危及自身的问题，存在多重复杂制约要素，任重而道远。

2012年，党的十八大报告提出了"人类命运共同体意识"的命题。习近平在博鳌亚洲论坛2015年年会上提出"推动建设人类命运共同体"倡议。2015年9月28日，习近平在第七十届联合国大会一般性辩论时发表讲话，提出："和平、发展、公平、正义、民主、自由，是全人类的共同价值，也是联合国的崇高目标。目标远未完成，我们仍须努力。当今世界，各国相互依存、休戚与共。我们要继承和弘扬联合国宪章的宗旨和原则,构建以合作共赢为核心的新型国际关系,打造人类命运共同体。"①2017年,党的十九大报告同时阐述了"坚持和平发展道路,推动构建人类命运共同体",以及"倡导构建人类命运共同体,促进全球治理体系变革"的思想。2020年,新冠病毒在全球流行的事件再次警醒人类,在世界多极化、经济全球化、文化多样化和社会信息化的时代,面对人类共同的危机挑战,没有任何一个国家、任何一个人能独善其身,不论国家还是个人,实际上都已经处在一个命运共同体中。法国巴黎第八大学教授皮埃尔·皮卡尔于2020年5月24日在巴黎接受新华社记者专访时表示:"推动构建人类命运共同体是中国为维护人类和平与福祉所提出的重要倡议。新冠肺炎疫情这场全球公共卫生危机凸显了推动构建人类命运共同体的必要性和紧迫性。"皮卡尔认为:"中国坚持和平发展和合作共赢,致力于维护多边主义,这源于中国的传统和人文主义精神。推动构建人类命运共同体是中国为维护人类和平与福祉所提出的重要倡议,也是人类历史上最重要的哲学思想之一。"②实际上,2017年2月10日,"构建人类命运共同体"这一理念便写入联合国社会发展委员会"非洲发展新伙伴关系的社会层面"决议;3月17日,写入联合国安理会关于阿富汗问题的第2344号决议;3月23日,写入联合国人权理事会关于"经济、社会、文化权利"和"粮食权"两个决议;11月2日,又写入联大"防止外空军备竞赛进一步切实措施"和"不首先在

---

① 习近平:《携手构建合作共赢新伙伴,同心打造人类命运共同体》,《习近平谈治国理政》第二卷,外文出版社,2017年,第522页。

②《新冠疫情凸显推动构建人类命运共同体的必要性和紧迫性——访法国巴黎第八大学教授皮卡尔》,新华网,2020年5月25日。

外空放置武器"两份关于安全的文件。构建人类命运共同体正在成为获得国际社会广泛共识的理念与思想。

构建人类命运共同体是中国的现代世界观的话语,这一命题尝试从话语体系构建的视角阐释如下原理:人类命运共同体是能够变为现实的、能够成为实际存在的人类世界的体系。其一,这个体系是通过全人类对人类命运的认知而达成的共识体系,这个命运认知即人类应普遍了解和应能回答"我们从哪里来、现在在哪里、将到哪里去"①的基本问题,清醒意识到:在刚刚过去不久的最近一个多世纪中,在人类经历了有史以来最为惨烈的战争与杀戮及冷战的严冬之后,终于建构起一条和平与发展的马拉松跑道,并且"和平力量的上升远远超过战争因素的增长,和平、发展、合作、共赢的时代潮流更加强劲"②。但是,各种挑战接踵而至,各种风险不期而遇,各种不确定性随时可能演变为新的挑战或风险,这些挑战性、风险性和不确定性的事物考验着当代人类,和平和发展的决断力和行动能力正在成为当今人类的核心能力。其二,这个体系是合作共赢、共赢共享的全球生产体系,这个生产体系既包括物质生产,也包括精神生产,甚至还包括社会的再生产,但是居于首位的是物质生产,解决可持续的经济发展问题,各国都要"抓住新一轮科技革命和产业变革的历史性机遇,转变经济发展方式,坚持创新驱动,进一步发展社会生产力、释放社会创造力"。通过合作共赢而"建设一个共同繁荣的世界"③。其三,这个体系是

---

① 习近平:《共同构建人类命运共同体》,《习近平谈治国理政》第二卷,外文出版社,2017年,第537页。

② 同上,第538页。

③ 同上,第542页。

通过现实的人类已经创造出的工具,如主权、联合国、国际关系准则、各种多边机制等来进行治理的全球体系,这个全球治理体系要基于人类文明多样性的世界特征而强化交流互鉴、开放包容;基于主权平等原则,通过沟通协商与谈判机制来化解矛盾和冲突;基于联合国宪章及国际关系准则来实现世界命运由各国共同掌握,国际规则由各国共同书写,全球事务由各国共同治理,发展成果由各国共同分享。其四,这个体系是以人类命运的等值和人类命运安全及其维护为最低限度的世界秩序体系。"一国的安全不能建立在别国的动荡之上,他国的威胁也可能成为本国的挑战","各方应该树立共同、综合、合作、可持续的安全观"①。

上述原理的内容体现在习近平代表中国在各种国际活动中发表的讲演中。其中,人类命运及其共同体构建是核心话语,这一核心话语的生产建立在人们对命运的经验感知和对现实人类命运遇到极大挑战与风险威胁的事实基础之上,反映了"中国"这个人类中的重要集体作者的思想和情怀,表达了人类的根本的要求与愿望,符合话语生产的一般规律。构建人类命运共同体必将在中国与国际学术合作研究的推进中,形成共同的知识话语,从而为广泛实现人类命运共同体的构建目标奠定更坚实的社会基础。

(三)中国的现代世界观建构起当今中国政治话语生产语境

正如前述,"对任何一种话语生产活动而言,语境和语义都是一套不仅不能远离,而且不能脱离、不能隔离的话语时空系统"。中国的现代世

---

① 习近平:《共同构建人类命运共同体》,《习近平谈治国理政》第二卷,外文出版社,2017年,第541—542页。

界观已建构起当今中国政治话语生产的语境及语义。当代中国的现代世界观就是这样一套中国政治话语生产的时空系统。这套时空系统在纵横双重时空中为中国政治的话语生产定位,并在话语实践中获得自己的语义。

纵向时空即历史时空。遵循历史唯物论所揭示的人类历史变迁演进的规律来认识历史,构成纵向时空的总的论域。在这个总的论域中,引入"长时段"的概念有助于更准确理解历史变迁的内在机制,即一种社会形态被另一种更高的社会形态所取代,既是必然的,又是有条件的。当条件因素不具备或不充分,从理论上说,难以发生社会形态的历史转换,因而社会形态发展在排除任何"干扰"因素以后,应该是"寿终正寝"的。但是恰恰这种干扰因素不能排除,特别是当"世界历史"真正开启以后,横向时空就成为这里的一种根本性要素,它与纵向时空形成互动关系。其中最强烈的互动关系具有"生死"意义。当横向时空对纵向时空的影响致使某个纵向时空终止,则该纵向时空结束了一个长时段。长时段作为纵向时空概念,是历史唯物论语境中的社会形态概念。所谓横向时空即"共时性"或"共在性"时空,是对异质性社会形态要素共存状态的描述。例如,19世纪亚非拉美地区的殖民地化过程,致使各种前资本主义社会形态要素与资本主义社会形态要素共存于这些地区,20世纪前二十年布尔什维克领导的俄国社会革命取得成功以后,建立无产阶级专政的国家政权,直到20世纪四五十年代社会主义国家的成批涌现,致使社会主义与资本主义不同社会形态在世界上共存等,这些均可由横向时空概念来描述。因此,上文的纵横双重时空的概念意味着在一个历史的长时段中,多元纵向时空的共存。现代世界就处于这样一个多元纵向时空并存的历史长时段之内。

当代中国的现代世界观在如此的历史长时段中,为中国政治的话语生产确立了"共在"、争取与维护和平、促进发展的总体的语境。

共在是一种差异哲学。差异是事物的本性。万事万物这个词语不单单是个数量的概念,不只是表示"多",它更是一个表达性质的概念,即由于性质不同,从而各异。事物存在的内在根据在于其差异性。共在就是对事物差异性及其存在的认识。共在并不否定普遍性,而是对普遍性形态的新认知。迄今为止,只有共产主义学说能够对差异的本质给出最终的说明。共产主义社会也恰是能够最终协调差异而使其共在的社会。但在人类为实现这样的美好生活而不懈奋斗的漫长历程中,已经出现了马克思主义概念框架中的社会主义与资本主义都在世界上存在的事实。对这种事实,马克思、恩格斯并未经历,甚至也未曾意识到这将是人类历史的一个长时段内的事物。中国共产党所领导的中国特色社会主义实践,正从理论上给出若干重要答案。当代,乃至未来的一个较长历史时期内,社会主义的任务都是以民族国家为单位来更好地建设和发展具有本国本民族特色的社会主义。在这个较长的历史时期内,如果不是遇到了极为特别的历史状况,那么从战略上说,它不是社会主义和资本主义对决的历史,即不是在当前就解决社会主义与资本主义谁战胜谁的问题。事实上,在这样的历史时期内,谁也战胜不了谁。面对这一历史,人类问题凸显出来。"所谓人类问题是全球的普遍性问题,一般包括饥饿、贫困、疾病等生命和健康问题,教育、就业、医疗、生育、保障等生存和发展问题,全球大气治理、生态与环境保护、消除核战争威胁及恐怖主义等人类安全问题,解除国家间不平等关系、消除种族歧视、民族不平等、外部强权干预等人类公平正义问题,等等,这些问题事关人类命运。"①在充满差异的世界,或者说全球的差异的普遍性,致使人类命运共同体构建成为一个重要历史任务而摆在所有国家和人类面前,共同体而不是单一的普遍性的构建是解决这个历史任务的根本出路。

在上述论说中,争取和维护和平以及促进人类发展,就使更加具体化的语境被构建出来。

和平与战争相对。但战争也可能是革命的语言。历史学家说,第一次工业革命所导致的工业化变革"引发了政治骚动和意识形态上的冲突","在工业化影响一切的时代里,爆发了大量的战争和革命"②。自美国独立战争和法国大革命以后,从19世纪40年代始,现代世界进入了几乎是持续不断的战争和革命时期,中间经历了19世纪70年代即已开始,延续到20世纪20—30年代的以电力工业为中心的第二次工业革命,这次工业革命无疑也助力一些后起大国实现其战争野心。直到20世纪40年代第二次世界大战结束,纵横双重时空得以构建,世界转入霸权治理的秩序中,从20世纪50年代开始,战争和革命的一个长时段基本结束。第二次世界大战后又出现的持续了几十年的冷战,可视为纵横双重时空话语中的新的长时段的特别样式。但这一特别样式随着苏联解体及东欧国家的剧变,特别是随着中国的崛起而正在发生着深刻的变革。有学者说:"中国兴起是'非西方世界全面崛起'大故事的一部分,而这个大故事就是20

---

① 商红日:《政治发展话语的中国语境和语义重置》,《中国社会科学评价》,2020年第2期。

② [美]理查德·W.布利特:《大地与人:一部全球史(下册)》,刘文明、邢科、田汝英译,商务印书馆,2020年,第868页。

世纪的最后40年,到21世纪目前为止,整个世界历史变化的主轴。"①但应接着强调的是,这个变化主轴是一个非战争的和平变化的主轴,这就是一个历史长时段的另外一种特别样式。可以预言的是,随着这样一个历史变化主轴的形成,以及由此建构的世界治理秩序的形成,在一个较长历史时期内,世界将在核大国的共同管控之下,免于再次出现类似前两次世界大战规模的战争。和平的语境将由此而构建。

发展语境建构兴起于第二次世界大战以后,原本是由西方大国主张建构的。随着第二次世界大战结束后世界格局的巨大变化,如出现社会主义阵营,一大批分布于亚非拉地区的新兴民族国家建立,世界秩序将如何建构? 新兴独立国家将向什么方向发展及如何发展? 资本主义与社会主义关系及其前景怎样? 这些有关发展的问题自然而然成为国际社会必须首先面对的实际的问题。中国早有文献指出:"为了主宰世界,美国的政治家们鼓励美国的社会科学家,去研究如何使第三世界的民族国家从落后的传统社会变为先进的现代社会,促使落后国家的经济发展、政治稳定以防止这些新兴的民族国家倒向苏联的阵营。在美国政府和一些私营机构的慷慨资助下,新一代的美国政治科学家、经济学家、社会学家、心理学家、人类学家和地理学家们出版了大批有关第三世界研究的论文,可以说自50年代起到60年代末,现代化研究已形成了一种'增长的工业'。"②确实,发展问题显现在世人面前时,是以现代知识问题的面目,大体上按照经济学理论和现代化理论,作为凸显的科学研究议程而设立并迅速展

---

① 朱云汉:《高思在云:中国兴起与全球秩序重组》,中国人民大学出版社,2015年,第155页。
② 周长城:《当代西方发展理论及其演变(上)》,《社会科学动态》,1997年第5期。

开和推进的。其中,经济学理论以增长为发展要义,而现代化理论则更加综合。到60年代,以现代化和发展为主题的经济学理论、政治学理论、社会学理论便纷纷涌现。

联合国从20世纪70年代开始逐渐增强对发展观的反思及其相关领域实际行动计划方案的重整。《联合国第二个发展十年国际发展战略》(1970—1980)将发展注重"增长"转向发展与"公平"的平衡,反贫困开始成为联合国各相关机构的重要议程和行动方向。1983年第38届联合国大会通过决议,成立了世界环境与发展委员会这一独立机构。1987年该委员会召开环境特别会议,提出了《我们共同的未来》的报告(亦称《勃兰特报告》),报告将可持续发展定义为"既满足当代人的需求,又不损害后代人满足其自身需求的能力",这一定义引起国际社会广泛关注和热烈讨论,到1992年的时候,"已先后产生约70种不同的关于'可持续发展'的定义"①。

1992年,联合国在巴西里约热内卢召开环境与发展会议(亦称"地球会议"),此次规模盛大的国际会议通过了《关于环境与发展的里约热内卢宣言》《21世纪议程》等重要文件,标志着国际社会关于可持续发展议题已形成广泛共识。2000年,联合国在纽约总部举行千年峰会,世界上189个国家的147位元首和政府首脑与会,峰会一致通过了《千年宣言》,各国在宣言中承诺,在2015年之前实现在1990年的基础上减少极端贫困和饥饿,普及小学教育,促进性别平等和提高妇女权利,降低儿童死亡率,改善产妇保健,与艾滋病、疟疾和其他疾病做斗争,确保环境的可持续能力和

---

① 张晓玲:《可持续发展理论:概念演变、维度与展望》,《中国科学院院刊》,2018年第1期。

推动全球合作伙伴关系等八项目标,这就是千年发展目标。据新华网报道,2015年7月联合国发布了《千年发展目标2015年报告》,依据该报告,全球极端贫困人口比例减半、小学教育性别均等以及将无法获取改善的饮用水源的人口比例减半等具体目标基本实现。数字显示,极端贫困人口已从1990年的19亿降至2015年8.36亿;2015年发展中地区的小学净入学率达到91%,教育性别均等总体上实现;在1990年至2015年间,有26亿人获得改善的饮用水源,提前5年达标。在疾病防控方面,2000年以来,全球共避免新增3000万艾滋病病毒感染者,与艾滋病相关的死亡人数减少近800万;全球新增疟疾病例在过去15年中下降37%,疟疾死亡率锐减六成。但由于不同地区和国家发展的不平衡,仍有部分发展目标尚未完全实现。据统计,至2015年,5岁以下儿童死亡率降低了一半以上,未能达到千年发展目标中下降三分之二的目标。全球孕产妇死亡率下降了45%,也未达到降低四分之三的目标。《千年发展目标2015年报告》指出,目前仍有大量人口未能获得帮助,特别是最贫困和最易受伤害的人群。性别不平等依然存在,贫富差距和城乡差异仍然较大,气候变化和环境恶化制约发展,而冲突依然是人类发展的最大威胁。目前全球仍有8亿多人生活在极端贫困中;5700万小学教育适龄儿童失学;女性在获取工作、经济资产以及参与公共决策方面仍受到歧视;全球约有三分之一的人仍在使用未经改善的卫生设施。截至2014年底,冲突已迫使近6000万人逃离家园。①2015年9月25日,联合国在纽约总部召开可持续发展峰会,193个联合国成员国在峰会上正式通过17个可持续发展目标。可

---

① 参见《背景资料:联合国千年发展目标及其实现》,新华网,2015年9月26日。

持续发展目标旨在从2015年到2030年间，以综合方式彻底解决社会、经济和环境三个维度的发展问题，并由此转向可持续发展道路。

习近平在中法全球治理论坛闭幕式上发表讲话指出："当今世界正面临百年未有之大变局，和平与发展仍然是时代主题，同时不稳定性不确定性更加突出，人类面临许多共同挑战"，各国应该"共同努力把人类前途命运掌握在自己手中"，"坚持公正合理，破解治理赤字"，"坚持互商互谅，破解信任赤字"，"坚持同舟共济，破解和平赤字"，"坚持互利共赢，破解发展赤字"①。中国政治的话语生产将在"共在"、争取与维护和平、促进发展的总体的语境下进行，并在这样的总体语境中获得重要意义。

二、中国特色话语：命名及话语史解析

从意义的追问上说，中国特色话语就是中国的言说。但是在话语史上某一话语形成的标志，是该话语命名的完成。"中国特色"作为一种话语理论的名称，来自邓小平"建设有中国特色的社会主义"的命题。中国特色话语理论运用话语生产和话语史的框架来研究当代中国，特别是研究中国特色社会主义话语的基础问题，形成了具有一定的系统性的论说，因而该种话语理论无论就其名称，还是就其内容而言，都具有了某种属性的特定性。从话语生产和话语史的角度来说，话语命名既非语言学现象，也非逻辑学现象，它是某种意义产生的结果和标志，中国特色话语就是这样的一种称谓。

---

① 习近平：《共同努力把人类命运掌握在自己手中》，《习近平谈治国理政》第三卷，外文出版社，2020年，第460—462页。

（一）中国特色话语的前话语阶段

依照前述话语史的描述，在前话语阶段，话语生产活动已开启，人们在实践的进程中已经意识到了新的话语生产的实践要求，但还没有生产出新的话语。确定前话语阶段形成的标志性事件是找到了未知域。未知域是从新的话语生产的意义上而言的，即人们对于在这里将要生产一种什么样的话语来说尚处未知状态。考察中国特色话语的前话语阶段，我们必须回到"文化大革命"结束后的历史情境中去。

"'文化大革命'不是任何意义上的革命和社会进步，而是一场给中国共产党、中华人民共和国和全国各族人民带来严重灾难的内乱。"[①]"文化大革命"结束后，1977年2月7日的"两报一刊"发表《学好文件抓住纲》的社论，提出了"凡是毛主席作出的决策，我们都坚决维护；凡是毛主席的指示，我们都始终不渝地遵循"，即"两个凡是"的口号。这个口号的要害在于它坚持毛泽东晚年的错误，表达出继续沿着"文化大革命"路线走的主张。1977年4月10日，尚未恢复领导职务的邓小平给当时的中央写信，提出"用准确的完整的毛泽东思想来指导我们全党、全军和全国人民，把我们党的事业、社会主义的事业和国际共产主义运动的事业推向前进"[②]。这个思想已经表达出对"两个凡是"的批判态度，同时也反映出当时的中国正面临着历史性抉择的情境。1977年5月3日，中共中央将邓小平4月10日来信转发，成为粉碎"四人帮"之后党的决策层的一个重要事件，这一事件所包含

---

① 当代中国研究所：《新中国70年》，当代中国出版社，2019年，第135页。
② 邓小平：《完整地准确地理解毛泽东思想》，《邓小平文选》第二卷，人民出版社，1994年，第42页。

的意义在其后的历史展开中得到证明。从1977年5月至1978年12月,在一年半的时间中,发生了在中国特色话语史上具有特别重要意义的两件大事:一是关于真理标准问题的大讨论,二是党的十一届三中全会。真理标准问题的大讨论是一场特别的话语生产运动。这里之所以用"特别"这个词来强调,一是因为,虽然这是在党内掀起的公开的思想理论大讨论的活动,但却是未见党中央统一组织、部署,既非自上而下,也非自下而上,持续时间达一年半有余,最终在党的十一届三中全会中给予总结的公开的思想理论论争运动;二是因为,这场大讨论虽然并未生产出中国特色的核心标志性话语,但它却是中国特色话语史不可剥离的话语生产活动,具有重要历史价值,特别是它与另一重大事件,即党的十一届三中全会形成了内在关联。"全会标志着中国共产党重新确立了马克思主义的思想路线、政治路线和组织路线,实现了新中国成立以来党的历史上具有深远意义的伟大转折,开启了我国改革开放和社会主义现代化建设历史新时期。"①

党的十一届三中全会在中国特色话语生产中具有开启"话语史"的地位,虽然它还处于中国特色话语生产的前话语阶段,但它已经完成了对"原本的事实状态"的确认。这个原本的事实状态体现为:实践迫使人们必须做出改变,这种改变包括,必须重构话语体系。②实事求是、党和国家

---

① 中共中央党史和文献研究院:《改革开放四十年大事记》,人民出版社,2018年,第3页。

② 从1977年7月21日在党的十届三中全会上,邓小平发表《完整地准确地理解毛泽东思想》的讲话,到1978年12月13日中央工作会议闭幕会,邓小平发表《解放思想,实事求是,团结一致向前看》的讲话,在一年多时间里,邓小平发表了一系列讲话、谈话,其中无不贯穿着实事求是原则和方法论,更有诸多篇章直接论述实事求是思想原理。在这段时间中,邓小平运用这一思想原理领导了党和国家的运转,反映出前话语阶段的思想实践特征:分析、识别与确认原本的事实状态。

工作重点转移、改革开放、社会主义现代化、历史新时期等,这些关键的主题词既包含着全新的意义,也串起一个个重大的政治、经济、社会、思想理论和实践的逻辑,这些主题词预示着中国将为自己铺展开一个需要擘画的蓝图,将为自己开创一个新的话语时间和空间。

(二)中国特色话语生产的展开及其命名

从1978年12月党的十一届三中全会到1982年9月党的十二大,中国特色话语生产在各种观念与思潮的张力和社会实践的推力中渐次展开。从下面列举的一系列重要事件中,我们能够了解中国在这个时段所面临的"国家情境",由此可以从中解析中国特色话语的命名逻辑:

——1979年1月1日,中国同美国正式建立外交关系;全国人大常委会发表《告台湾同胞书》,提出实现和平统一的大政方针,并呼吁在两岸之间实现通航、通邮,发展贸易,进行经济交流①;时任国防部长徐向前发表声明,宣布从1979年1月1日起,停止对大金门、小金门、大担、二担等岛屿的炮击。1月29日—2月5日,邓小平以副总理身份访问美国,这是中华人民共和国成立以来国家领导人第一次访问美国。

——1979年7月15日,中共中央、国务院批转中共广东省委、福建省委关于对外经济活动实行特殊政策和灵活措施的两个报告,同

---

① 1981年9月30日,时任全国人大常委会委员长叶剑英在新华社发表谈话时,进一步阐述了党和政府对两岸和平统一与两岸往来的一系列重要政策主张,正式将其概括为"三通",即通航、通邮、通商。

意在深圳、珠海、汕头和厦门试办出口特区①。

——1979 年 3 月 30 日和 1980 年 1 月 16 日,邓小平两次发表关于必须坚持"四项基本原则"的重要长篇讲话。前一次是在党的理论工作务虚会上,首次提出并具体阐述了必须坚持社会主义道路,必须坚持无产阶级专政(后表述为人民民主专政),必须坚持中国共产党的领导,必须坚持马克思列宁主义、毛泽东思想,强调这些原则是实现社会主义现代化的根本前提。后一次是在中共中央召集的干部会议上作《目前形势和任务》的讲话中,重申这四项基本原则,并强调坚持党的领导是四个坚持的核心。

——1979 年 11 月至 1981 年 6 月,中共中央组织、领导完成了《关于建国以来党的若干历史问题的决议》的起草、研究、广泛征求党内外意见以及在党的十一届六中全会通过等重大事项。1979 年 11 月,中共中央成立了《关于建国以来党的若干历史问题的决议》起草小组,并由邓小平和胡耀邦亲自主持该项工作。其间,邓小平分别于 1980 年 8 月 21 日和 23 日两次接受意大利著名记者奥琳埃娜·法拉奇的采访,对毛泽东和毛泽东思想作出评价,对《关于建国以来党的若干历史问题的决议》的起草发挥了重要指导作用。1981 年 6 月 27 日至 29 日召开党的十一届六中全会,一致通过《关于建国以来党的若干历史问题的决议》,这个文献是当代中国言说自己的一个经典案例。

——1979 年 6 月 15 日和 10 月 19 日,邓小平两次在相关会议就统

---

① 1980 年 5 月 16 日,中共中央、国务院批转《广东、福建两省会议纪要》,正式将出口特区改称为经济特区。

一战线问题发表讲话,指出新时期统一战线和人民政协的任务,就是调动一切积极因素,努力化解消极因素为积极因素,团结一切可以团结的力量,同心同德,群策群力,维护和发展安定团结的政治局面,为把我国建设成为现代化的社会主义强国而奋斗。邓小平明确指出,统一战线已经发展成为全体社会主义劳动者、拥护社会主义的爱国者和拥护祖国统一的爱国者的最广泛的联盟。

——1980年1月16日,邓小平在中共中央召集的干部会议上发表《目前形势和任务》的讲话;1980年8月18日,邓小平在中共中央政治局扩大会议上发表《党和国家领导制度的改革》的讲话。这两篇讲话具有重要历史文献价值,反映出邓小平在20世纪80年代之初,对中国未来发展的最核心、最关键问题的深邃思考。

——1981年10月17日,中共中央、国务院在《关于广开门路,搞活经济,解决城镇就业问题的若干决定》中指出,在社会主义公有制经济占优势的根本前提下,实行多种经济形式和多种经营方式长期并存,是我党的一项战略决策。

——1982年1月1日,中共中央批转《全国农村工作会议纪要》[①],该文件肯定了包产到户等各种农村生产责任制都具有社会主义集体经济的性质。实际上这不只是发布了一个文件这样简单,文件的发布表示:多年来党内一直存有重要争议的关于农村包产到户责任制改革终于获得全党的认同。实际上,早在1980年5月,邓小平

---

① 从1982年至1986年,中共中央就农业和农村问题连续发布五个一号文件,这些文件被评价为启动了中国的改革之船。从中国特色话语理论的角度看,这些一号文件的意义还要做更高评价。

在关于农村政策的一次谈话中就对农村包产到户的做法给予肯定:"农村政策放宽以后,一些适宜搞包产到户的地方搞了包产到户,效果很好,变化很快","有的同志担心,这样搞会不会影响集体经济。我看这种担心是不必要的"①。

——1982年1月11日,邓小平在会见美国华人协会主席李耀滋时,首次提出"一个国家,两种制度"的概念。

——1982年9月1日,邓小平在党的十二大致开幕词。在开幕词中,邓小平首次提出"建设有中国特色的社会主义"的命题。他论述道:"我们的现代化建设,必须从中国的实际出发。无论是革命还是建设,都要注意学习和借鉴外国经验。但是,照抄照搬别国经验、别国模式,从来不能得到成功。这方面我们有过不少教训。把马克思主义的普遍真理同我国的具体实际结合起来,走自己的道路,建设有中国特色的社会主义,这就是我们总结长期历史经验得出的基本结论。"②我们将邓小平提出的"中国特色"概念作为中国特色话语的一个经典命名来看,从而《中国共产党第十二次全国代表大会开幕词》,也成为中国特色话语命名的标志性文献。

从党的十一届三中全会到党的十二大历时不到四年,改革开放和社会主义现代化建设的思想实践与社会实践在互动中展开,在结合中推进,

① 邓小平:《关于农村政策问题》,《邓小平文选》第二卷,人民出版社,1994年,第315页。

② 邓小平:《中国共产党第十二次全国代表大会开幕词》,《邓小平文选》第三卷,人民出版社,1993年,第2—3页。

中国特色话语生产也恰是在这样的互动与结合关系中,取得重要的阶段性成果,而这个成果中最核心的部分,就是发现了一种意义,并且用中国特色概念来定义这种意义。笔者翻阅这一时期的历史文献,并抽取上述这些事件与事物列举如上,意图对其展开如下一些分析:

第一,坚守马克思主义理论逻辑,坚定地言说当代中国的政治信念。

中国作为社会主义国家,中国共产党作为马克思主义政党,如何面对自己的错误以及艰难困苦?中国交出一份经得起检验的政治和历史的答卷。党的十一届三中全会取得的成功标志着当代中国已经把握住自己的转折点,建立起解决中国问题的政治、思想及组织的基础,但大部分问题,特别是如何评价毛泽东以及毛泽东思想问题等,都还留在原地。如何正确评价党和国家的领导人,这是20世纪国际共产主义运动中一个重大理论和实践问题。苏联在评价斯大林问题上,留下了一道极深的伤痕,甚至可以将其称为"硬伤"。随着历史的延伸,这道伤痕也渐变成一个挥之不去的阴影符号,它时常会浮现在现实运动中,对当今世界各国共产党产生负面影响。中国共产党运用了马克思主义认识论和方法论来严肃审慎地总结历史经验教训,历史地、客观地、全面地总结过去,面向未来,经过全党的努力,最终较好地解决了这样的难题。所谓坚守马克思主义理论逻辑,一定不能将其误解为在党的章程及党的文献中始终表明对马克思主义的态度——必须指出——这并非是坚守马克思主义理论逻辑的主要体现方式。在20世纪70年代末中国的历史转折关键时刻,中国共产党善于运用历史唯物论原理来引领全党乃至全国人民,正确理解和认识自己国家所出现的重大问题,善于找到更符合中国实际的方法来解决这样的问题,这个逻辑就是邓小平在历史转折时期所重申的,以及党的许多文献都郑重申明的：把马克思主义普遍真理与中国具体实际相结合。所谓坚定地言说当代中国的政治信念，就是在关键的历史时期，坚定地亮出中国自己的底色，讲明白这个底色为什么是擘画宏伟蓝图所必须具有的支持色调。这个底色就是邓小平概括的中国的现代化和改革开放必须坚持的四项基本原则。

第二，揭示当代中国的根本政治逻辑，清晰地言说当代中国的政治历史方向。

中国这个当今世界上人口最多、经济相对落后的国家，同时也是还没有完全实现国家统一的国家，如何能够保持独立自主、长治久安、人民团结，实现国家和平统一？如何才能发挥出资本主义制度所无法比拟的优势，在较短时期内实现现代化，完成中国共产党给自己规定的领导中国走向繁荣富强的历史重任？上文曾列举的在进入20世纪80年代的第一年，从年初到下半年，邓小平发表两次重要讲话，即《目前形势和任务》与《党和国家领导制度的改革》。从中国特色话语史的意义上说，这两次讲话是中国开启新的历史时期中关于"党的领导"话语的系统、完整的阐释，结合自1979年至1982年期间关于统一战线、"一国两制"等话语论说，可以从中解读出其所蕴含的政治逻辑：当代中国必须坚持中国共产党领导，它是当代中国的政治历史方向。邓小平说："党的四大时，只有九百多个党员，就那么九百多人的一个党，实现了国共合作，推进了北伐战争。"在革命战争和中华人民共和国成立后，党也犯过一些错误，"但是错误总还是由我们党自己纠正的，不是别的力量纠正的"，"中国一向被称为一盘散沙，但是自从我们党成为执政党，成为全党团结的核心力量，四分五裂、各霸一方的局面就结束了"。中国也有多个民主党派，"但是，中国的其他党，是在承认共产党领导这个前提下面,服务于社会主义事业的。我们全国人民有共同的根本利益和崇高理想,即建设和发展社会主义,并在最后实现共产主义,所以我们能够在共产党的领导下团结一致"。回顾我们走过的道路,没有共产党的领导不会取得革命的成功。"中国由共产党领导,中国的社会主义现代化事业由共产党领导,这个原则是不能动摇的;动摇了中国就要倒退到分裂和混乱,就不可能实现现代化。"①要做到坚持党的领导,就要不断改善党的领导,其中改革和完善党的领导的制度是更带有根本性的途径。这是内在于当代中国根本政治逻辑之中的根本条件的设定,也是党的历史经验的根本总结。为了不犯或少犯错误,特别是不能犯颠覆性的错误,就必须不断加强党的自身建设,即使犯了错误,党也有能力自我纠正。由此,当代中国政治的根本逻辑,即由中国共产党来领导中国的逻辑,作为中国特色的重要话语,就生产出来了,当代中国未来的政治历史走向也相应得到十分清晰和肯定的阐释。

第三,重构社会主义建设逻辑,明确地言说社会主义建设的中国道路。

科学社会主义语境下的社会主义建设在经济社会较为落后的国家展开,这是自马克思主义诞生以来,包括苏联式的社会主义在内,所未能给予科学阐明的世界性问题,因而是马克思主义历史观中的一个现代世界历史难题。中国实行改革开放以前,基本上是在苏联式社会主义框架内展开社会主义实践的,尽管中国共产党对苏联的实践保持了反思式警醒,并形成了独立自主探索的意识,但也未能找到根本道路。只不过,苏联式

① 邓小平:《目前的形势和任务》,《邓小平文选》第二卷,人民出版社,1993年,第231—232页。

社会主义及其经验教训，特别是它在中华人民共和国成立后二十多年实践所形成的正反两个方面的经验教训，无疑为中国改革开放的总体思想的形成提供了重要实践基础和思想资料。重构即重生。重构社会主义建设逻辑，就是要变"文化大革命"这场灾难为中国社会主义新生的机遇，要抓住这一重大历史机遇来开展一场世界社会主义史无前例的实践。这场实践发生在中国，它将在中国取得成功。深入理解中国共产党1978年至1982年这四年历史，不能没有对中国共产党的共产主义运动理念的解读，不能没有对中国共产党开创社会主义事业雄心壮志的理解，不能没有对中国共产党坚信社会主义是中国的唯一出路的认知，不能没有对中国共产党关于它对马克思主义普遍真理实质把握上的理论自信的领会。由此，当我们研究《中国共产党第十二次全国代表大会开幕词》的文献，我们能够从其简洁平实的文字中，感受深沉的历史关切，读出背后的深刻道理，解析出中国共产党关于社会主义在中国如何建设和发展的实践逻辑。

基于上述分析，对"建设有中国特色的社会主义"的命题，我们不能只做语言层面的语义理解，而应从话语生产的层面上，将中国共产党及其领导者作为集体作者，在其思想实践和社会实践中来看其话语生产本质，由此来解析中国特色的话语体系命名的价值。

（三）从新时期到新时代：中国特色话语的话语史解析

20世纪70年代末期，以党的十一届三中全会为标志，中国真正开启了社会主义现代化建设的新时期。到1982年党的十二大，随着中国特色社会主义概念的定型，这个新时期无论在中共历史上，还是在当代中国政治生活实践上，都被称为中国特色社会主义新时期。这个新时期一直发展到2012年党的十八大,经过了三十四年的历程。这也是自1921年中国共产党成立以来,它所历经的几个大的历史时期中,历程最长的一个时期。此后,以2012年党的十八大为标志,中国特色社会主义进入新时代。党的十九大报告对中国特色社会主义进入新时代,做出了完整论述,指出:"中国特色社会主义进入了新时代,这是我国发展新的历史方位。"这个新的历史方位具有以下特点:一是承前启后,继往开来;二是决胜全面建成小康社会,进而全面建设社会主义现代化强国;三是逐步实现全体人民共同富裕;四是实现中华民族伟大复兴中国梦;五是我国日益走近世界舞台中央。从新时期到新时代,中国特色话语已经发展出自己一套独立的话语体系。以这套话语体系为对象,探讨中国特色话语生产及话语史,这是一个别开生面的研究课题。

在话语史中,衍生发展是一个话语史阶段,它在某种话语生成以后发生,是该话语内在发展机制与其外在实践要求共同作用的结果,是该种话语生产向着新的方向和水平拓展的过程,意味着新的话语时空在形成或已经形成。

中国特色话语的外在实践是其思想实践和社会实践的统称。于是,这就进入了一个复杂的现实世界。我们需要仔细识别以下几种情形:

首先,话语经过理论化过程而形成理论形态,这个过程在这里称为思想实践或理论实践。思想实践呈现出认识论特征,它必须经历思维运动过程,也必须经历一定的实践检验过程。但这些过程都不是绝对孤立的,而是相互影响的,在它们的相互作用中完成理论化构建。只是在不同过程里,人们的行为将有不同目标设定和侧重点。

其次,社会实践并非以验证某种理论而发生。社会实践的动力来自社会发展要求或社会变革要求，它在已有的理论包括各种知识作用下而呈现自觉性与合规律性。但社会实践并非总是轻车熟路，人们的社会生活（政治、经济、文化、组织与共同体等）要经常面对新情况、新事物、新问题，对此已有的理论、知识、经验将不足以或不能给出解决方案，从而产生新的理论需求。因此，新的理论的创造以社会实践要求为推动力。

此外，思想实践和社会实践相统一指的是所有已经发生的事情，而即将发生和尚未发生的是新一轮理论与实践的互动关系。在这一前提下，新的理论的议程唤起新的话语生产意识。

厘清话语生产的外在实践关系以后，我们再来探讨中国特色话语的内在发展机制。这里可将中国特色话语的内在发展机制表述为融化吸纳。在语义上，融化和吸纳是有时间秩序但却前后紧密衔接的话语衍生过程。它存在于中国特色话语生产过程中，体现中国特色话语总体性的要求和机理，具有如下运行过程的特点：

中国特色话语体系如同许多话语体系一样，是一个开放的体系。但是，中国特色话语体系有自己的特点。它的开放性与当代中国政治生活的周期性、理论话语与政策话语一体性以及知识话语的相互转化性密切相关。这些特点使中国特色话语体系不断处理来自实际生活、政治实践等多种空间的思想、意见及主张等不同信息，由此锻造了中国特色话语体系的分解张力、梳理差异、化解思想冲突和排拒极端社会情绪等等的融化能力。与此同时，中国特色话语体系的生产是富有组织化、专业化、层次性及高度制度化的社会化大生产。它与世界上许多发达国家的政府话语生产不同，这些国家更具有分散化、市场化、专业化及小规模化等话语生产特征。由此，中国特色话语体系更具有生产线长但效率较高，来源广泛而渠道通畅,产品多样但选择集中等特点。这些运行的特点促使中国特色话语生产更具有集体化及民主集中的品格。

中国特色话语内在发展机制与其外在实践要求共同作用,说的是如下情形:外在实践即理论实践与社会实践的互动关系致使新的理论的议程获得发动,由此新的话语生产活动展开。这时,中国特色话语体系内在机制开始运行,各种外部实践要求组织化纳入话语体系构建活动中来,经过融化吸纳的机制的作用,促使新的话语获得衍生发展。

运用前述话语史的概念来说,中国特色话语衍生发展属于话语单体衍生类型,与话语多体衍生类型不同的是,它在中国共产党的领导和组织之下,在马克思主义话语体系语境中,以中国实践为主要依据而持续进行。这意味着,中国特色话语的作者、读者及实践者是一体的,而话语多体衍生类型,比较典型的如民主社会主义理论、法兰克福学派的批判理论,乃至法国的各种后现代理论,均为建立在多种母体话语基础之上,这种多体衍生类型呈现多元分体特征:作者与读者是分体的;作品的思想来源与作品是分体的;作者与社会是分体的,作者通过自己的话语向社会言说,一般不是说给自己的。

由上述中国特色话语史的描述可以看出,中国特色话语史对于以中国特色社会主义话语为对象的话语生产研究,将形成一种历史语境,具有重要前提性。正如前文所述,话语史通常内在于话语体系里,它是某种话语体系的组成部分,但它又具有相对独立性,即它所具有的认识和方法论功能,使其能够外化出独立主题,从而形成集中论说。当我们对中国特色话语有了哪怕是非常粗略的概览,这也为中国特色话语生产的规律性揭示,奠定了重要基础。

三、中国特色话语的生产

我们将中国特色话语初步定义为当代中国言说。言说者,即作者。毫无疑义,中国特色话语的作者绝不仅仅是中国共产党,但中国特色话语是由中国共产党首创的,同时中国共产党也是主要言说者,因此本章将围绕中国共产党关于中国特色话语的生产来展开。

(一)中国共产党:中国特色话语的集体作者和读者

马克思、恩格斯是共产党的创立者。马克思、恩格斯依据他们创立的共产主义学说,结合19世纪欧洲工人运动实际而创立了共产党。在开辟国际共产主义运动历史,领导国际共产主义运动实践中,马克思主义话语生产活动从未间断,而马克思、恩格斯作为马克思主义话语体系的原创作者,生产了马克思主义话语体系的一系列经典著作。历经一个多世纪的历史变迁,他们毕生所反对并与之斗争的资本主义正日渐苍老,而马克思主义话语体系却不断在变迁的历史原野中获得新的生机。

列宁有句名言被不断引用,这里再继续引用一次:"没有革命的理论,就不会有革命的运动。"[1]对引用列宁提出的这个命题,人们一般是将其用来强化各自的关于理论重要性的证明,但这里不想如此简单化处理,因为一旦简单化,就会带来一个不应出现的不良后果,即列宁通过这一命题所言说的核心话语被漏掉了。由此就造成了一个命题与其话语相脱离的境

---

① 列宁:《怎么办?》,《列宁选集》第一卷,人民出版社,1995年,第241页。

况。列宁这个命题基于布尔什维克党刚刚产生不久的实际,阐释了无产阶级革命理论与实践的若干基本原理。原理之一:始终坚持以马克思主义理论为指导,始终重视马克思主义理论对于无产阶级革命运动实践的重要作用,这是无产阶级政党根本区别于其他政党的标志,也决定着无产阶级政党的前途。1901—1902年,即列宁写作《怎么办?》一书时,正是布尔什维克党建党前夜。当时有人假借马克思1875年的一句名言"一步实际行动比一打纲领更重要",来贬低革命理论的重要意义,为此列宁在解析马克思这句话的原本所指以后,对上述贬低理论的思想给予严厉批评,并申明革命理论对于无产阶级政党建立和建设具有决定性意义。原理之二:共产党必须具有高超的马克思主义理论水平,对来自国际共产主义运动中其他政党的经验加以批判性审视和独立检验,而不能照抄照搬。列宁结合当时俄国革命运动说,对于这场在本质上是国际性的运动而言,正确运用来自国际的经验是十分重要的。但是,要运用别国的经验,不能简单了解这种经验或简单抄袭别国最近的决议。"为此必须善于用批判态度来看待这种经验,并且独立地加以检验。"而为了完成此重大任务,"需要多么雄厚的理论力量和多么丰富的政治经验(以及革命经验)"[1]。原理之三:"只有以先进理论为指南的党,才能实现先进战士的作用。"列宁论述道:"读者如果想要稍微具体地了解这句话的意思,就请回想一下俄国社会民主主义的先驱者赫尔岑、别林斯基、车尔尼雪夫斯基以及七十年代那一群光辉的革命家⋯⋯只要想想这些也就足够了。"[2]

总之,在列宁那里,革命理论与革命运动关系的阐释虽然是从俄国社

---

[1] 列宁:《怎么办?》,《列宁选集》第一卷,人民出版社,1995年,第242页。
[2] 同上,第242页。

会主义革命实际出发的,但其中的基本逻辑却具有普遍意义。中国共产党恰恰从列宁建党过程中正确处理理论与实践的关系中获得重要启示,创造了中国共产党关于中国革命的理论和学说,指导中国革命实践取得成功。

中国共产党是一个非常重视理论研究的马克思主义政党,它在将马克思主义普遍真理与中国具体实际相结合的整个历程中,不断根据实际的变化而深入进行理论探索,不断发展出指导革命和建设的新的理论形态,构建了完整的毛泽东思想话语体系及中国特色社会主义话语体系。从马克思、恩格斯创立马克思主义话语体系开始,在一脉相承和与时俱进的马克思主义演进历史中,当今中国共产党开创的中国特色社会主义话语体系,是指导我国改革开放和社会主义现代化建设,促进我国国家实力与综合国力进入世界前列的基本经验总结,也是中国共产党长期执政的基本经验之一,极具研究价值。

与当今世界上的其他各种政党不同,中国共产党是中国特色话语体系的集体作者和读者。

所谓集体作者,是说中国特色话语体系是中国共产党集体智慧的结晶。但在这一集体作者中,也有做出突出贡献者。正如邓小平在论述毛泽东思想时所指出的:"毛泽东思想不是毛泽东同志一个人的创造,包括老一辈革命家都参与了毛泽东思想的建立和发展。主要是毛泽东同志的思想。"[1]作为话语生产的概念,集体作者成为这种生产活动总体性的承载者、实现者。对中国共产党来说,中国特色话语体系中的话语生产活动,

---

① 邓小平:《答意大利记者奥琳埃娜·法拉奇问》,《邓小平文选》第二卷,人民出版社,1994年,第345页。

其总体性集中体现为人民性,即所言说之理与历史的互证性的结论,最终将由人民说出,获得人民支持,赢得人民的信仰,由此使中国共产党生产出的中国特色话语体系能够化为人民群众的精神力量。

对于中国共产党人而言,特别是对于党的各级主要领导者,尤其是对于党的高级领导者而言,中国特色话语体系的作者意识是需要特别加以阐释的一个重要问题。在话语生产语境下,作者和读者是同一角色,只是言说的位置不同罢了。不是一个好读者,不可能成为一个好作者,这是话语生产的普遍规律。因此,作者意识首先是读者意识。中国特色话语体系并不神秘,甚至也不特别深奥。对于高于这种理性的中国特色话语,如果没有思维的超越性,如果没有置身于实践的深层次中,从而不能在该话语体系中找到自己的身影,那么就没有进入话语情境,就难以理解和把握这个话语体系,从而也就不能真正成为这个话语体系的作者。其次,中国特色话语生产的作者意识是一种承载意识。政治担当的责任意识、话语传播的影响力意识、引领者意识、人民意识等,所有这些体现政治伦理精神的意识都加载于话语作者身上,于是中国特色话语生产的作者远比一般的理论研究者、专业研究人士承载着更重的期待和约束。此外,实践意识更是中国特色话语生产的根本作者意识。关于理论和实践关系这些话已经说得够多了,无须多论,共产党人作为中国特色话语体系的集体作者,不在亲身实践中学习,不在运用理论中实践,就难免陷入话语空论或话语消费的泥淖而不能自拔。

发展中国特色话语生产力与作者关系尤为不能忽略。作者、读者和实践者的角色同一性和一体化,是解析这一关系的逻辑基础。与启蒙运动以来的世界任何话语生产不同,中国特色话语的作者、读者和实践者是由同一性角色承担的。这就是说，任何话语都可能是作者为别人生产的，而中国特色话语则是中国共产党集体为自己生产的。在这个话语体系中，当它强调中国共产党的领导时，这是在向全体党员提出要求和告诫，作为先进分子和代表者，要始终将人民利益、社会期盼、国家前途命运和民族复兴大业牢记在心，不辱使命；当人民至上的话语作为行动要求提出来的时候，这无疑是向党自身提出来的，而这个话语的意义也恰恰就在这一点上。这就是说，作者就是中国特色话语的生产力。这个生产力是推进中国特色话语生产的集体力量，同时也是将这套话语的意义铭刻于心，大力践行，并引领中国特色社会主义实践不断向更高水平发展的先进力量。因此，话语生产力并非仅指生产话语的能力，甚至主要不是强调这样的含义。发展中国特色话语生产力，主要是促进党的自身建设，发展中国共产党的治国理政能力和水平，发展中国特色社会主义实践的力量，从根本上说，作者、读者和实践者的角色具有同一性和一体化。

(二)中国特色话语生产中的作品问题研究

如果认真阅读过前述话语生产的有关章节，那么对本论题中的"作品问题"一词就不会产生误解。关于中国特色话语生产的作品，依然存在着值得研究的问题，这就是本节题目的含义。作品是话语生产的机制或功能而非呈现为某种具体形态的诸如书籍、文章、讲话等，因而作品是新的话语通过生产活动初露端倪，或找到了关键的要素的一种成果。任何一种话语体系，在其发展为一种话语体系以后，都不一定缺乏新的论著，不缺乏新的阐释，不缺乏普及性读物，但是对该话语体系而言，作品总处于稀缺状态。话语生产的关键环节就在于产出作品。中国特色话语生产的作品问题是一个重大课题,包含诸多重要问题需要深入研究。这里只是从三个不同维度提出若干问题做些初步思考。一是宏观维度上的战略思考;二是中观维度上的政策思考;三是微观维度上的行动思考。

著名美籍华人历史学家黄仁宇先生曾说:"大历史不会萎缩。"①这是充满洞见的历史观,只是他的"大历史"还不够大。在普遍性中寻找和发现中国的特点,这恐怕是人们对"中国特色"概念的普遍理解。笔者在此恰恰提出了一种相反的理解。中国特色不是对历史特定性、思想实践和社会实践特定性的规定,而是对历史普遍性、思想实践和社会实践普遍性的持续探索。这就是中国特色话语生产在宏观维度上进行战略思考的要义。实际上,党的十九大报告已经在战略思考的意义上提供了重要思想线索。党的十九大报告在阐释中国特色社会主义进入新时代所具有的意义时,既指出"中国特色社会主义进入新时代,意味着近代以来久经磨难的中华民族迎来了从站起来、富起来到强起来的伟大飞跃,迎来了实现中华民族伟大复兴的光明前景",也指出,中国特色社会主义进入新时代"意味着科学社会主义在二十一世纪的中国焕发出强大生机活力,在世界上高高举起了中国特色社会主义伟大旗帜;意味着中国特色社会主义道路、理论、制度、文化不断发展,拓展了发展中国家走向现代化的途径,给世界上那些既希望加快发展又希望保持自身独立性的国家和民族提供了全新选择,为解决人类问题贡献了中国智慧和中国方案"。这段阐述已经包含着中国特色社会主义具有世界意义的思想。这些肯定性判断,对研究中国特色话语生产的普遍性具有重要指导性。

宏观维度上的战略思考,也就是在中国特色话语生产研究中,其作品

① [美]黄仁宇:《大历史不会萎缩(增订版)》,中信出版社,2016年,第29页。

的宏观向度,要将正确认识和处理现代性与现代化的关系,乃至正确认识和处理全球性与全球化的关系提上议事日程。在这个方面,中国特色话语体系中的作品还不多或仍然很不充分。中国改革开放实践已经做了探索,而这个探索无疑将不断持续开展。中国特色话语将现代化用社会主义来定义,这是努力克服现代性局限而做出的开创性探索,无疑社会主义现代化这个话语就是中国特色话语生产中的重要作品;在社会主义现代化进程中,如何有效率地配置资源,提出并建立社会主义市场经济制度,这也是马克思主义发展史上的重大突破,是中国特色话语生产的重要作品;对中国特色社会主义历史方位做出新的认知与判断,在此前提下,关于中国社会主要矛盾的转变,关于构建人类命运共同体的理念,都是富有开创性的新作品。但从战略高度来看,中国特色话语生产依然在上述方面需要花大力气,要对"卡脖子"环节的作品生产付出更大的持续努力,而这些作品生产都是大工程。

中观维度上的政策思考,是指通过制定合适的政策以建立中国特色话语生产中的作品生产机制。在这样的层次上,同样存在着诸多机制需要再研究、再改革、再优化。例如政策性组织诸如国家专门的资金投入、立项、招投标,政府设立激励制度,高等教育及专门研究机构的相应政策支持,智库建设等,这些方面存在的问题都需要大力研究,以期更有力地促进中国特色话语的作品生产。但这里所要讨论的是知识的双重转换机制问题。

所谓知识的双重转换机制,作为一种政策性思考,是指将中国特色话语体系转换为相应学科知识的机制,以及通过相应学科知识的生产所取得的知识成果再转换为中国特色话语生产的资料的机制。这是一个十分必要的互动过程,具有双重效能。但目前还存在一些不尽如人意的地方。为论述方便,这里将前者称为一重转换,后者称为二重转换。在一重转换方面,我们不怀疑这种转换的必要性,甚至认为它对一些相关学科知识再生产是至关重要的。可问题是:如何转换? 实际转换过程很可能远比我们现实做的和想的要复杂得多。这里要强调的是,任何过于简单化,特别是"硬生生"的武断转换,都难以真正实现其要转换的目的和意义。"硬转换"无异于拔苗助长。中国特色话语中的作品都是其中的核心话语,它们根植于思想实践与社会实践之中,并在中国特色话语体系构建中发挥内核作用。这些被称为作品的思想、命题连同整个话语体系,虽然它们有其内在逻辑,有其严整性、层次性、可传播性,但其根本功能还在于其总体性,即从党和国家、人民与社会、中国与世界、中华民族与人类等等的总体联系中,在明确历史方位、揭示中国发展总问题、形成中国总体战略与方略及阐释中国制度特征和优势等方面,构建起来的理论逻辑和实践逻辑的统一体。与此同时,该话语体系政治性、原则性和政策性十分鲜明和强烈,它的基本话语表述几乎不能任由个体做出添加或减少,特别是当它作为集体作品的时候,尤为如此。这就意味着,这个话语体系应通过学科化的知识转换过程,变成为专业化、富有亲和性、体系严密的知识逻辑,按照知识传播与接受的规律、按照人文与科学的逻辑进行转换。这一转换过程是知识再生产过程,也是中国特色话语生产的新作品的形成过程,它体现为一整套知识概念、命题及其逻辑,但绝非直接搬用各种原话语,更拒绝以"借鉴"的名义套用其他确定的话语。二重转换与一重转换,在实践中是互动的。但一重转换是先动者或始动者,它所带来的知识生产成果无疑将成为中国特色话语生产的重要对象之一,成为重要思想资料来源。

微观维度上的行动思考是针对作者的话语生产行为而言的。这个问题再次涉及作者、读者和实践者角色同一性和一体化问题。上文曾言及这个问题,即三者的同一性和一体化实质是中国特色话语生产的作品问题。实践是其中的中介体和实现三者一体化的根本机制。作为中介体,作者的行为体现为实践的行动;作为机制,实践的具体目的、方式、遵循的规则等,反作用于行动过程。在实践这个中介体上,作为读者的作者实现了话语理解基础上的自我提升。每一个以及每一次的自我提升,都是一种精神生产活动,其成果体现为作者获得了自我提升的精神升华,即作品。就党员个体,特别就党的领导者,尤其是就处在政治家集团中的领导者而言,三者同一性和一体化问题是一个理解和处理理论与实践、物质世界和精神世界、理想与现实等等复杂关系问题的总原理,借用保罗·利科的命题来言及,党员个体及其领导者们如果能够达到对自我的认知是"作为一个他者的自身"①来理解,把自己作为自己的一个作品来提升,这是中国特色话语生产的微观行动研究的根本意义。这样一种微观维度的思考对于中国共产党将持续不断开展的学习教育活动而言,也具有重要启示性。

四、跨越现代性的现代化:中国特色话语生产的时空逻辑

吉登斯曾为现代性做了批判性辩护,并在话语意义上建构了一个"乌托邦现实主义的模式"②。所谓批判性辩护既是最弱意义上的批判,也是最弱意义上的辩护。其知识逻辑是在这样的最弱基础上重构自己的言说

---

① [法]保罗·利科:《作为一个他者的自身》,佘碧平译,商务印书馆,2013年。
② [英]安东尼·吉登斯:《现代性的后果》,田禾译,译林出版社,2011年,第135页。

系统。这恐怕一直是吉登斯社会理论话语的主要特征。但是,他所推崇的"超越现代性"的概念却是值得认真对待的。

(一)吉登斯的时空逻辑

吉登斯认为,现代性的根本性后果之一就是全球化的产生。尽管现代性是发自西方社会并且吉登斯将其界定为西方制度的动力机制,从而它"是一个西方化的工程",但是从现代性所产生的全球化的根本后果来看,一方面,它使西方制度向全球蔓延,另一方面,它也是一个发展不平衡的过程,它"引入了世界相互依赖的新形式",从而现代性的全球化就不再是"一种特别的西化之物",于是"讨论和处理这些问题的方式将不可避免地也会用到源于非西方背景的概念和策略"。而超越现代性的运动恰是在这样的语境中形成的。[①]

吉登斯的这些论说会带来许多争议,但他将现代性归结为西方资本主义制度的动力机制,大体上是不错的。正是以此论之,跨越现代性的现代化这个命题的含义就十分清晰了,显然它是指跨越资本主义制度动力机制的现代化。也正是如此,该命题的阐释难度陡增,将会面临的挑战也将难以计数。但是,解析和论述中国特色话语生产问题,这是绕不过去的,也不应该绕过去。

吉登斯在论述现代性即资本主义制度的动力机制这个问题时,运用了时间-空间逻辑,恰好本书的论述与其相关,或者说,本书关于跨越现代性的现代化的论说是时间-空间逻辑的反逻辑。让我们从吉登斯的逻

---

① 参见[英]安东尼·吉登斯:《现代性的后果》,田禾译,译林出版社,2011年,第152—153页。

辑开始分析。

吉登斯认为,在前现代时期,时间一直与空间及地点相联系,特别是空间即某一具体地点,即"什么时候"一般总要对应"什么地点"。但是,现代性根本改变了时间-空间的联系方式。首先是由于时间的标准化而将时间虚化,时间虚化带来空间与地点的分离,从而造成了空间虚化。于是,时间与空间处于分离与再结合的辩证过程中。"再结合"也就是时间和空间在形式上的重新组合,即被标准化了的时间同虚化的空间的组合,这时社会生活将不再受"在场"所支配。其次,时间-空间关系的变化为脱域的制度扩展了时间—空间延伸范围。一方面,时间-空间分离为冲破习俗及地方性提供了可能;另一方面,时间-空间分离也为现代组织创造了大显身手的条件,"现代组织能够以传统社会中人们无法想象的方式把地方性和全球性的因素连接起来,而且通过两者的经常性连接,直接影响着千百万人的生活"①。最后,现代性在全球范围内长驱直入,一些尚处于前现代状态的国家从现代制度中获得了"全新动力"。这非常像一幅中国山水画,在轻描淡写中,自然性的时间-空间关系顺畅地转换为人类社会的时间-空间关系,现代性顺畅地发展到全球化。

实际上,在上述的转换中,存在着一些根本机制的生成和持续的作用,如果没有这些机制生成和发挥根本作用,则全球化现象就不会发生。那么,它们是怎样的一些机制? 这些机制是如何发挥根本作用的? 吉登斯的论说是,有两大机制:一是所谓脱域机制,一是所谓知识的反思式运用机制。这两大机制与时间-空间分离机制一起,构成现代制度三大动力机制。脱域机制也可称为信任机制,它通过"象征标志"及"专家系统"

---

① [英]安东尼·吉登斯:《现代性的后果》,田禾译,译林出版社,2011年,第18页。

而得到普遍性体现。脱域机制的作用在于:"它们使社会行动得以从地域化情境中'提取出来',并跨越广阔的时间-空间距离去重新组织社会关系。"现代性的知识本质上具有反思性,但不具有必然性和稳定性。知识的反思式运用机制是人们将社会生活的系统性知识的生产纳入社会系统再生产中,并将其作为社会系统的组成部分,"从而使社会生活从传统的恒定性束缚中游离出来"①。

吉登斯关于现代性及其后果的论说是以时间-空间分离为基础逻辑的,这个基础逻辑衍生出脱域逻辑和现代性知识生产与运用逻辑,从而完成他对现代性发自西方,但却推向全球的现象做出解释。当然,吉登斯同时还有比这更大的理论目标,即他要运用他建立起来的这些逻辑继续分析现代世界的风险和不确定性,回应后现代主义一些问题,并最终给出关于"解放政治"和"生活政治"的"乌托邦现实主义"的方案。于是,他从时间-空间论说的"山水画"转换为浓墨重彩的"宏伟蓝图"。

但是,十分遗憾的是,吉登斯误置了西方现代性中的时间-空间逻辑,致使他的整个理论大厦的逻辑基础存在重大裂痕而难免会倾覆。时间的标准化并没有将时间虚化,进而也没有造成空间的虚化,更进一步说,时间与空间也没有分离。对此,我们可回到西方自古以来的时间观念中做个简明扼要的考察。由于时间不可视,而空间可视,因此亚里士多德借助空间和物体移动来描述时间。亚里士多德对空间的描述是,空间是指物体的位置,而物体的位置是由其周围有什么来确定的(进一步推广,永恒要对应无限来理解,否则不可理解)。这样,时间就是空间中物体的

---

① [英]安东尼·吉登斯:《现代性的后果》,田禾译,译林出版社,2011年,第46—47页。

移动。直到启蒙运动时期,西方的时间观念开始由牛顿的物理学所改变。
"牛顿模型以独立于事物的时间观念为基础,建立了现代物理学,并且行
之有效。它假设时间是一种实体,均匀流逝。"①牛顿既承认存在着可度量
运动的这种相对的经验的时间,还认为存在着不能感知、但真实存在、且
只能通过数学计算出来的时间。相应地,也有即便空无一物,也存在的空
间。这就是说,牛顿认为存在着不以人的主观意志为转移的客观存在的
时间和空间。这个时间与空间根本不同于经验的时间和空间。如果说古
代人关于时间的认识停留在日常生活经验层面,则牛顿关于时间的认知
已经上升到现代科学层次。随着爱因斯坦对时间和空间做出新发现,即
引力场的存在导致弯曲的时间和空间,进一步引出量子力学的时空观。
但正像科学家说的:"成功总是短暂的,即便是巨大的成功。爱因斯坦在
1915年写出了引力场方程,仅仅一年以后他自己就注意到,由于量子力
学的存在,这不可能是关于时空本质的最终结论。"②在科学界,时间和空
间的课题将不断延续,伴随科学上的突破,时间和空间带给人类社会的想
象也越来越丰富,甚至越来越奇特。

　　本杰明·富兰克林说:"切记,时间就是金钱。""谁若每天虚掷了可值
四便士的时间,实际上就是每天虚掷了使用一百英镑的权益。""谁若白白
失去了可值五先令的时间,实际上就是白白失掉五先令,这就如同故意将
五先令扔进大海。"马克斯·韦伯引证富兰克林关于节俭、诚实、信用,特别
是关于时间与金钱的关系这些话,认为"这些话所表现的正是典型的资本

---

①［意］卡洛·罗韦利:《时间的秩序》,杨光译,湖南科学技术出版社,2019年,第
47页。
②同上,第56页。

主义精神"①。这里引证这些话是想说明,时间在现代性经济活动中,从一开始就被社会化和物化了。时间社会化也就是社会化的时间,它被描述为一些社会生活或者社会行为中的意义,对此德国一位作家和学者吕迪格尔·萨弗兰斯基描述说:"社会化的时间意味着当下的篡权,意味着储存以往,经营未来,给当下铺上一张时间调节的、孔眼紧密的网络。"②如果从现代性的角度来定义,时间社会化即通过时间的科学技术操作而实现对空间的无限占有。科学研究和发现是人类文明的标志,也是推动人类文明发展的内在动力。但是,科学活动毕竟也是人类的活动,它不能脱离社会发展状况对其产生的影响。任何科学发现最终都会在人们形成相应的需要并创造出使用的技术以后,服务于现实社会。于是,我们能够从现代军事工业、宇航业、航海业、海洋开发等众多高端技术领域,看到科学对时空发现的成果的社会运用,这就是时间社会化的重要例证。在现代性视角下,这种运用已经被资本的强力所控制,而时间的标准化只是时间测量技术的现代化,它只不过是时间社会化的一个基础方面,它既没有使时间虚化,也没有使空间虚化,相反,正是时间的社会化,致使空间思维成为资本关系的固有属性,从而时空关系在现代性中被统一于对空间的无限追逐和占有的过程中,而时间的物化,不过是时间社会化的空间效能,不过是时间的景观化而已。

现今,这一态势在整个资本主义世界不仅没有丝毫减弱,反而在不断

---

① [德]马克斯·韦伯:《新教伦理与资本主义精神》,于晓、陈维刚等译,生活·读书·新知三联书店,1987年,第35页。

② [德]吕迪格尔·萨弗兰斯基:《时间:它对我们做什么和我们用它做什么》,卫茂平译,社会科学文献出版社,2018年,第105页。

强化。整个资本主义世界都已经被牢牢锁在现代性的囚笼中,在那里,套用尼采的话说,上帝死了,但是,人疯了。

(二)跨越:以时间统御空间

正在展开现代化建设的中国人保持着自己的清醒。

中国的现代化是跨越现代性的现代化。跨越,指将空间纳入和统一于时间中。形象化来解释,跨越即从"桥"上走过去,"桥"就是时间。因此,如何实现跨越取决于如何认识和把握时间以及如何纳入和统一空间。马克思主义的历史唯物论与中国文化中的时间思维既是认识和把握时间的智慧源泉,也是当代中国构建跨越现代性的现代化的基本话语生产资料,而中国改革开放四十多年的实践探索,特别是在其中形成的基本经验,为当代中国构建跨越现代性的现代化的话语奠定了重要现实基础。

跨越的问题在马克思在世时就已经提出来了,即关于跨域"卡夫丁峡谷"问题,这是马克思晚年遇到的一个新问题。《资本论》中尚未对这个问题给予明确的回答。19世纪80年代初期,俄国女革命者查苏利奇向马克思提出请求:"假如你能说明,你对我国农村公社可能有的命运以及世界各国由于历史的必然性都应经过资本主义生产各阶段的理论的看法,给予我们的帮助会是多么大。"①马克思在复信的初稿中分析道:"俄国是在全国范围内把'农业公社'保存到今天的欧洲唯一的国家。""一方面,土地公有制使它有可能直接地、逐步地把小地块个体耕作转化为集体耕作……另一方面,和控制着世界市场的西方生产同时存在,就使俄国可以不经过资本主义制度的卡夫丁峡谷,而把资本主义制度所创造的一切积极

---

① 《马克思恩格斯选集》第三卷,人民出版社,1995年,第857页"注释"。

成果用到公社中来。"[1]1881年3月,马克思在给查苏利奇的正式复信中说,"我根据自己找到的原始资料对此进行的专门研究使我深信:这种农村公社是俄国社会新生的支点;可是要使它能发挥这种作用,首先必须排除从各方面向它袭来的破坏性影响,然后保证它具备自然发展的正常条件。"[2]这无疑是马克思关于跨越资本主义,并利用资本主义的成果而走向社会主义的一个重要思想。马克思跨越的思想也契合了马克思主义的历史唯物论。

法国马克思主义理论家列斐伏尔认为,对黑格尔和马克思来说,与他们之前的"空间占据主导地位"的思想相比,他们的"研究和认识的对象是时间"。但是,"马克思这里的时间""比在黑格尔那里更加明确"[3]。应该说人们对马克思主义关于时空的思想的研究依然不够充分和深入,而法国马克思主义理论研究中,对该方面的思想研究较为重视。本书这里从马克思主义的历史唯物论研究中,解读出了一种特有的时空逻辑:

未发生的时间并非是虚拟时间,并非是时间意义的预设,而是它已经存在于已发生的时间里。占有特别是再生产时间是获得统御空间条件的前提。但是,统御空间并非是占有及再生产时间的目的。

马克思、恩格斯关于共产主义的学说,其中几乎每一个原理都在证明这一逻辑,诸如共产主义社会是建立在共产主义运动的历史条件基础之

---

① [德]马克思:《给维·伊·查苏利奇的复信(初稿)》,《马克思恩格斯选集》第三卷,人民出版社,1995年,第765页。

② [德]马克思:《给维·伊·查苏利奇的复信》,《马克思恩格斯选集》第三卷,人民出版社,1995年,第775页。

③ [法]亨利·列斐伏尔:《马克思的社会学》,谢永康、毛林林译,北京师范大学出版社,2018年,第19页。

上的,人类社会每一个未来历史的必然结果,其中的诸多要素总是孕育、生成和成长于过去到未来的历史运动之中,人与环境之间的共时性和历时性相互作用等。但是,这个逻辑是一个历史辩证法的逻辑,而不是机械的历史主义的观念。生产力与生产关系矛盾运动的原理、人们的社会存在与社会意识关系的原理、人民群众历史作用的原理等,始终是这个历史逻辑中的基础逻辑。

因此,当"俄国公社问题"提出来之后,马克思认真研究了该种公社存在的历史环境,发现了它与资本主义生产同时存在这一重要历史条件:"在欧洲,只有俄国'农村公社'不是像稀有的残存的怪物那样零星地保存下来,不是以不久前在西方还可见到的那种古代形式保存下来,而几乎是作为巨大帝国疆土上人民生活的统治形式保存下来的。如果说土地公有制是俄国'农村公社'的集体占有制的基础,那么它的历史环境,即它和资本主义生产的同时存在,则为它提供了大规模地进行共同劳动的现成的物质条件。因此,它能够不通过资本主义制度的卡夫丁峡谷,而占有资本主义制度所创造的一切积极的成果。"①但是,如果要使公社得以生存,必须防止它在今后的存在中难免会遭遇的"破坏性影响",诸如"除了国家直接搜刮的压迫,侵入公社的'资本家'、商人等等以及土地'所有者'的狡诈的剥削以外,公社还受到乡村高利贷者以及由于它所处的环境而在内部引起的利益冲突的损害。"因此,要拯救俄国公社,只能通过俄国革命。"如果革命在适当的时刻发生,如果它能把自己的一切力量集中起来以保证农村公社的自由发展,那么农村公社就会很快地变为俄国社会新生的因

---

① [德]马克思:《给维·伊·查苏利奇的复信》,《马克思恩格斯选集》第三卷,人民出版社,1995年,第770页。

素,变为优于其他还处在资本主义制度奴役下的国家的因素。"①由此可以看到,马克思没有机械地固守某种历史顺序,而是应用历史唯物论原理来具体分析俄国公社何以存在、它跨越式继续存在的历史条件等。马克思主义的历史时间思维至今依然应该成为中国特色社会主义实践及其话语生产的重要思维方式。

中国社会近代以来逐步沦为半殖民地半封建社会。此后在中国大地发生的历史,特别是其中的重要事件,中国几乎所有的中学生都耳熟能详。为避免游离主题,我们必须立刻回到"中国的现代化是跨越现代性的现代化"这个命题上来。中国跨越"卡夫丁峡谷"之桥是什么桥?是如何跨越的?直接回答是:时间之桥,以革命和改革开放之方式。中国共产党领导的新民主主义革命和建立社会主义制度的革命,完成了跨越的前半程;中国共产党领导的改革开放完成了跨越的后半程的大部分,今后还将继续通过改革开放而完成最后部分,到本世纪中叶,全部完成跨越。

历史唯物论的时空逻辑在中国改革开放事业中再次获得证明。我们可用以下几个概念来呈现改革开放进程中,中国特色话语中的时空逻辑与智慧。一是时间纲领;二是社会主义的时间本质;三是"韬光养晦"与"未雨绸缪";四是"返身智慧";五是"可持续"。

时间纲领指的是世人皆知的"三步走"战略。第一次对这个战略作出构想,是在1987年4月底。邓小平在会见外宾时说:"我们原定的目标是,第一步在八十年代翻一番。以一九八○年为基数,当时国民生产总值人均只有二百五十美元,翻一番,达到五百美元。第二步是在本世纪末再翻

---

① [德]马克思:《给维·伊·查苏利奇的复信》,《马克思恩格斯选集》第三卷,人民出版社,1995年,第772—773页。

一番,人均达到一千美元。实现这个目标意味着我们进入小康社会,把贫困的中国变成小康的中国。那时国民生产总值超过一万亿美元,虽然人均数还很低,但是国家的力量有很大增加。我们制定的目标更重要的还是第三步,在下世纪用三十年到五十年再翻两番,大体上达到人均四千美元。做到这一步,中国就达到中等发达的水平。"①党的十三大将邓小平的构想确定为"三步走"发展战略。这里用时间纲领来解读这一战略,是基于改革开放实践进程中,这一战略所发挥的纲领性指导作用。与此同时,这一发展战略在发挥指导作用时,生产出一系列中国特色话语,如"小康""小康国家""小康社会""全面小康""反贫困""发展战略""人民福祉"等,这一战略就其思想而言,无疑成为中国特色话语生产的重要作品。

社会主义的时间本质是在邓小平关于社会主义本质论述与历史唯物论关于生产力与生产关系原理之间建立起的逻辑链接。在马克思、恩格斯那里,生产力具有重要时间意涵,这个意涵带入生产力与生产关系原理中,就形成了历史唯物论中的时空逻辑。当人们的思想受到不正确观念的束缚而难以形成深化与推进改革开放格局时,邓小平关于"社会主义的本质,是解放生产力,发展生产力,消灭剥削,消除两极分化,最终达到共同富裕"的论说打开了中国人的心头之锁。改革开放的深化,如建立社会主义市场经济体制、改革开放的推进、国有企业改革等,都与社会主义的时间本质论说有重要关联。

"韬光养晦"与"未雨绸缪"的时空逻辑与行动智慧是中国共产党在领导改革开放和社会主义现代化建设中,如何运用时间思维来认识和处理

---

① 中共中央文献研究室编:《邓小平年谱(1975—1997)(下)》,中央文献出版社,2004年,第1183页。

空间危险而形成的逻辑思考与行动的智慧。几个重要事件都考验和检验了中国共产党的这一时空逻辑和行动智慧。一是20世纪80年代末至90年代初期的国内外形势；二是国际封锁事件；三是1997年亚洲金融危机及2008年华尔街金融危机引发的困难和风险；四是自2019年开始日益凸显的中美贸易摩擦、个别国家滥用出口管制措施；五是2019年底发生，目前尚未结束，波及全球的新冠肺炎疫情这一突发公共卫生事件等。当然，今天还应加上世界两个最大经济体处理未来关系这一事件。如何面对空间危险，中国共产党以时空逻辑和行动智慧来应对，个中的机理值得深入研究。经验表明，时间总在中国一边。这是中国特色话语生产的宝贵资源。

"返身智慧"是中国共产党不断将自己政治信仰贯穿于领导实践的思想和行动的哲学中。①生活中，返身不过是个经常发生和极为平常的动作。但以描述这个动作而形成的概念来隐喻人类不断回到自身，并将其上升到哲学层次来认识，从而返身作为一种哲学或智慧话语，已经超越了通过直观而获得的对事物的常识性了解。这里，我们不妨从中国古代的典籍中先来了解古代的返身智慧。《易经》复卦中所确立的"反复其道"的卦法，以及"不远复""休复""频复""中行独复""敦复"和"迷复"的多种复行路径，已然形成返身智慧。《易经》虽然贯通"物极必反"原理，但并非宣扬人世只能消极被动适应；相反，《易经》贯穿着从"物初"到"物极"的事物演化过程中人的因应变化规则，特别是对应这些规则人应取怎样的态度。"子曰：'夫《易》何为者也？夫《易》开物成务，冒天下之道，如斯而已者

---

① 该部分内容是课题的阶段成果论文《纲领政治：中国共产党的历史实践与话语生产》(《河南社会科学》2018年第3期)的一部分。

也。'是故圣人以通天下之志，以定天下之业，以断天下之疑。"①这是古代先贤对《易经》的认知与评价，也是对研习《易经》的指引。就复卦来说，该卦直接承接前卦"剥"，跟随的下一卦为"无妄"。依照《序卦传》的解释："剥者，剥也。物不可以终尽，剥穷上反下，故受之以复。复则不妄矣，故受之以无妄。"由此来理解复卦，其思想内涵在于追求"复道"，即复回到事物原本事理，并要求行为者依据事物演化变迁实然状况，相应检讨自身，及时调整行为，使"道"得到贯彻。如果能够真正依照"反复其道"，做到"不远之复，以修身也""中行独复，以从道也""敦复无悔，中以自考也"，那么"能够返回正道，就不会虚妄了"②。这个思想正是今天我们研究纲领政治实践中返身智慧的一个重要思想资源。在此，返身概念延伸为对事物的事理的探究与坚持，返身智慧就是对探究成果的实际运用。

中国共产党领导革命和实践的返身智慧，最重要的是不忘初心的智慧。不忘初心，这是习近平对中国共产党自建党时便已确立的共产主义追求，以及矢志不移为之奋斗的要求的再叙述。自19世纪40年代开始，世界上产生了这样一种要把一件事情做到底的政党，即马克思主义政党。要做到底的这件事就是实现共产主义。中国共产党就是这样的政党。但是，这是一件需要历史恒定性地保持"初心"，在不断前行中把握住使命担当，在曲折艰难中坚守定力的事情；这也是必须始终凝聚成最大整体、始终具有一以贯之的整体性的事情。在这一事情上，纲领政治本身就是政治实践的历史统一性的话语生产与意义呈现，其中的返身智慧是：全党要做到心在身上须自知，而这一点无疑饱含马克思主义政治哲学精神。

---

① 《易经·系辞上》。

② 傅佩荣：《傅佩荣译解易经》，东方出版社，2012年，第187页。

共产党政治信仰问题从来都是共产党纲领政治实践的核心问题。但人们迄今尚未从返身智慧的实践意义上深入讨论。作为一个政治实践的问题,共产党的政治信仰通过返身智慧而呈现出连续的实践轨迹。尽管目标在前,并且目的更在遥远的未来,但历史就在身后,道路就在脚下。马克思主义的历史观在揭示了历史的方向以后,就把实践这个历史的当前性作为理论的重点和现实运动的中心。跟踪眼前事件、及时反思总结刚刚发生的历史、全面部署当前的任务,这些构成返身智慧的实际呈现。正如习近平所说:"我们一定要以我国改革开放和现代化建设的实际问题、以我们正在做的事情为中心,着眼于马克思主义理论的运用,着眼于对实际问题的理论思考,着眼于新的实践和新的发展。"[1]把实践作为历史来认识和把握,找出过去、现在与未来的实践关系,建构共产党人政治信仰的实践逻辑,这是中国共产党纲领政治的要义之一。

"可持续"是中国现代化建设进程中一个十分重要的发展思想,也是中国特色话语体系中一个十分重要的作品。党的十六大第一次对我国走新型工业化道路做出部署。党的十七大又进一步强调,"要坚持走中国特色新型工业化道路","要坚持走中国特色自主创新道路","加快建设国家创新体系","深化科技管理体制改革"[2]。党的十六大以后,中央对统筹城乡、区域协调发展做出一系列决策部署等。这些都是在面对现代化推进中出现的结构性矛盾和粗放型经济增长方式而形成的战略思考。这些思考在党的十八大以后,又不断得到强化和发展。社会主义现代化必须解

---

① 习近平:《紧紧围绕坚持和发展中国特色社会主义学习宣传贯彻党的十八大精神》,《习近平谈治国理政》第一卷,外文出版社,2018年,第7页。

②《十七大以来重要文献选编(上)》,中央文献出版社,2009年,第17页。

决发展的可持续问题,这具有重要理论和实践意义,也是中国特色话语中的时空逻辑与智慧的重要呈现。

上述分析旨在证明,中国特色话语中的时空逻辑形塑了中国特色话语生产的思维,使得这些逻辑在促进跨越现代性的现代化的发展战略与重大决策中,发挥了重要话语影响作用。当然,本节的立题以及这些分析,更重要的意旨还在于强调:中国的现代化不是西方化,不是资本主义化,而是跨越现代性的现代化。理解中国共产党的时空逻辑运用,是了解这种跨越内涵的基础。与此同时,也正是这种时空逻辑能够解释中国特色社会主义理论和实践的机理。

五、小结

依照话语生产的一般论说,以及话语史对话语生产必须进行意义的拷问,本章就中国特色话语的总体语境和语义展开了分析,也为后面各章内容的展开做好了语境和语义的设定。

在中国与世界的复杂关系中,在改革开放和构建人类命运共同体的大历史视野中来理解当代世界和当代中国,这是中国特色话语生产的大背景的确认,也是总体语境形成的根本依据。

运用话语史方法看中国特色话语,从话语生产的作者和作品视角来分析中国特色话语生产,以及从中国特色话语的时空逻辑等不同维度来解析中国特色话语的总体语义,这些都是阐释中国特色话语的一些新的尝试。

第四章　人民:话语史考察

一、人民:语汇和修辞

近年来我国学界逐渐形成了关于人民话语的议题,每年均有研究文献的产出。人民,这是人们最熟悉的一个词语,也可能是人们使用比较多的一个概念,现在它正在成为话语生产研究中的一个问题。在研究人民话语生产之前,这里首先就人民语汇、关于人民的修辞等问题做出一些概略阐述,以便区分开非话语的人民和人民话语,以及分析关于人民的修辞与人民话语的关系,也澄清一些不必要的误解。

(一)古代历史中人民的语汇

作为类聚的概念,语汇不能指个别词语。人民的语汇是指具有人民意涵的词语的聚合。但是若想罗列出所有的具有人民意涵的词语并不是简单的事情,对于话语研究而言,这样做也实无必要。这里所要做的事情,既借助于语汇的概念来分析某些属于"人民"的语汇系统里的词语,也引入维特根斯坦的"家族相似"①的语言哲学观念和方法,来澄清人们在相关语词的使用中出现的误解。

　　实际上,古代历史中无论在东方还是在西方,均不存在我们今天所使用并赋予其具体含义的人民的词语。人们总能读到古希腊城邦民主的相关描述,特别是关于雅典民主制的诸多知识,甚至人们耳熟能详:古希腊的民主一词是由"人民"(demos)和"统治"(kratos)两词组复合而成,民主就是人民的统治,等等。但此人民是谁?古希腊城邦中的人民是由奴隶主以及部分自由民等所构成的人们,而这些人只能算作少数人。雅典能够享有民主权的"纯正雅典血统的自由成年男性"这个群体"只占约30万总人口的10%或15%"②。显然,人民一语在古希腊所拥有的语义同今天人们将人民理解为"占人口中最广大的部分",两者之间的差别是巨大的。

　　美国纽约大学一位专门从事希伯来圣经和亚述学研究的学者,丹尼尔·E.弗莱明,他于2004年出版了《民主的古代先祖:玛里与早期集体治理》一书,笔者从该书的中译本中了解到,古代的近东社会也有近似古希腊城邦的民主制(当然,如果称之为集体决定制可能稍微恰当一些)。该

----

　　① 维特根斯坦为突破传统语言学中的语言规则羁绊,运用"语言游戏"比喻,将语言研究转向语言的哲学研究,而"家族相似"是其对"语言游戏"的一个论证。维特根斯坦认为,传统的语法规则并无助于揭示语言的本质。他以语言如何运用,或语言的使用方式这种"游戏"的分析入手,引向语言的"家族相似"现象,指出:"我们语言的不同区域的表达形式之间有某些类似之处",而正是这些类似导致了人们"话语用法的误解"。对维特根斯坦来说,哲学所要做的是"对已经敞开在我们眼前的东西加以理解",因此哲学研究首先要"通过清除误解来澄清我们的问题"。参见[英]路德维希·维特根斯坦:《哲学研究》,陈嘉映译,上海人民出版社,2015年,第38、69页。

　　② [美]理查德·W.布利特:《大地与人:一部全球史》,刘文明、邢科、田汝英译,商务印书馆,2020年,第194页。

书以雅各布森首次提出的美索不达米亚"原始民主"为对话的关涉,基于玛里出土的泥板档案,探讨古代美索不达米亚西部和北部地区的"集体治理"问题。但令笔者更感兴趣的是,该书提供了公元前2000年美索不达米亚地区人们的用语的信息,而这些信息是十分重要的。"公元前两千纪初,玛里的主要政治范畴为该城市和'国'(麻敦),包括下辖行政区(hal-sum)。虽然从根本上说麻敦以民众而非领土来定义,但是描述国王统治下的民众的其他词语却不具有麻敦的政治特性。特别是,nišū(音译'尼粟')通常被译为英语中的'people',意思是'人民、居民、民众',但是该词原意指一家之主须供养的一大家子人。穆什根努(muškênum)指全体人口中不直接依赖于王宫收入的一部分人。以上这两种称谓都不具有政治用途,因为均不代表拥有决策权的实体。"①实际上,古代世界可能再也找不出像古希腊城邦那样的发达的古代政治,因此玛里的麻敦的政治只限定于十分有限的机构和人群,这是可以理解的。语言学家说,"了解一个词语的历史,有时并不能真正有助于对其意义的理解",然而"文字总是在社会语境下使用"②,通过对社会的理解,反过来将促进对当时所用的词语意义的理解。由此说,古代希腊城邦中"人民"的词语同美索不达米亚麻敦的"人民"就具有非常大的语义差别。

中国早在先秦时代,"民"的词语已广为使用。仅从《易传》的《彖》《象》《系辞》中就能经常看到"民"的词语,这里举出几例试做说明。《易经》

---

① [美]丹尼尔·E.弗莱明:《民主的古代先祖:玛里与早期集体治理》,杨静清译,华东师范大学出版社,2017年,第170页。

② [加]亨利·罗杰斯:《文字系统:语言学的方法》,孙亚楠译,商务印书馆,2016年,第6、12页。

的履卦:"履虎尾,不咥人,亨。"《象》对此卦的解释:"上天下泽,履。君子以辨上下,定民志。"《易经》的泰卦:"小往大来。吉,亨。"《象》解释道:"后以财成天地之道,辅相天地之宜,以左右民。"第十八卦为蛊卦,卦文是:"元亨。利涉大川。先甲三日。后甲三日。"《象》曰:"山下有风,蛊。君子以振民育德。"颐卦:"贞洁。观颐。自求口实。"《象》释其为:"颐贞洁,养正则吉也。观颐,观其所养也。自求口实,观其自养也。天地养万物,圣人养贤以及万民,颐之时大矣哉。"兑卦:"亨。利贞。"对此卦义,《象》解释为:"兑,说也。刚中而柔外,说以利贞,是以顺乎天而应乎人。说以先民,民忘其劳。说以犯难,民忘其死。说之大,民劝矣哉。"①上述各例中的"民"用现代汉语翻译,可译为"人民""民众""百姓"等。

在中国古代历史中,"人"和"民"通常分开使用。"人"相对于其他生灵而言,表示万物生灵中最富有智慧的动物,只有那些君主帝王以及王侯将相、达官显贵等才能被尊称为"人"。如"人惟万物之灵"②,"人,天地之性最贵者也"③。与"人"相比,"民"则相对于上层阶级而言,表示社会等级体系中的普通大众。如《说文解字》解释:"民,众萌也"④。"民"所对应着的是国家和君主。孔孟思想也无不如此,如中国社会学家陶履恭(陶孟和)所言:"孔孟的政治哲学是一种'开明政治'的理想,只承认人民是民,不承认人民是人;只承认人民是被治者,不承认人民是能自治的。"⑤概言之,在中

---

① 此处引文均出自[商]姬昌:《周易大全》,华文出版社,2009年。

②《群书治要译注》卷十一。

③《说文解字》卷八上。

④《说文解字》卷十二下。

⑤ 陶履恭:《我们政治的生命》,《新青年》,1918年12月25日。参见张宝明主编:《新青年(1)》,河南文艺出版社,2016年,第155页。

国古代历史中,人民是处于被统治地位的多数人。因此,中国古代历史中的"人民"既不同于古希腊城邦的人民,也不同于古代美索不达米亚地区的人民。

这里想说的是:古代世界还未产生人民话语,古代的人民的语汇与近代以来的人民话语远隔万里,没有什么逻辑可以将二者连在一起。因此,今天我们研究话语生产,既不能从古代人民语汇中建立逻辑起点,也不能将古代人民语汇存在的时间确立为人民话语史的"前话语"。

(二)关于人民的修辞

修辞术已有两千多年历史,可谓十分古老的学科,而亚里士多德的《修辞术》是该学术的经典,不断有后学对其研究、阐发。有中国学者认为,19世纪以来,西方学者"不再研究作为演说术的修辞术,也不把它处理为取得语言效果的技术,而是将其处理为一种普遍于人类的与各种语言形式有关、处理'可能性'意见、调动人类非理性部分的认识和实践模式"。并认为,该种模式主要有"解构修辞术""存在论修辞术"及"诠释学修辞术"等三种研究路径。在此之外,还有施特劳斯从修辞术与政治哲学关系的视域研究修辞术的独特路径。①这些研究路径正从一些不同侧面昭示修辞术研究对当代学术研究所具有的意义。

"关于人民的修辞"在修辞术的语境下进行研究,这恐怕是从未有人提出过,当然也就从未有过论说。然而现实生活中,不是有许多人因不懂修辞术而误读人民话语,也有许多人因不懂人民话语而误读中国政治?

---

① 参见[美]施特劳斯:《修辞术与城邦——亚里士多德〈修辞术〉讲疏》,何博超译,华东师范大学出版社,2016年,译者说明第3—4页。

这双重的误读最终将导致的结果必然是一个宏大逻辑的断裂。因此，"关于人民的修辞"将是一个现实的中国政治实践问题的提出方式，也将是中国政治话语生产中一个需要加以探讨的重要问题。

这里基于施特劳斯对修辞术所做的解说来阐释关于人民的修辞问题。

施特劳斯首先将修辞术视为以政治事务为核心的技艺。在古希腊，特别是在亚里士多德之前就盛行的修辞术存在严重缺陷，即它被用来影响司法的公正，如利用嫉妒或同情等情感因素，促使法官做出或偏袒或反对被告的决定。亚里士多德的修辞术是"亚里士多德对修辞术的彻底重建，通过这种方式，修辞术第一次成了真正的技艺"。正是经过亚里士多德的"重建"，使得"修辞术绝对不能再被视为一种让人们变得堕落的堕落之人所使用的堕落的技艺了，相反，它必须用来让公共生活变得高贵"①。也正是基于对亚里士多德修辞术思想的重新解读、认同以及他固有的执拗，施特劳斯将古代的修辞术与现代政治哲学建立起联系。其次，作为以政治事务为核心的技艺，修辞术的根本特质在于其"说服论证"，即"修辞演绎"，以及基于事实的证明，据此也可将此种技艺理解为一种论证的功夫。此种论证的独特性在于：比起一般的形式论证而言，它更重视"实体性"，即更加注重前提的可识别及其确实性、材料的真实性、正当性以及可能性等。此外，修辞术作为一种技艺，"它有助于政治技艺或政治理解力，

---

① ［美］施特劳斯：《修辞术与城邦——亚里士多德〈修辞术〉讲疏》，何博超译，华东师范大学出版社，2016年，第45页。

因为修辞术是政治群体筹划时的必要手段"①。这就是说,修辞术的意义存在于处理整体性与个体性的关系之中。这里的整体可类比为一个确定的政治制度,而政治技艺或政治理解力就是"实践智慧"。由于每个不同的个体基于各自的"利益"考量来理解政治行动,并运用各自的政治技艺或政治智慧来回应或不回应该政治行动,于是"政治群体"必将通过修辞技艺以促进整体性的形成。

在当代中国话语体系语境中,将人民修辞(为简洁及避免误解,这里有意省去"术"字)作为一个研究议题,应在如下几个方面展开深入阐释工作:

其一,发展人民事物。

人民事物是人类发展史中的新事物。这一新事物从人民在共产党领导下组成革命力量,完成社会革命,创立社会主义国家制度开始兴起,到未来建成共产主义制度而终结,它是一个要经历很长历史时期发展的事物。对这样的事物的发展,马克思、恩格斯在他们的理论阐述中给出了许多分析和重要推论,如关于"革命转变时期"②,关于劳动和生产的组织③,

---

① [美]施特劳斯:《修辞术与城邦——亚里士多德〈修辞术〉讲疏》,何博超译,华东师范大学出版社,2016年,第132页。

② 马克思在《哥达纲领批判》中所提出,原文是:"在资本主义和共产主义社会之间,有一个从前者变为后者的革命转变时期。同这个时期相适应的也有一个政治上的过渡时期,这个时期的国家只能是无产阶级的革命专政。"《马克思恩格斯文集》第三卷,人民出版社,2009年,第445页。

③ 马克思在《法兰西内战(初稿)》《纪念国际成立七周年》《巴枯宁〈国家制度和无政府状态〉一书摘要》《共产党宣言》《资本论》《论土地国有化》,以及恩格斯在《法德农民问题》等文献中,阐释了改变生产资料资本主义所有制,实行大规模的有组织的劳动、实行"自由的联合劳动的形式"、社会占有生产资料、将农民组织到合作社中等思想。

关于发展生产力、实行按劳分配①等,其中实行生产资料公有制、按劳分配等思想在社会主义实践中已变为实际的重要制度,构成人民事物的重要内容。如果结合已有的经验来描述这个新事物,那么人民事物是所有的具有实然制度形态的历史创造物的集合。就其实体性而言,每一种事物都有其固有的性质及其运动的形式和过程,从而具有历史标志性;就其活力和作用力而言,每一种事物都在其运动中增强生命力,在作用于其他事物中而生产和扩展其力量,从而保持其现实实际存在的品质;就其蕴含的价值和意义而言,人民是这种事物的内核,从而每一种人民事物都具有人民性,它最终将目的落实于和实现在人民的期待上。

其二,开辟人民事业。

每一种人民事物均要通过一项以上,甚至诸多的人民事业的存在和发展才能不断丰富、富有生机活力和实现人民的要求,并能够达到事物自身应达成的目的。人民事业来自人民需要,也发自人民事物运动,尽管它不等同于人民事物本身。各项人民事业构成现实生活。它们由人民参与、创造,不停生产着精神生活、物质生活与社会生活,人民也正是通过这样的生活而再生产自身。许许多多这样的人民事业赋予人民以各种共同体身份和社会角色,形塑着社会时间和空间,创造着和分享着公共福祉。但是,事业并非恒定与僵滞。人民事业将伴随着社会发展及人民精神的、物质的社会性力量的发展,更主要是将适应人民生活的新要求而得到开辟与开拓。

其三,重视人民事务。

---

① 这方面的思想,马克思在《哥达纲领批判》、恩格斯在《反杜林论》等著作中都有大量的重要阐述。

人民的日常生活,这同样是新社会形态中最富有魅力的部分,尽管它更经常深藏于生老病死、喜怒哀乐、东长西短、柴米油盐等平凡琐事之内。说其富有魅力,是因为所有的矛盾、问题从根本上说根植于人民日常生活。人民事务就是在人民日常生活中几乎天天或至少是要经常面对的事务。社会主要矛盾的运动要从人民事务中去体会和感悟,国家和社会全局与中长期发展问题要落脚于人民事务来筹划,政府神经末梢总是要接在马路上、巷子里、村庄中、社区间以及自媒体终端等,可以说人民事务呈现着人民的生活样态,折射了新社会形态的生产方式和生活方式,它们是"人民解放"和"人的自由而全面发展"这些马克思主义庄重话语的实践映象。它们看似表层浅显,但实则深入神经中枢;它们总是要交由最基层公共服务机制来达成,但必须在顶层形成系统化、全局性、战略式谋划。在未来的历史进程中,人民事务—人民事业—人民事物,这将成为社会脉动的节律,也将是新社会形态演化发展的基本动力秩序。

其四,丰富人民语汇。

语汇既非这里的修辞,也非话语。但是,修辞和话语的基础"建筑材料"是语汇。语汇来自生产与生活。这种生产和生活包含了物质、精神文化及社会等所有方面。人们讲述自己的故事,演唱诵读自己的歌曲诗文,编撰自己的感悟和思想,提出自己的设想、意见、主张,基于各自的知识与能力研究不同领域的问题并创造发明、著书立说等,这些生产与生活实践成果必将促进人民语汇的丰富和发展。例如《辞海》的编撰史与语汇学,以及由著名语文刊物《咬文嚼字》编辑部每年遴选"十大流行语",都能够从中看到人民语汇伴随人民事物和人民事业发展而不断丰富发展的事实。这其中的关系可做如下建构:发展或开拓某一人民事物,就会生产出一套人民话语；人民话语是事物规律的抽象化、理论化言说，它必须为领导集团和人民大众所领会、所理解，并基于此而形成话语力量，而人民修辞的根本功能就在于促进话语理解和话语力量的形成；丰富的语汇则是思想交流、修辞作用的实现以及话语表达的工具、介质和机制，正如卢梭在分析人类语言的起源所推断的那样："概括的观念只有借助于词才能输入人的心灵中，而理解概括的观念则必须通过词句。"①

二、卢梭的人民话语

人民作为现代话语的构建起始于启蒙运动时期，代表者为卢梭。卢梭率先发现了人民。这里用"发现"这个词来评价卢梭在现代人民话语建构上的贡献并不为过。在话语史的意义上说，卢梭最先赋予人民以凝聚的整体性和最高强制性内涵，并建构了人民成为整体的政治方式；第一个确定了人民的政治意义，特别是确定了人民意志的存在形态。

> 如果我们撇开社会公约中一切非本质的东西，我们就会发现社会公约可以简化为如下的词句：我们每个人都以其自身及其全部的力量共同置于公意的最高指导之下，并且我们在共同体中接纳每一个成员作为全体之不可分割的一部分。
>
> 只是一瞬间，这一结合行为就产生了一个道德的与集体的共同体，以代替每个订约者的个人；组成共同体的成员数目就等于大会中所有的票数，而共同体就以这同一个行为获得了它的统一性、它的公

---

① ［法］卢梭：《论人类不平等的起源和基础》，李常山译，商务印书馆，1997年，第93页。

共的大我、它的生命和它的意志。这一由全体个人的结合所形成的
公共人格,以前称为城邦,现在则称为共和国或政治体;当它是被动
时,它的成员就称它为国家;当它是主动时,就称它为主权者;而以之
和它的同类相比较时,则称它为政权。至于结合者,他们集体地就称
为人民;个别地,作为主权权威的参与者,就叫作公民,作为国家法律
的服从者,就叫作臣民。①

卢梭的《社会契约论》阐释的是卢梭的国家学说,而人民的话语是卢
梭国家学说中的核心话语,学术史将其凝练为"人民主权"思想。在卢梭
这里,人民由公民集合而成,公民之所以能够集合成人民这一整体,是因
为每个公民都摆脱了自然人固有的缺陷,从而每个公民都具有了"整体
性",由此解决了公民与人民的整合关系问题,也将自然状态下的人发展
为社会状态下的人民。以此为前提,人民进一步结合而成为共同体,从而
人民意志即国家意志得到逻辑上的说明。由人民结合而成的共同体既是
一个政治体,也是一个社会体。作为政治体,共同体就是主权者,它成为
与生俱来的一种普遍性力量;作为社会体,共同体一方面为其所有成员提
供了人们进入社会状态的保障,另一方面,共同体也是人们所进入的社会
状态本身,即共同体社会。于是,从人民这个话语中,能够拉伸出多维度
的话语建构方向,诸如法治国家、共和国、制定法律和创制、政府、政治权
和行政权、国家规模、财产权、社会自由、人民自身的划分等。从一定意义
上说,卢梭的国家学说也可视为人民学说。让卢梭没有想到的是,他的学
说在西方资产阶级的革命潮流中,特别是在法国大革命时期,成为"渗透

① [法]卢梭:《社会契约论》,何兆武译,商务印书馆,1997年,第24—26页。

到整个民族精神中最深、并对民族行为影响最大的理论","开始时,人们只谈论权力均衡、更好地调整阶级关系;不久人们就走向、跑向、奔向纯粹民主的理想了。开始时,人们引用和评论孟德斯鸠;最后,人们除了卢梭谁都不谈。卢梭业已成为并将一直是大革命早期的唯一导师"①。实际上,卢梭关于人民的论说所具有的话语史意义在美国独立战争及建国历程中也得到十分明晰的显现。特别是在《独立宣言》中,国家起源的社会契约原则、人民主权原则等都是作为基本原则加以阐述的。卢梭的人民话语也成为通用的政治语言贯穿在1787年《合众国宪法》中。

但是,虽不能说显而易见,却也不难发现,卢梭关于人民的论说有其固有的局限性和缺陷。在卢梭笔下,人民只是在新兴资产阶级自由、平等、民主的理想以及现代国家的理论设计上提供了基本的逻辑条件,因而在资本主义国家制度构建中更多地体现为思想的和文本的价值。卢梭的人民论说算不上历史观,虽然充满新兴历史力量的激情与斗志,但不能解释历史的逻辑。卢梭将人民与公民画等号以及"公意"和"众意"的论说,也反映了他的思想和逻辑的内在冲突。我们要肯定卢梭在人民话语史上的贡献,但不能忽视他的这些缺陷。

三、历史唯物论语境中的人民话语②

马克思、恩格斯创立的唯物史观实现了人民在话语史上的革命,这一

---

① [法]托克维尔:《论革命:从革命伊始到帝国崩溃》,曹胜超、崇明译,上海三联书店,2016年,第52页。
② 该部分曾以《找到人民的位置:中国共产党的话语和实践》为题,发表于《中央社会主义学院学报》2021年第2期。

革命实质是在人类历史变迁中真正看到了人民的力量、作用和地位。只有在历史唯物论中的人民话语才与历史中的实然的人民名实相符。1843年，马克思在《黑格尔法哲学批判》中指出："黑格尔从国家出发，把人变成主体化的国家。民主制从人出发，把国家变成客体化的人。正如同不是宗教创造人而是人创造宗教一样，不是国家制度创造人民，而是人民创造国家制度。"①在这里，人民的主体地位已经从历史观念中得到确认。但更重要的还在于，马克思、恩格斯在他们创立的历史观中，从根本上回答了人民何以能够获得这样的地位，这一回答彻底超越社会契约论，使人民话语置于坚实的人类历史经验的基底之上。这一工作，马克思、恩格斯在《德意志意识形态》里就基本完成了，而《共产党宣言》标志着最终完成。

（一）人民话语生成于阶级话语

在形式逻辑上人民话语覆盖阶级话语，并且这也符合当代中国经验事实。但由此也可能导致人们在惯常理解中，形成一种马克思主义的阶级话语来自人民话语的认知错误。回到马克思主义的人类历史观中，我们能够发现：人民话语生成于阶级话语而不是相反。《共产党宣言》开篇就分析道："在过去的各个历史时代，我们几乎到处都可以看到社会完全划分为各个不同的等级，看到社会地位分成多种多样的层次。在古罗马，有贵族、骑士、平民、奴隶，在中世纪，有封建主、臣仆、行会师傅、帮工、农奴，而且几乎在每个阶级内部又有一些特殊的阶层。""从中世纪的农奴中产生了初期城市的城关市民；从这个市民等级中发展出最初的资产阶级分

---

① ［德］马克思：《黑格尔法哲学批判》，《马克思恩格斯全集》第一卷，人民出版社，1956年，第281页。

子。"①正是从阶级形成的分析中,才能把握人民的历史意涵,而这种历史意涵就深嵌于阶级的话语之内。伴随着资本主义生产方式的形成,与资产阶级同历史过程而形成的无产阶级,就这个历史过程以及就这两个阶级而言,马克思、恩格斯直接称无产阶级为人民大众。例如,在批判青年黑格尔派"从神的王国进入人的王国"的虚幻的观念时,马克思、恩格斯指出:"要真正地、实际地消灭这些词句,从人们意识中消除这些观念,就要靠改变了的环境而不是靠理论上的演绎来实现。对于人民大众即无产阶级来说,这些理论观念并不存在,因而也不用去消灭它们。"②在资产阶级建立了资本主义国家,"它按照自己的面貌为自己创造出一个世界"③以后,马克思、恩格斯通过阶级分析而将处于被统治被压迫地位的阶级称为人民、人民群众及人民大众等,从被压迫阶级的概念中生成人民的概念。马克思、恩格斯无论在分析1848年欧洲革命时,还是在论述殖民地问题时,人民的这种用法更是十分常见的。那么,从阶级话语中生成人民话语的逻辑是什么? 这是下面将集中加以讨论的一个问题。

(二)从阶级到人民

阶级是马克思、恩格斯用于理论分析的基本概念。在马克思、恩格斯都还是民主主义者时,阶级和阶级分析就已经成为他们面对现实展开理

---

① [德]马克思、恩格斯:《共产党宣言》,《马克思恩格斯选集》第一卷,人民出版社,1995年,第272—273页。

② [德]马克思、恩格斯:《德意志意识形态》,《马克思恩格斯选集》第一卷,人民出版社,1995年,第95页。

③ [德]马克思、恩格斯:《共产党宣言》,《马克思恩格斯选集》第一卷,人民出版社,1995年,第276页。

论探索的根本方法。马克思在 1843 年写就的《黑格尔法哲学批判》及其《导言》、恩格斯在 1844 年初写就的《英国状况》等著作中能够充分而有力地证明这一点。但与此同时,他们也使用人民概念。与阶级的概念不同,人民并不是马克思、恩格斯用于理论构建及分析的概念,而是实践中的"力量"的概念,或者说它是马克思、恩格斯将其用于描述社会革命或历史运动的概念。

阶级的概念来自对生产力和生产关系的研究,来自马克思、恩格斯对人类社会历史演进的历史唯物论分析,其代表性论证的著作是《德意志意识形态》及马克思 1847 年写就的《哲学的贫困》。现实中存在的"人民话语"的理论研究文献中,几乎没有例外的是,将马克思、恩格斯的人民概念与他们的"人"的概念在逻辑上直接画等号,这是很不严肃的做法,也是十分错误的做法。在《德意志意识形态》中,马克思、恩格斯批判青年黑格尔派,特别是批判费尔巴哈"从人的概念、想象中的人、人的本质、一般人中能引申出人们的一切关系"的"思辨哲学"[1],采取的最重要逻辑步骤是,将"一般人"恢复为"有生命的个人",从而实现了关键的历史哲学的前提转换,即从"处在某种虚幻的离群索居和固定不变状态中的人"转换到"处在现实、可以通过经验观察到的、在一定条件下进行的发展过程中的人"[2]。由此真正进入人类社会历史,从而发现:"以一定的方式进行生产活动的一定的个人,发生一定的社会关系和政治关系。""社会结构和国家总是从

---

① [德]马克思、恩格斯:《德意志意识形态》,《马克思恩格斯选集》第一卷,人民出版社,1995 年,第 101 页。

② 同上,第 73 页。

一定的个人的生活过程中产生的。"①

在研究依照一定的方式进行生产活动的人们的过程中，马克思、恩格斯考察了生产力、分工和生产关系之间的联系，得出了揭示人类社会历史发展规律的重要基本原理，后来马克思在《〈政治经济学批判〉序言》中更加明确地阐释了这一基本原理："人们在自己生活的社会生产中发生一定的、必然的、不以他们的意志为转移的关系，即同他们的物质生产力的一定发展阶段相适合的生产关系。这些生产关系的总和构成社会的经济结构，即有法律的和政治的上层建筑竖立其上并有一定的社会意识形式与之相适应的现实基础。物质生活的生产方式制约着整个社会生活、政治生活和精神生活的过程。不是人们的意识决定人们的存在，相反，是人们的社会存在决定人们的意识。"②当运用这些原理来解释或回答历史运动的具体形式等根本问题时，特别是当马克思、恩格斯用它们来分析资本主义社会运动规律时，阶级的概念就开始成为须臾不能离开的理论工具。恩格斯在《共产党宣言》1883年德文版序言及1888年英文版序言中，反复强调了这一原理在共产党宣言中的贯穿及其意义，并由此直接引出阶级和阶级斗争的历史观念。恩格斯说："构成《宣言》核心的基本思想是属于马克思的。这个思想就是：每一历史时代主要的经济生产方式和交换方式以及必然由此产生的社会结构，是该时代政治的和精神的历史所赖以确立的基础，并且只有从这一基础出发，这一历史才能得以说明；因此人类的全部历史（从土地公有的原始氏族社会解体以来）都是阶级斗争的历

---

① ［德］马克思、恩格斯：《德意志意识形态》，《马克思恩格斯选集》第一卷，人民出版社，1995年，第71页。

② ［德］马克思：《〈政治经济学批判〉序言》，《马克思恩格斯文集》第二卷，人民出版社，2009年，第591页。

史,即剥削阶级和被剥削阶级之间、统治阶级和被压迫阶级之间斗争的历史;这个阶级斗争的历史包括有一系列发展阶段,现在已经达到这样一个阶段,即被剥削被压迫的阶级(无产阶级),如果不同时使整个社会一劳永逸地摆脱一切剥削、压迫以及阶级差别和阶级斗争,就不能使自己从进行剥削和统治的那个阶级(资产阶级)的奴役下解放出来。"[1]可见,阶级、剥削阶级、被剥削阶级、统治阶级、被压迫阶级、资产阶级、无产阶级以及阶级斗争等等一系列概念,它们既是历史唯物论原理中的重要概念,也是该原理用于解释历史变迁的重要理论工具。

　　人民作为描述社会运动与社会革命的实践的概念,它首先由确定的阶级及其领导的社会变革性质为其确立基本属性,就是说,人民被置于历史运动的实践中,并在这一实践中获得主体性,因而人民通常不是"泛指"。马克思、恩格斯在分析资产阶级革命运动时,人民既包括资产阶级,也包括无产阶级和其他劳动群众;在研究无产阶级革命以及分析殖民地民主革命运动时,马克思、恩格斯笔下的人民既包括无产阶级,也包括其他具有革命性的阶级和劳动群众。在马克思、恩格斯的著作中,这样的例证很多,例如:"在联合的反革命资产阶级面前,小资产阶级和农民阶级中一切已经革命化的成分,自然必定要与享有盛誉的革命利益代表者,即与革命无产阶级联合起来。"[2]这里虽然没有出现人民概念,但这里所阐释的革命已经包含着人民概念,而这里的人民显然既包括无产阶级,也包括

---

　　① [德]恩格斯:《〈共产党宣言〉1888年英文版序言》,《马克思恩格斯选集》第一卷,人民出版社,1995年,第257页。
　　② [德]马克思:《1848年至1850年的法兰西阶级斗争》,《马克思恩格斯文集》第二卷,人民出版社,2009年,第134页。

"已经革命化"的小资产阶级和农民阶级。"公社——这是社会把国家政权重新收回,把它从统治社会、压制社会的力量变成社会本身的充满生气的力量;这是人民群众把国家政权重新收回,他们组成自己的力量去代替压迫他们的有组织的力量;这是人民群众获得政治解放的政治形式,这种政治形式代替了被人民群众的敌人用来压迫他们的假托的社会力量(即被人民群众的压迫者所篡夺的力量)(原为人民群众自己的力量,但被组织起来反对和打击他们)。"①这里的人民群众指以工人阶级为主体的各种反抗资产阶级国家的社会力量。

(三)历史唯物论语境中人民话语的意义

如果说"革命是历史的火车头"②,则人民就是"火车头"里的发动机。革命是人民的实践,而这个实践是历史性的。由此说,人民内在于历史之中,不能将人民从其所在的历史中抽离,从而不能脱离人民的历史性的实践来解释历史。进一步说,人民是历史性的力量,它在历史中生成,并由生成它的历史赋予其特定含义,而这种含义的特定性取决于历史过程中的具体实践。在历史的宏观演变与实践的微观进程所构成的复杂坐标中,所有的轨迹都能标示出人民的行动。这是人民话语所内含的基础意义。

"历史过程中的决定因素归根到底是现实生活的生产和再生产。"③人

---

① [德]马克思:《法兰西内战》,《马克思恩格斯文集》第三卷,人民出版社,2009年,第195页。

② [德]马克思:《1848年至1850年的法兰西阶级斗争》,《马克思恩格斯文集》第二卷,人民出版社,2009年,第161页。

③ [德]恩格斯:《致约瑟夫·布洛赫》,《马克思恩格斯文集》第十卷,人民出版社,2009年,第591页。

民话语的核心意义就来自于历史中的"现实生活的生产和再生产"。当马克思主义者说，人民是历史的创造者，人民是推动历史前进的力量，这只是在强调：正是现实生活的生产和再生产使人民成为历史中的根本力量。《德意志意识形态》写道，"人们的存在就是他们的现实生活过程"，这个过程是能动的，而不是"僵死的事实的汇集"①。对于人民而言，他们不断生产和再生产着现实生活过程，而这个过程既是生活的结构化互动过程，即物质生活、精神生活和政治生活之间的相互影响关系发生发展过程，也是人民在现实生活过程的生产和再生产中得到重构或重塑的过程。正是在这样的历史过程中，人民得到历练，从而能够形成历史性的力量。马克思、恩格斯在《德意志意识形态》中曾总结道："革命之所以必须，不仅是因为没有任何其他的办法能够推翻统治阶级，而且还因为推翻统治阶级的那个阶级，只有在革命中才能抛掉自己身上一切陈旧的肮脏的东西，才能成为社会的新基础。"②人民话语由此具有了生产性。人民是革命的力量，而革命过程也是促进人民更有力量的过程。使人民有力量，这就是人民话语的核心意义。

四、中国共产党的人民话语

将人民话语置于其话语史中来认识，就更能够清晰认识中国政治生活中人民话语的形成。在中国数千年古代历史中，人民成就了多少帝王将相，也铸成多少英雄豪杰，但人民从未登上这个历史舞台，人民从未获

---

① [德]马克思、恩格斯：《德意志意识形态》，《马克思恩格斯选集》第一卷，人民出版社，1995年，第72—73页。
② 同上，第91页。

得这样的集体身份,从而中国古代从未生产出人民话语。19世纪末20世纪初,孙中山民族、民权和民生的"三民主义"论说说出了中国的人民话语,"三民主义"的人民也是中国近代人民话语的典型代表,标志着人民话语在中国的产生。这种人民话语是与孙中山领导的资产阶级民主革命共筑一体的,但遗憾的是辛亥革命只是使人民在近代中国历史舞台上展露出半个身躯。孙中山"唤起民众"的遗愿①只有在中国共产党领导的新民主主义革命中才得到实现。

(一)中国共产党在成立早期关于人民的认知

在中国共产党成立之前的二十多年中,西方的各种思潮涌入中国,形成快速传播的态势,马克思主义也是在这期间在中国得到初步传播。创立中国共产党的一代青年知识分子恰是在这种思想激荡和社会剧烈变化的环境中走向思想成熟的。在中国共产党成立之前,李大钊、陈独秀等革命先驱就在宣介、阐释马克思主义思想、宣传俄国十月革命以及启发社会大众特别是青年人的觉悟中,广泛使用人民语汇。如李大钊在1919年发表的《我的马克思主义观》针对当时批评历史唯物论具有"一种定命的色彩"的观点,指出:"《共产党宣言》大声疾呼,檄告举世的劳工阶级,促他们联合起来推倒资本主义,大家才知道社会主义的实现,离开人

---

① 毛泽东在《青年运动的方向》一文中有这样一段话:"孙中山先生在他的遗嘱里说:'余致力国民革命凡四十年,其目的在求中国之自由平等。积四十年之经验,深知欲达到此目的,必须唤起民众及联合世界上以平等待我之民族共同奋斗。'这位老先生死了十多年了,连同他说的四十年,共有五十多年,这五十多年来的经验教训是什么呢? 根本就是'唤起民众'这一条道理。"参见《毛泽东选集》第二卷,人民出版社,1991年,第565页。

民本身,是万万做不到的。这是马克思主义一个绝大的功绩。"①比起李大钊,陈独秀更强调人民的"劳动者"及"劳动阶级"的含义,如1920年陈独秀批判张东荪、胡适以及商界和无政府主义者鼓吹"不谈政治"的主张,发表《谈政治》檄文,论说道:"我敢说,若不经过阶级战争,若不经过劳动阶级占领权力阶级地位的时代,德谟克拉西必然永远是资产阶级的专有物,也就是资产阶级永远把持政权抵制劳动阶级的利器。""我承认用革命的手段建设劳动阶级(即生产阶级)的国家,创造那禁止对内对外一切掠夺的政治法律,为现代社会第一需要。"②从这些观点和主张中可以看出,人民的观念已经内在于言说者所阐释的事物的逻辑中,而不仅是表达一个语句的功能。

1921年7月中国共产党成立。党的一大通过的纲领规定,"革命军队必须与无产阶级一起推翻资本家阶级的政权","承认无产阶级专政",明确提出"要把工人、农民和士兵组织起来,并承认党的根本政治目的是实行社会革命"③。时隔一年之后,1922年7月党的二大通过的宣言就着重指出:"各种事实证明,加给中国人民(无论是资产阶级、工人或农人)最大的痛苦的是资本帝国主义和军阀官僚的封建势力,因此反对那两种势力的民主主义革命运动是极有意义的。"④中国共产党在初创时期,运用马克思主义方法分析当时中国社会状况,正确地制定了党的最高纲领和最低纲领,对具体历史条件下的人民形成了正确的认知,从而找到了中国革命

① 李大钊:《我的马克思主义观》,《新青年》第6卷第5号,1919年5月。
② 陈独秀:《谈政治》,《新青年》第8卷第1号,1920年1月。
③ 转引自中共中央党史研究室:《中国共产党历史(第一卷)(1921—1949)(上册)》,中共党史出版社,2011年,第68页。
④ 同上,第79页。

的力量。对于当时全国党员总数不足两百人的一个党，能够在此后更为复杂艰难的处境下较为快速地成长，与其建立起来的对人民的正确认识关系极大。

回顾中国共产党早期的奋斗历程不难发现，人民话语深入于中国革命道路及战略与策略的理论认识和实践探索中，统一战线、无产阶级在民主革命中的领导权和工农联盟就是人民话语再生产的逻辑。尽管党从一产生就正确地做出了对人民的总体认识，但是中国共产党的领袖们并未止于关于人民的总体认识。从1921年中国共产党成立到1925年党的四大及其之后的实践，党的领导者们在寻找和发现革命力量、如何寻找和发现革命力量以及革命力量之间的关系这些基本政治问题上，体现出卓越的马克思主义理论水平和非凡的革命实践智慧。党的二大通过的《关于"民主的联合战线"的议决案》提出了统一战线的思想和主张，在号召全国的工人、农民团结在中国共产党的旗帜下进行斗争的同时，还提出联合全国一切革命党派，联合资产阶级民主派，组织民主的联合战线，这一正确的历史抉择恰是建立在对中国民主革命和社会主义革命的正确认识的基础之上的。党的三大的核心议题是如何推进国共合作，但毛泽东在大会中也提出了农民运动问题，并通过了由毛泽东和谭平山起草的《农民问题决议案》，反映出党的领导者对中国农民问题的政治敏锐性。1923年7月，陈独秀在《前锋》第一期发表《中国农民问题》的文章；1924年1月，邓中夏在《中国青年》发表《中国农民状况及我们运动的方针》。这些文章都对中国农民状况进行了较细致的分析。1925年1月，党的四大"对中国革命的一些基本问题进行了比较系统的探讨，在党的历史上第一次明确提出无产阶级在民主革命中的领导权和工农联盟问题"①。1925年3月,毛泽东就在湖南组织建立了中共韶山支部,"这是毛泽东在农村中创建的第一个党的基层组织"②。1925年底,毛泽东发表《中国社会各阶级的分析》一文;1926年1月,他又在《中国农民》第一期刊发《中国农民中各阶级的分析及其对于革命的态度》。前一文"对民族资产阶级所作的分析,比较客观地反映了此时阶级斗争的实际状况,为党后来深入认识并正确处理同民族资产阶级的关系,提供了重要的理论根据",后一文"为中国共产党正确认识农民在民主革命中的地位和作用,正确制定对农民的政策,奠定了重要基础"③。中国共产党在初创时期以及在组织开展革命斗争的最初阶段,关于人民的认识是全面检验党的马克思主义理论水平、立党宗旨与党的性质以及党的领导能力的根本尺度,特别是党在初步形成统一战线、无产阶级在民主革命中的领导权和工农联盟思想等关键的问题方面,蕴含着深层的人民话语的政治逻辑。人民的力量以及中国共产党对这一力量的政治认知和政治配置,是深藏于中国共产党从小到大、从弱到强的历史中的逻辑秘钥。

(二)使人民站起来、富起来、强起来:人民的政治图谱

"人民,只有人民,才是创造世界历史的动力。"④这是毛泽东的名言,

---

① 中共中央党史研究室:《中国共产党历史(第一卷)(1921—1949)(上册)》,中共党史出版社,2011年,第126页。

② 中共中央文献研究室:《毛泽东传(1983—1949)(上)》,中央文献出版社,1996年,第110页。

③ 中共中央党史研究室:《中国共产党历史(第一卷)(1921—1949)(上册)》,中共党史出版社,2011年,第156—157页。

④ 毛泽东:《论联合政府》,《毛泽东选集》第三卷,人民出版社,1991年,第1031页。

也是中国共产党坚持马克思主义历史观的写照。马克思主义认为,历史中的根本力量蕴藏于人民之中。如何发现人民,如何唤起人民,如何将蕴藏于人民中的历史力量转变为推动历史的动力,这永远是最考验共产党的历史考卷。如果共产党让自己变得伟大,那么最关键的在于党是否能够使人民成长为伟大的人民。中国共产党用自己百年奋斗历程回答了人类世界这一真理之问。

1.创造国家:使人民站起来

1949年9月21日至30日,中国人民政治协商会议第一届全体会议在中南海怀仁堂举行。毛泽东在开幕词中指出:"现在的中国人民政治协商会议是在完全新的基础之上召开的,它具有代表全国人民的性质","中国人民政治协商会议宣布自己执行全国人民代表大会的职权。""我们的工作将写在人类的历史上,它将表明:占人口总数四分之一的中国人从此站立起来了。"①在帝国主义和军阀铁蹄下惨遭蹂躏、在皇权官府脚下只能跪拜在地的人民站立起来,这是人类一种崭新的政治文明站立起来了。

马克思主义强调,创造国家即无产阶级和劳动大众从被压迫被奴役的制度中解放出来,这是一个艰难的历史过程。这一过程首要的目标是使无产阶级成为统治阶级,建立起无产阶级的国家制度。"'解放'是一种历史活动,不是思想活动,'解放'是由历史的关系,是由工业状况、商业状况、农业状况、交往状况促成的[……]"②。由于制约"解放"的条件如此苛

---

① 转引自中共中央党史研究室:《中国共产党历史(第二卷)(1949—1978)(上册)》,中共党史出版社,2011年,第7页。

② [德]马克思、恩格斯:《德意志意识形态》,《马克思恩格斯选集》第一卷,人民出版社,1995年,第74页。

刻,因而在不同国家,劳动阶级的解放将是十分复杂的历史过程。中国共产党把马克思主义的基本原理与中国具体实际相结合,以无产阶级作为领导阶级,以工农联盟为基础,依据各阶段革命任务及其要求而建立多种政治力量的统一战线,通过武装斗争,建立革命根据地的人民政权,实施农村包围城市的大战略,开创了中国革命道路,最终创造了一个新型国家。这就是中国共产党领导的革命的图谱,这个图谱的每个画面中都有革命耕耘的历史图景,人们能够发现参与其中的人民形象,一种在锻造中一点点成长为历史主体的形象。无产阶级创造国家的过程就是使人民在历史中站立起来的过程。因而,中国共产党领导的革命的图谱也就是通过共产党领导革命、建立社会主义国家而使人民站起来的政治图谱,即人民的政治解放的图谱。

2.改革开放:使人民富起来

依照马克思主义原理,社会主义国家建立以后,应尽可能快速地增加生产力总量。恩格斯在其名篇《共产主义原理》中曾构想,在全部废除私有制以后,"由社会全体成员组成的共同联合体来共同地和有计划地利用生产力;把生产发展到能够满足所有人的需要的规模;结束牺牲一些人的利益来满足另一些人的需要的状况;彻底消灭阶级和阶级对立;通过消除旧的分工,通过产业教育、变换工种、所有人共同享受大家创造出来的福利,通过城乡的融合,使社会全体成员的才能得到全面发展"[①]。恩格斯的关于未来社会构想是建立在19世纪40年代工业化水平基础上的,假设恩格斯在当今工业化水平基础上来构想社会主义制度下的发展,那么他对

[①] [德]恩格斯:《共产主义原理》,《马克思恩格斯选集》第一卷,人民出版社,1995年,第243页。

生产力、社会公正及社会成员才能的全面发展的要求将会更高。我们从中获得的感悟是，生产力的不断发展既是新社会的逻辑前提，也是新国家的物质基础；既是人民获得普遍福祉的重要条件，更是走向人类最高理想社会的筑路石。结合中国实际来感悟马克思主义经典作家的构想，我们对邓小平关于"社会主义的本质，是解放生产力，发展生产力，消灭剥削，消除两极分化，最终达到共同富裕"①的论断有了更深层的理解，从而也就加深了对改革开放的中国社会主义道路的认识。

社会主义国家就是要使无产者变为有产者，这是社会主义这个十分漫长的历史阶段的重要特征。所谓无产者变为有产者，一是体现为全体人民共同拥有组织在国家名义下的全部公共资产，二是体现为人民作为生产者拥有自己的生产力以及它带来的国家依据法律将给予保护的财产，三是人民均以公民身份享有由公共资产带来的福祉。不经过整个社会主义社会这个十分漫长的公共资产的累积和自我增长的历史阶段，不经过在这一历史阶段中属于人民自己的世代财富的累积，则人类理想社会的财富增长方式、人民的无我精神的普及（普遍能及）及人的全面而自由的发展就不可能具备坚实而永续的物质条件。特别是像中国这样原有的生产力发展水平十分低下的国度，创建了社会主义国家制度，其社会主义的历史可能还会更加长久。中国共产党对此有十分清醒的认识，做出了社会主义初级阶段以及该初级阶段也将经历若干历史时期的判断，由此为确立正确的发展道路奠定了认识论的基础，这是具有重大理论和实践价值的原创性贡献。

---

① 邓小平：《在武昌、深圳、珠海、上海等地的谈话要点》，《邓小平文选》第三卷，人民出版社，1993年，第373页。

将改革开放纳入上述分析语境中来理解,则它是社会主义理论史的全新创造和社会主义社会历史实践的"原始创新"。它是人民实现了"政治解放"后,进一步实现"经济解放"的历史实验。特别是上述的第二个特征的描述:"人民作为生产者拥有自己的生产力以及它带来的国家依据法律将给予保护的财产",这正是改革开放的要义。通过改革开放使人民富起来,最为关键的是解放和发展人民所拥有的生产力,并保护人民为国家和自己所创造的财富的安全。找到合适而有效的途径,解放和发展人民所拥有的生产力,这又回到了历史唯物论中"现实生活的生产和再生产"的语境,由此我们能够再次进入中国改革开放四十余年的历史中,在这里,当代的人们都能够找到他们留在被他们所重塑的中国时空里的印痕,那就是人民的"经济解放"的政治图谱,其中的每幅画面都有着不凡的光影,而所有这些光影浓缩成的话语就是:再塑造的国家,再生产出的社会,再成长起来的人民。

3.进入新时代:使人民强起来

再塑造的国家、再生产出的社会、再成长起来的人民等,都不是"一次性消费"的话语,相反,这些"再"的话语所指涉的生活是不断再生产的。因此,现实生活的生产和再生产绝非是对过去的"再生产"的简单复制,而是更加强调与追求富有创造性的更新。"每一代都利用以前各代遗留下来的材料、资金和生产力;由于这个缘故,每一代一方面在完全改变了的环境下继续从事所继承的活动,另一方面又通过完全改变了的活动来变更旧的环境。"①这段引证的《德意志意识形态》中的话语,虽然是马克思、恩

---

① [德]马克思、恩格斯:《德意志意识形态》,《马克思恩格斯选集》第一卷,人民出版社,1995年,第88页。

格斯概括社会形态的历史更替规律的,但在现实生活中也能感受到它的知识性和真理性。但需要进一步深入解读或思考的是:继承性活动与创造性更新是在历史时空语境下人与自然和代与代之间辩证统一关系的展开。人类如果没有继承性活动,那么无论如何,它都意味着历史的断裂,而这无疑是违背人类文明发展常规的;但是如果人类不能够对自己的继承性活动做出创造性更新,那么不管怎样,它都只是一个对过去的重复,就如同"大清"不过是"大秦"的重复一样。这是因为,继承关系实质是"算术"关系,而创造性更新的关系实质是"几何"关系。前者是量的关系,后者是形态的关系。

进入新时代,人民将经历一场新的精神涅槃,它是人民的精神解放的实践,是使人民更加强大起来的精神生活的变革。无论是"新发展理念",还是"学科体系、学术体系和话语体系构建";无论是国内大循环和国内国际双循环的格局,还是国家治理和社会治理;无论是面对世界百年未有之大变局,还是迎战逆全球化的挑战;无论是朝向第二个百年的奋斗,还是朝向构建人类命运共同体,所有这些都对中国人民的"心性""心劲""心力"提出了新的要求。当然,它不是要求人们要遁入修身养性、静心无为的"空门",也不是人人都成为心理学"学士",更绝非是每天都做"心灵按摩"。人民的"心性""心劲""心力"本质上就是汇聚起来的人民的新的力量,或者说要在新的起点上使人民有力量,其核心意涵就是人民能够进入新时代的境界,能够了解和理解新时代社会主要矛盾转变以及国际环境的剧烈变化对国家、社会及人民自身提出的问题,能够建立共有的"社会感"及社会行动能力。这是一种新的政治图谱,是人民真正走进新时代,并与这个时代一起共舞的新型现代化画卷。

所谓在新的起点上使人民有力量,就是要通过精神生活的变革而使得人民的精神世界进一步得到重塑。这种"形态"的变革无疑是一个非常重要的课题:既不能依靠一蹴而就的行动来解决,却又是不可回避也难以避开的课题。从理论上说,要解决好继承与创造性更新的历史性辩证关系,寓精神生产于物质生产和社会生产之中,通过发展历史唯物论原理来获得破解难题之道;从实践上入手,则应该将精神生活的变革拆解为日常精神生活过程,从生活方式、交往方式、活动方式、传播方式、教育方式、组织方式、治理方式、思维方式及社会科学研究方式等的变革实践中,来促进现实生活的生产与再生产,那么一点一滴汇聚起千千万万的变革细流,通过久久为功的不懈努力,必将终成江河大海。

(三)人民话语:政治图谱和当代中国政治叙事

进入历史唯物论语境,我们能够看到历史变迁中的人民,看到人民的不同构成,在历史变迁中感悟人民的力量。于是,我们所使用的人民的话语已经不再是语言符号,而是人民的事物本身,即通过这个话语进入到人民的事物中,并阅读、解析、领悟、阐释这个事物。在这里,话语不再视为语言现象,也与修辞不同,它与其所指谓的事物完全合一。这时,当人们听到某一概念或某一个句子时,头脑中出现的不是语词的写法、用法,也不是某种主观意义的强化,而是这个概念或句子所言说的那个事物本身。正如本文前面所分析的,在历史唯物论中所运用的人民话语就是与其所指谓的人民的事物完全一体的。

中国共产党创立之初,它与近代以来所产生的各种政党的显著区别之一就是将解放人民这样的事物作为建党的目的与追求,并在马克思主义指引下,研究分析人民的力量的性质和构成,在此基础上,制定革命的纲领和策略。因此,中国共产党的人民话语,无论是出现在纲领中,还是应用在政策里,抑或在领导者的宣讲中,都主要不在于通过该语汇的使用而增强说服力(即注重其修辞功能),而更重在对人民事物的认知、解析和揭示,以此将该事物纳入实践过程。在中国革命史、改革开放史以及新时代全面建设社会主义现代化国家的征程中,人民话语始终存在于历史唯物论语境中,并始终呈现人民事物的实体性、事件性和过程性,这就是中国共产党的人民话语的实质。

政治图谱是用于描述一定政治事物的概念,将其在话语理论研究中使用,意在寻找到将过程、事件及相应语言符号转换为话语的中介机制。据此可将政治图谱定义为关于某种政治事物形态化的叙事方式。之所以要运用这一术语或这一叙事方式来展开相关研究工作,首先是因为普遍性的理论或原理与其相关的具体实际之间的结合,本来就会形成事物的形态化的结果。更具体说,只有在新的事物的具体形态中才能找到或发现某种原理与某种具体实际的结合关系及样式。政治图谱就是对这种结合关系及样式的描述。其次是政治图谱自身并不对事物进行分类,也不属于谱系学方法,而是话语史的叙事途径。一方面,政治图谱的叙事总是基于已经存在的事物,通过进入该事物内部诸如缘起、过程、事件等等属于或出自该事物的元素来言说该事物,从而解析、检测、评价指称该事物的话语;另一方面则关注事物的演化变迁,依照其历史逻辑建立不同政治图谱的叙事。

从人民的政治图谱中,人们应该能够获得如下感知:中国共产党的人民话语的研究是中国政治研究中一个大叙事。在这个叙事中,找到或明确人民的位置,这是一个非常重要的逻辑前提;在中国任何一种政治权力的构建与运行中,始终明晰政治权力同人民的位置之间的关系,这是非常重要的实践基础。中国政治的兴衰成败将取决于这样的逻辑前提和实践基础。

五、小结

厘清人民话语和非人民话语是一个消除"冗余"的过程,这种消除不是对作为语汇或作为修辞的人民词语的知识和语言功能的否定,而是对将其误作为人民话语的否定。

本章从话语史的向度提出,作为话语的人民这一术语的使用始自17世纪至18世纪的启蒙运动,而卢梭是最重要的代表人物。但直到马克思、恩格斯创立唯物史观,才真正确立了人民的历史地位,人民话语作为对这一历史地位的揭示而具有了世界历史意义。中国共产党秉持历史唯物论的人民观,在领导中国革命和建设事业中,开启了人民话语的历史叙事。

第五章　从政治价值到政治实践：
　　　人民至上的话语生产

在当代中国政治中，中国共产党和人民的关系具有根本性，并构成当代中国政治生活的最重要内容。从政治原理上认识这个关系，是了解中国政治实质、正确认识中国共产党及其长期执政、积极参与当代中国政治生活的重要知识准备。人民至上是中国共产党执政的信念，即执政的价值追求，也是中国共产党对自己与人民关系的深刻揭示与概括，这个概括构成了人民话语生产的重要命题。

一、人民至上的政治价值意涵

"至上"即处于最高位置，通俗说就是"第一"的意思。人民至上的话语是中国共产党的价值追求的表达，只有在中国共产党的价值追求层次上，在今天，则只有在执政信念这一政治价值追求上来认识，才能准确把握这一话语的实质要义。

如果从语义层面做一些理解，那么我们可首先做一些关于人民至上命题的经验分析，这样做有助于观察到我们所阐释的事物其所在，在此基础上,我们将推进对该事物进入价值层次的逻辑建构。

对中国共产党来说,无论是治国还是理政,将始终面临着开创和不断推进社会主义事业并取得成功的考验。尽管这种考验不断有变幻莫测的国际环境提出的挑战相伴,不断有来自自然和社会的各种难以预料的风险相随,但最为重大、最为艰巨的考验依然是满足人民对美好生活的期盼。2012年11月15日,习近平在十八届中央政治局常委同中外记者见面时曾用朴实而真切的语言说:"我们的人民热爱生活,期盼有更好的教育、更稳定的工作、更满意的收入、更可靠的社会保障、更高水平的医疗卫生服务、更舒适的居住条件、更优美的环境,期盼孩子们能成长得更好、工作得更好、生活得更好。人民对美好生活的向往,就是我们的奋斗目标。"[1]中国共产党人所承载的治国理政大任,就是这样的从人民的期盼出发,以满足人民的期盼为归宿,而这是世界上最难做的事情。如果把这些考验比喻为考试,而出题人、考官和阅卷人就是人民。"我们党的执政水平和执政成效都不是由自己说了算,必须而且只能由人民来评判。人民是我们党的工作的最高裁决者和最终评判者。"[2]不断交出让人民满意的答卷,这是中国共产党在执政条件下做到全心全意为人民服务的核心意涵和根本体现。

毛泽东曾形象而生动地将人民比喻为土地,将共产党人比喻为种子,由此说明中国共产党必须扎根于人民之中,不断从人民中获得生命的力

---

① 习近平:《人民对美好生活的向往,就是我们的奋斗目标》,《习近平谈治国理政》第一卷,外文出版社,2018年,第4页。
② 习近平:《坚持和运用好毛泽东思想活的灵魂》,《习近平谈治国理政》第一卷,外文出版社,2018年,第28页。

量。习近平说:"人民是历史的创造者,是决定党和国家前途命运的根本力量。""人民是我们党执政的最大底气,也是党执政最深厚的根基。"①在长期执政的历史考验中,中国共产党,特别是党的各级领导者,必须做到永远将人民摆在心中的最高位置,这是中国共产党领导革命和建设不断取得胜利的最根本经验。

从历史和人类文明发展以及从人民与民族精神发展的意义上说,中国人民有自己的特质和禀赋:书写了几千年连绵不断的中华民族发展史,创造了博大精深的中华文明,培育了历久弥新的中华民族精神,在自强不息的奋斗中使中华民族不断实现站起来、富起来和强起来的飞跃。②从这样的人民及其文明中产生、发展和壮大起来,并承担着治国理政使命的中国共产党,其自信、其底气、其力量、其智慧都来自这样的人民及其所创造的文明。由此可以说,中国共产党执政和治理的国家中,人民就是国之大者。

综上所述,人民至上就是中国共产党的人民观的总概括、总命名,体现着中国共产党治国理政的最高价值追求及其所要达到的最高精神境界。

作为政治价值,人民至上是马克思主义历史观用于指导中国共产党治国理政实践而形成的政治思想原则。历史唯物论对人民作为历史及其发展的力量的揭示,成为中国共产党人民信念的理论依据,从建党至今历经一个世纪的实践历程,坚信人民的力量,以人民为上,塑造了中国共产党的精神、品格、意志和作风,形成了中国共产党根本的政治思维方式和

---

① 习近平:《人民是我们党执政的最大底气》,《习近平谈治国理政》第三卷,外文出版社,2020年,第135、137页。

② 参见习近平:《始终把人民放在心中最高位置》,《习近平谈治国理政》第三卷,外文出版社,2020年,第139—142页。

解决实践问题的根本方法。中国共产党在领导中国革命时期就形成的著名的群众路线,在今天依然是党的行动的指导原则,这个实践的规则就是人民至上价值的具体运用。在四十多年改革开放历程中,特别是党的十八大以来,从以壮士断腕、踏石留印的决心和气概来治理腐败到脱贫攻坚,从"五位一体"总体布局和"四个全面"战略布局到构建以国内大循环为主体、国内国际双循环相互促进的新发展格局,从"两个一百年"奋斗目标到推动构建人类命运共同体,所有这些思想、谋略与行动无不闪烁着人民至上价值的光芒,无不彰显着人民至上价值的要求。中国共产党治国理政担当乃至人类命运的关怀,诠释了人民至上政治价值的要义。在当今世界,许多国家的政党及其领袖们,也常常将人民挂在嘴边,但是只要稍加留意就能发现,在那里人民不过是锁在票箱里的选票。中国共产党告诫自己必须牢记"为什么人、靠什么人的问题,是检验一个政党、一个政权性质的试金石。我们要始终把人民立场作为根本政治立场,把人民利益摆在至高无上的地位,不断把为人民造福事业推向前进"①。作为肩负神圣历史使命而担当长期执政重任的中国共产党来说,人民至上的原则就是实现其使命,履行好责任担当,实现长期执政的政治价值根基。

二、人民至上的政治价值逻辑

政治价值逻辑即回答一种政治价值在逻辑上何以成立的问题。尽管思想的论说已经为人们开出了诸多可行走的路径,但这依然是政治哲学以及政治学理论中最难的部分,因为它牵扯的知识过于丰富,触及的范围几

---

① 习近平:《弘扬伟大长征精神,走好今天的长征路》,《习近平谈治国理政》第二卷,外文出版社,2017年,第52页。

乎没有边际,特别是需要面对的对话者及其著作似乎难以计数。对当代中国学人而言,面对的挑战恐怕会更多。但是人民至上的政治价值逻辑论证却有十分有利的知识和思想条件,因而也具有一些独特的话语阐释优势。

作为哲学和科学话语体系的马克思主义已经在人类生活的本质、人类文明的历史、人与自然及社会变迁等十分广泛的领域重构了知识的普遍性。在当代中国研究政治价值问题,如果离开马克思主义相关知识话语体系,而重新进入西方知识框架中,就很可能生产出在马克思主义看来早已被它所淘汰的普遍性知识,这看似是自得其乐的"创造"或"创新",实则是炒冷饭而已。如果在研究观念上解决了这样的认识论问题,那么对人民至上的政治价值逻辑论证,就可能会开拓出新的原野。

人民是中国共产党的社会存在,这是本论说的一个逻辑阐释。

作为历史唯物论的一个基本概念,社会存在有两重基本含义及两重引申意义:其一,社会存在是专属于"人""人们"的概念,且这里的"人""人们"是历史唯物论哲学而不是一般哲学所特别加以强调的。一般哲学会抽象掉人赖以为人的条件而去谈论人和人的本质,但历史唯物论则强调人的"生命"的存在,而这种生命存在的意义体现为"人们生产自己的生活资料,同时间接地生产着自己的物质生活本身"[①]。唯其如此,人的生命的存在才是可能的和可持续的。于是,社会便得以形成。"社会——不管其形式如何——是什么呢？是人们交互活动的产物。"[②]历史唯物论对"人"

---

① [德]马克思、恩格斯:《德意志意识形态》,《马克思恩格斯选集》第一卷,人民出版社,1995年,第67页。

② [德]马克思:《致帕维尔·瓦西里耶维奇·安年科夫》,《马克思恩格斯文集》第十卷,人民出版社,2009年,第42页。

"人们"的强调,无论是单称的"人"还是复数的"人们",都是同一的主体,即由生产与生活所赋予的具有整体性的生命的存在,而这个整体性就来自于人的交互活动性,即社会性。由"人们的"社会存在中对人及其社会性的强调,引申出人与社会的不可分离的认识论意义。其二,社会存在就是人们的现实生活过程。这个生活过程具有如下根本特性:首先是以物质生产活动为首要的活动,从而现实生活过程的基础内容是物质生产或物质条件的生产。这是现实生活过程必将反映生产力水平的特性。其次是在这种现实生活过程必将生产出的各种重要关系中,处于基础地位并将形成决定性作用的关系是生产关系或经济关系,在此基础上生成政治的和文化的关系。社会存在的第二重含义引申出第二个重要意义是:人们的社会存在必定是一种历史性存在,即人们的当前的现实生活过程既是过去的一个结果,也是未来的一个起点,客观上它是历史性的活动,是"现实的历史"[①]。

今天的中国,人民构成社会的主体、总体和实体,从而人民就是社会存在的总称谓。在现实中国这样一个马克思主义语境下的具体社会形态,社会存在具体化为人民的主体性存在、总体性存在及实体性存在的多种样式。我们可分别就这些具体样式做出概括:

当社会存在以人民的主体性存在为样式的时候,人民的现实生活过程在根本上就是人民的自我生产过程,从而人民的价值由人民在现实生活过程中生成。这是因为,人民在生产中的主体地位,从而人民在生产关系中的主体地位决定了在现实生活中人民的自我强调。正因为如此,我

---

① [德]马克思、恩格斯:《德意志意识形态》,《马克思恩格斯选集》第一卷,人民出版社,1995年,第74页。

们能够从逻辑上推论出人民进入国家、掌握国家、管理国家事务的权力要求的必然性，这就是社会主义国家的人民主权原则并非建立在所谓契约论的基础之上的根本缘由。

当社会存在以人民的总体性存在为样式的时候，人民的现实生活过程客观地呈现出差异性分布的格局，它是时间差别导致的空间差异，体现出现实生活过程的内在结构性张力。这一社会存在样式表征了社会存在的现实总体性和历史总体性。这必须进入到历史唯物论话语中来理解。

> 人们用以生产自己的生活资料的方式，首先取决于他们已有的和需要再生产的生活资料本身的特性。这种生产方式不应当只从它是个人肉体存在的再生产这方面加以考察。它在更大程度上是这些个人的一定的活动方式，是他们表现自己生活的一定方式、他们一定的生活方式。个人怎样表现自己的生活，他们自己就是怎样。因此，他们是什么样的，这同他们的生产是一致的——既和他们生产什么一致，又和他们怎样生产一致。①

结合上引文来认识，人民作为总体性社会存在，他们的不同构成部分受到历史、文化、资源等等制约，因而他们的现实生活过程存在差别，甚至存在很大差别，是体现在生产水平和生产能力等根本方面的差别，这就是一种时间差异，它致使处于不同发展水平的不同区域的人民之间

---

① ［德］马克思、恩格斯：《德意志意识形态》，《马克思恩格斯选集》第一卷，人民出版社，1995年，第67—68页。

呈现空间差异状态。与此同时,人民又总是处在从过去到未来的历史总体之内,人民现实生活的生产与再生产过程不能脱离这个历史的总体来分析。因此,人民作为总体性社会存在,既具有现实总体性,也具有历史总体性。

当社会存在以人民的实体性存在为样式的时候,人民的现实生活过程呈现为组织化状态:既呈现为实然的有权责关系,从事某种生产活动(物质生产、精神生产及社会生产)的微观组织状态,也呈现为无实然边界、无明晰权责关系,但共享同一社会符号的宏观组织形态,如阶级、阶层、族群等。这样的实体性存在同样离不开历史唯物论的生产活动,特别是作为生产话语的社会分工以及社会的变革等活动,它们一方面体现了人民的现实生活过程本身,另一方面还具有内在于这种生活过程而不断影响这一过程的意义。由此可以说,以人民的实体性存在为样式的社会存在处于自我更新和自我发展的过程中。正是在这个意义上也能够说,人民作为社会存在本身就意味着人民的集体存在与整体存在。

基于上述阐释,人民至上的政治价值内在于人民的社会存在之中,就是说,内在于人民的历史中,是人民在其现实生活过程中的自我意识或自我强调。因此,中国共产党将人民至上视为最高政治价值,从根本上说,根源于中国共产党所坚持的唯物论历史观,尊重并依从人民的社会存在及由此提升的人民至上性,这是中国共产党的精神生产的产品。对中国共产党来说,只有始终秉持人民至上的政治信念,才能始终立于人民中,不断从人民中汲取力量,也才能够确立正确认识党和人民关系的前提和基础。当然,这种关系只存在于用马克思主义武装起来的共产党身上。

三、人民至上：中国共产党政治实践的根本原则

作为政治价值,它被用来影响人们现实生活的方式有许多,如通过知识化的方式来影响人们的认知,通过政治社会化的方式来影响人们的态度、思想、情感及行为选择,通过制度化方式来影响公共资源分配、影响政治过程等。这里将政治价值对人们现实生活发生影响作用的现象称为转化。具体说,政治价值由其抽象的概念、理念形式转变为实际应用的形式,这就是政治价值转化。人民至上的政治价值在中国共产党的政治实践(包括革命实践、建设实践,特别是改革开放和中国特色社会主义实践)中,转化为一系列重要的具体思想、原则与方法,从而发挥了重要影响作用。这里试分两个层次来讨论:一是在认识论和方法论层次来分析;二是在认识的成果的运用层次来概括。

(一)人民至上:中国共产党认识论和方法论原则

历史唯物论同时也是历史认识论,回答了无产阶级所要改变的世界是怎样的、是如何形成的、为什么要改变、谁来改变、如何改变以及改变以后怎么办等一系列马克思主义之问。马克思主义经典作家通过他们的理论研究和实践活动所形成的成果,提供了一整套知识以及指引人们发展这些知识的途径与方法。中国共产党在这一历史认识论思想指引下,发现了自己领导中国革命和建设实践的诸多认识论和方法论原则,例如毛泽东所论:"客观现实世界的变化运动永远没有完结,人们在实践中对于真理的认识也就永远没有完结。马克思列宁主义并没有结束真理,而是在实践中不断地开辟认识真理的道路。我们的结论是主观和客观、理论

和实践、知和行的具体的历史的统一,反对一切离开具体历史的'左'的或右的错误思想。"①这个论断是符合马克思主义认识论的重要认识论原则。再如"把马克思主义的普遍真理同我国的具体实际结合起来,走自己的路"②,同样也是一条马克思主义认识论和方法论的重要原则。诸如实事求是、理论联系实际、坚持实践是检验真理的唯一标准、坚持群众路线等思想原则,无疑都是重要的认识论与方法论原则。但是,在这些认识论和方法论原则中蕴含着的灵魂则是人民至上的政治价值观。追问个中缘由或逻辑,唯有正确认识中国共产党这样的马克思主义政党才能找到正确答案。

在中国共产党的纲领和章程中,在历代历届中国共产党的卓越代表和领导人的著述中,都能找到大量的相关论说,这里仅引用第一代领导人毛泽东和当今领导人习近平的一些论述来加以论证。毛泽东在他的名篇《为人民服务》的开篇就指出:"我们的共产党和共产党所领导的八路军、新四军,是革命的队伍。我们这个队伍完全是为着解放人民的,是彻底地为人民的利益工作的。"③几个关键话语——革命队伍、完全解放人民、彻底为人民利益工作,人民至上思想蕴含其间。在《愚公移山》中,毛泽东曾将人民喻为"上帝",他说:"现在也有两座压在中国人民头上的大山,一座叫做帝国主义,一座叫做封建主义。中国共产党早就下了决心,要挖掉这两座山。我们一定要坚持下去,一定要不断地工作,我们也会感动上帝

---

① 毛泽东:《实践论》,《毛泽东选集》第一卷,人民出版社,1991年,第296页。
② 邓小平:《中国共产党第十二次全国代表大会开幕词》,《邓小平文选》第三卷,人民出版社,1993年,第3页。
③ 毛泽东:《为人民服务》,《毛泽东选集》第三卷,人民出版社,1991年,第1004页。

的。这个上帝不是别人,就是全中国的人民大众。"①习近平说:"人民是历史的创造者,是决定党和国家前途命运的根本力量。我们党来自人民、植根人民、服务人民,一旦脱离群众,就会失去生命力。""我们要始终把人民立场作为根本立场,把为人民谋幸福作为根本使命,坚持全心全意为人民服务的根本宗旨,贯彻群众路线,尊重人民主体地位和首创精神,始终保持同人民群众的血肉联系,凝聚起众志成城的磅礴力量,团结带领人民共同创造历史伟业。这是尊重历史规律的必然选择,是共产党人不忘初心、牢记使命的自觉担当。"②

在上述引用的这些话语中,人民既是"天",也是"地",也就是说人民被置于最重要位置。共产党的出现是人类历史现象,这种政党以人民为目的,但又必须依靠人民来达到"为了人民"这个目的。这个逻辑就是马克思主义理论中关于无产阶级从"自在"发展为"自为"的逻辑。中国共产党按照马克思主义的革命逻辑,找到了推动中国现代历史形成与发展的根本力量即人民,并运用和创造性发展革命理论,将人民组织并形成历史性力量,使人民在共产党领导下,为了全体人民的目的而展开艰苦卓绝的斗争,并取得革命的成功。在这样的历程中,人民至上的政治价值通过人民的目的性和动力性的功能转换,而变成为认识事物、思考问题、言说道理的遵循,即变成认识论原则,指导认识活动的深化。实际上,如果系统思考中国共产党及领导人在实践中始终坚持并不断强化群众路线、始终坚持并不断强化调查研究、始终坚持并不断强化尊重人民群众的首创精

---

① 毛泽东:《愚公移山》,《毛泽东选集》第三卷,人民出版社,1991年,第1102页。

② 习近平:《人民是我们党执政的最大底气》,《习近平谈治国理政》第三卷,外文出版社,2020年,第135—136页。

神等,都能够得出人民至上是中国共产党重要的认识论与方法论原则的结论。

(二)人民至上:中国共产党制定纲领、路线和战略的思想原则

"在艰苦卓绝的历史实践中,中国共产党制定出一系列纲领,成为中国共产党历史、现代中国政治史以及中国的马克思主义政治理论建立和发展的独特现象。"①尽管通过制定和确立纲领是现代政党运动的普遍现象,但以人民至上价值作为制定纲领的思想原则,这是中国共产党区别于其他一切政党的一个重要标志。中国共产党成立之初期,就制定出了党的最高纲领和最低纲领,而最高纲领的最终目标即实现共产主义的规定,在百年的奋斗历程中始终如一。经党的十九大部分修订的党章中指出:"中国共产党人追求的共产主义最高理想,只有在社会主义社会充分发展和高度发达的基础上才能实现。社会主义制度的发展和完善是一个长期的历史过程。坚持马克思列宁主义的基本原理,走中国人民自愿选择的适合中国国情的道路,中国的社会主义事业必将取得最终的胜利。"②在社会主义事业发展的征程上,中国共产党通过制定正确的路线和战略来领导中国不断走向更美好未来,纲领已经成为贯彻路线和战略的实践蓝图与总体规划,人民至上始终是贯穿其中的重要思想原则而成为实践的遵循。

毛泽东在党的七大所做的政治报告中指出:"我们共产党人区别于其他任何政党的又一个显著标志,就是和最广大的人民群众取得最密切的

---

① 商红日:《纲领政治:中国共产党的历史实践与话语生产》,《河南社会科学》,2018年第5期。

②《中国共产党章程》,人民出版社,2017年,第2页。

联系。全心全意地为人民服务，一刻也不脱离群众；一切从人民的利益出发，而不是从个人或小集团的利益出发；向人民负责和向党的领导机关负责的一致性；这些就是我们的出发点。"①这是毛泽东在抗日战争胜利在望，中国再次面临历史抉择的时期，向全党重申中国共产党人民至上的思想原则，所不同的是，这一次重申是从中国共产党的特质上来强调，而这一强调，意义非凡。它包含着中国共产党为什么要遵循人民至上的思想原则的答案，答案就在中国共产党的特质上。

回看中国共产党百年奋斗史，回顾改革开放的不凡历程，特别是观察和研究党的十八大以来的实践经验，我们能够深深感悟到：坚守人民至上的思想原则，并始终如一贯穿于历史实践，这是中国共产党能够历经磨难而不衰，乱云飞渡仍从容，不断破浪前行并能够开辟出新天地的根本经验。也就是说，人民至上是中国共产党的思想之根、生命之源、实践之本，它内在于中国共产党的理论和实践里，彰显于党的历史轨迹中，落实于全党的行动上，取效于党领导的社会主义事业的成就，实现于把人民美好生活愿望变为人民的美好生活现实。

四、人民至上与中国共产党对人民的领导

人民至上既是中国共产党所追寻的政治价值，也是中国共产党政治实践所遵循的根本原则。这就是中国共产党在自身与人民关系问题上的根本立场。正如上文所论，这一根本立场体现在中国共产党作为马克思主义政党的党性上，体现在党的特质上，体现在党的行为特征上，它来自

---

① 毛泽东：《论联合政府》，《毛泽东选集》第三卷，人民出版社，1991年，第1094—1095页。

中国共产党对人类社会历史规律和中国现代社会发展规律的认识与把握。但是，人民必须要有自己的领导者，人民要从自身中产生自己的领导者，中国共产党必须承担起领导人民的重任，这是中国共产党基于马克思主义理论和中国实践而创造的一个基本原理。这个基本原理与人民至上的政治价值相辅相成而统一于中国共产党的理论和实践中。对该原理的内容及其逻辑可做如下阐释。

（一）人民解放事业需要共产党领导

依照马克思主义关于共产主义的学说，随着资本主义这种以大工业生产和追逐资本无限扩张、以生产资料资本家占有制为基本经济特征的制度的建立，资本主义开启了人类社会历史中最后一个充斥阶级压迫和剥削的社会形态。无产阶级即马克思语境下的人民的核心部分，由于它是人类历史上唯一作为大工业产物并受自己创造的财富所奴役的被压迫被剥削阶级，在资本主义经济规律作用下，它将作为资本主义制度的掘墓人而终结资本主义社会历史。马克思、恩格斯预言："资产阶级的灭亡和无产阶级的胜利是同样不可避免的。"[①]从马克思主义产生的19世纪40年代开始，国际共产主义运动兴起，迄今不到两个世纪，却积累了正负两个方面丰富的经验教训。我们能够从中国的革命和建设经验教训中获得重要启迪：无产阶级即人民的解放事业绝非仅仅就是一个社会政治革命的过程，在革命胜利后，在人民掌握了国家政权并居于统治地位以后，它仍将要经历一个漫长的历史发展过程，在这一过程中，除了矢志不移尽可能

---

① [德]马克思、恩格斯：《共产党宣言》，《马克思恩格斯选集》第一卷，人民出版社，1995年，第284页。

多地创造物质财富以外，伴随物质生产，还要持久深入进行精神生产和社会生产。如果我们将解放从马克思主义语境中进一步向未来拉伸，那么人民解放将包括政治、经济、精神及社会等全面解放的内涵，直到社会主义取得最终胜利，人民解放事业将不断构成人民的生活的生产和再生产持续的过程。由此论之，人民解放事业需要共产党的领导，这是被现代中国经验所反复证明了的一个根本道理。

人民之所以能够成为推动历史前进的动力，成为变革社会的根本力量，成为现代社会物质财富、精神财富和社会财富的拥有者和创造者，根本理据是他们在客观历史过程中实现了自身的转变。这种转变既包括对自身力量的觉悟，更包括"把自身组织成为与有产阶级建立的一切旧政党不同的、相对立的政党"，从而能够"作为一个阶级来行动"[①]。这一点尤为能够得到来自中国革命经验的证明。"在半殖民地半封建的东方大国进行革命，面对帝国主义和封建主义的强大势力，革命任务艰巨而又复杂，迫切需要坚强的领导力量。"[②]但是在20世纪初期发生在中国的政党运动中所建立的各种不同性质的政党，均不能科学认识与回答近代中国社会所面临的问题，特别是不能建立起对人民的正确认知，"领导反帝反封建的革命斗争、争取民族独立和人民解放、实现振兴中华的伟大使命，历史性地落到中国共产党身上。中国共产党作为工人阶级的先锋队……在长期斗争的实践中发挥自己的政治优势和组织优势，把被人视为'一盘散沙'

[①] ［德］马克思：《国际工人协会共同章程》，《马克思恩格斯文集》第三卷，人民出版社，2009年，第228页。

[②] 中共中央党史研究室：《中国共产党历史（第一卷）（1921—1949）（上册）》，中共党史出版社，2020年，第69页。

的中国人民团结和凝聚成万众一心的不可战胜的力量"①。中国的工人阶级作为领导阶级,与农民阶级结成稳固的联盟,并团结其他一切具有革命性的阶级和社会势力,在中国共产党的领导下而组织成为一支巨大的革命力量。中国现代革命运动的历史表明,没有中国共产党的领导,就不可能有人民的团结统一和力量的凝聚,从而就不可能有人民的解放。

建设社会主义的现代化中国,这是人民解放事业的继续,毫无疑义,这依然是十分艰巨复杂的历史任务,习近平将其称为"要继续进行具有许多新的历史特点的伟大斗争"②。为了人民而建设的现代化国家,这就是社会主义现代化国家,这场斗争更艰难,更复杂。从人民的总体性社会存在中,构建和发展出人民的整体性,不断巩固和强化人民的根本利益,以此整合人民的社会团结和政治团结,这对作为执政党的中国共产党提出了诸多空前的难题。但是人民的整体性锻造需要中国共产党的坚强领导,并且,只有共产党能够感知人民的这种要求,除了中国共产党,中国再也没有任何力量能够担此重任。对此,中国共产党在领导改革开放实践中所形成的邓小平理论、"三个代表"重要思想、科学发展观及习近平新时代中国特色社会主义思想,已经给出了系统的答案。

(二)在建设社会主义现代化国家中必须加强党对人民的领导

在技术理性加资本逻辑通行的社会,所谓自由、民主、正义、友善这些

---

① 中共中央党史研究室:《中国共产党历史(第一卷)(1921—1949)(下册)》,中共党史出版社,2020年,第819页。

② 习近平:《继续进行具有许多新的特点的伟大斗争》,《习近平谈治国理政》第三卷,外文出版社,2020年,第73页。

18世纪的启蒙哲学都成为生活中某种计算后的"平衡状态"，这也许是一个常态。这个所谓平衡状态，其平衡线或中轴线可用某种计算结果及其在社会心态上的表现来描述：虽然没有获得更多，但也没有失去更多，也许明天会好起来。其中，资本逻辑的实质没有变化，在资本主义经济制度下它也不可能发生根本变化。但是，技术理性成为社会和国家普遍的意识形态①以后，它是可变化的，甚至在不同群体和不同的个体中，乃至在政党政治和国家中，它可能处于经常变化中。当然，这种变化表现为某种摇摆。也有人在分析美国这个当代世界上最发达的资本主义国家时，认为这个国家已经蜕变为"颠倒的极权主义"的统治，与非颠倒的极权主义即纳粹主义相区别，这种"颠倒的极权主义则竭力使它的公民非政治化，因此虚情假意地恭维以前的民主化经验"。不仅如此，颠倒的极权主义"受到科学技术被整合于资本主义经济而获得连续膨胀力量的推动"。追根溯源，颠倒的极权主义生成于"公司政治"，这才是资本主义的"政治经济学"，"竞争和对抗较少在国家和公司之间而更多的是在争取对国家施加影响或从它那里获得津贴的各家公司之间发生"②。

无论如何，当代资本主义世界也是一个已经发生了变化的世界，与19世纪40年代的资本主义比较来看有了许多不同的新特点，只不过这些

---

① 技术理性成为意识形态是哈贝马斯的重要命题。在哈贝马斯之先，马尔库塞已经证明西方国家进入20世纪以后，科学理性已经根本失去了其原本具有的中立性，变成"社会控制和统治形式的技术"。马尔库塞论述道："科学-技术理性和操纵结成社会控制新形式。"哈贝马斯则试图通过建构或重构批判理论的基础，进一步揭示技术理性成为统治的新形式的社会和政治机制，由此将技术理性推升为意识形态。这一点对于深入理解当代西方社会不无启示意义。

② [美]谢尔登·S.沃林：《政治与构想：西方政治思想的延续和创新（扩充版）》，辛亨复译，上海人民出版社，2009年，第726、730、731页。

新特点并未证明它已经变得更好,而是更加糟糕了。

与上面描述的当代西方社会不同,中国走的是由中国人民选择的社会主义现代化道路,这条道路已经在前行中形成了一系列理论和实践的重大成果,具有一系列标志着其特质的品格和精神,具备了诸多更加成熟和定型的国家治理体系,其中,中国共产党的领导是中国特色社会主义最本质的特征,这个属于新时代中国特色社会主义的话语是一个具有震撼性的理论命题,也是对中国现代化特征的最明确概括。

在社会主义现代化国家建设中必须加强党对人民的领导,这个议题就是在上述两种语境的关联中形成的。在这样的关联语境中,我们可以把研究的问题进一步做出如下厘清:

现代化具有物质性、历史性、理性、文化性及社会性等丰富多样的属性,而这丰富多样的属性中,每一种都不能简单识别。这就带来了问题的复杂性。当我们进入唯物论历史观以后,我们将现代化的制度属性视为现代化的根本属性,而其他的多样性质均与该制度属性相联系,并通过现代化的制度属性来论说。循着这样的思考路径,在现代化进入世界历史的过程中,现代化的物质生产、精神生产和社会生产在事实上导致了两种在本性上是存在根本区别的运动和制度,即资本主义和共产主义。它们在时间上是前后相继的,但在空间上却又并存,并正是这种复杂的时空关系致使不同的现代化之间出现难以相互封闭隔绝、甚至需要密切联系互动的态势,这构成为一种超出人们主观意愿的客观存在。

于是,在我们的中国特色社会主义生活的生产和再生产中,我们能轻而易举地发现技术理性正在成为消解人民性的一个历史性风险。这个问题包含着这样的意味:风险来自已知性而非不确定性,并且风险内在于人们的日常生产与生活中。一方面我们必须看到,技术理性在现代化建设的进程中发挥功能性作用具有客观必然性,并且在微观的生产与生活中,必须理解甚至尊重来自人民群众的自我利益的计算,以及基于这种利益而提出各自的要求;将此论断推广至私营企业、市场活动等领域,也存在着正确认识资本逻辑的某些必然性的思维;进一步延伸至更广泛的层次和空间来深入思考,例如在区域关系、地方发展、教育、医疗、文化事业、领导者业绩等诸多领域,那么基于技术理性的权力运行、治理方式、观念和行为等,都存在某种必要性和必然性的逻辑。但是在事物的另一方面,或者说恰恰由于技术理性的不可避免的功能性作用,致使其在持续发展的历史时期中,负面性不断累积起来,社会中的大大小小的利益固化的藩篱筑起分隔社会的壁垒,成为切割人们的社会整体联系的装置。人民性即人民在思想、观念等意识上的整体性,人民的团结统一的政治性和组织性,以及人民在根本利益上的一致性,所有这些体现社会基本性质的特性,都将处于被一个历史过程所消解的风险之中。

显然,在社会主义现代化国家的建设中必须加强党对人民的领导,这不是一句口号,不是命令式或标题式表达,而是对问题的逻辑式陈述。这个问题是中国特色社会主义的一个基础问题,也是中国政治话语生产的基础问题,它存在于人民至上的政治价值和加强党对人民的领导的实践要求之间,因而是党与人民关系的理论和实践的命题。对此,我们尝试做出以下概述:

始终坚持人民至上的政治价值,将其贯穿和落实于中国共产党治国理政实践中,这是解除风险、赢得未来的根本之策。始终坚持人民至上就把好了中国现代化列车的方向盘。从"三步走"战略的设立,到全面建成小康社会,从重拳反腐,到脱贫攻坚及抗击新冠肺炎疫情,从2035年远景目标到新中国百年愿景设定,所有这些方向、规划、愿景以及目标的达成,无不贯穿了人民至上的理念。这个方向盘的比喻是另有其深意的:它喻为一种超越并驾驭理性的力量的存在。理性是"人的类本质"[①]的组成部分,因此理性就是人类固有的某种力量,就其存在本身是无可厚非的,关键在对这种力量的认知和运用。人类社会中,再没有哪种力量能够超越人民,人民至上就是对这种更大的力量的确认和运用,并且是为了人民的目的而运用。这就是中国共产党的独特性,是中国共产党的伟力之所在。党的纲领及其理论和实践,以及基于此而形成的战略、规划、政策等,当它们获得人民的支持和积极参与,那么人民的整体性、统一性及根本利益就构建起来,中国共产党的代表性就在实践中充分体现出来。

与此同时,始终坚持人民至上就找准了中国实践的定盘星。正如习近平所说:"全党同志要把人民放在心中最高位置,坚持全心全意为人民服务的根本宗旨,实现好、维护好、发展好最广大人民根本利益,把人民拥护不拥护、赞成不赞成、高兴不高兴、答应不答应作为衡量一切工作得失的根本标准,使我们党始终拥有不竭的力量源泉。"[②]执政党各级领导者都要将人民置于心中的最高位置,在执行、落实党和国家的决策中,能够真正做到以人民为出发点和落脚点,将实践结果交由人民来评价,并基于人民的评价来修正错误、改进工作、提高工作质量。把好了方向盘,找准了

---

① [德]马克思:《1844年经济学哲学手稿》,《马克思恩格斯选集》第一卷,人民出版社,1995年,第47页。

② 习近平:《不忘初心,继续前进》,《习近平谈治国理政》第二卷,外文出版社,2017年,第40页。

定盘星,就既做到了坚持人民至上的政治价值,同时也加强了党对人民的领导。

五、人民至上与当代中国政治家精神建设

在哲学上,精神是与物质对应的概念,在日常生活中精神一般指人的心理状态。精神一词也经常用于指称诸如著作、文件、会议等的要义、主旨。结合中国政治实践来定义精神概念,则精神是人们内在稳定的力量,如思想、信念、道德、意志、品格等在行动中持续发挥作用的状态。毛泽东曾说过:"人是要有点精神的,无产阶级伟大精神就是由这里头出来的。"中国共产党领导的中国革命和建设历程,创造出众多伟大精神,如建党精神、井冈山精神、苏区精神、长征精神、遵义会议精神、延安精神、抗战精神、红岩精神、西柏坡精神、大别山精神、沂蒙精神、老区精神、红旗渠精神等。改革开放初期,邓小平曾对继承和发扬革命精神问题有过专门阐述,他说:"在长期革命战争中,我们在正确的政治方向指导下,从分析实际情况出发,发扬革命和拼命精神,严守纪律和自我牺牲精神,大公无私和先人后己精神,压倒一切敌人、压倒一切困难的精神,坚持革命乐观主义、排除万难去争取胜利的精神,取得了伟大的胜利。搞社会主义建设,实现四个现代化,同样要在党中央的正确领导下,大大发扬这些精神。"[1]党的十八大以来,习近平十分重视党的精神建设,提出和命名了许多精神,上述许多革命精神的概括都出自习近平的讲话或演讲。

---

[1] 邓小平:《贯彻调整方针,保证安定团结》,《邓小平文选》第二卷,人民出版社,1994年,第367—368页。

(一)什么是当代中国政治家精神?

在我们讨论人民至上主题时,不能忽视,或者说应适时研究、总结当代中国的政治家精神,这不仅是人民至上话语生产的主题要求,更是当代中国政治实践中本已存在的、需要从理论上加以论说的现象。

显然,这里不是讨论一般政治家精神,而是探讨当代中国政治家精神。当代中国政治家是一个以政治为业、人民为上,担当中国特色社会主义建设事业领导大任的人们组成的集团。中国每个中心城市的人口都在数百万以上,所承载的政治、经济、文化、社会、生态建设任务都十分繁重而又意义重大。在当代中国,每个中心城市以上层级的主要领导者,都是政治家集团的组成者,他们在中共中央统一领导下,治理国家及地方事务(见第六章关于政治家集团治理相关论述)。他们或主政一方,或主领一域,总在这个地方的"方志"或某个领域的发展过程中留下其精神印痕。最为重要的是,他们要能够为这里的人民所铭记。当代中国政治家精神就是将人民至上价值内化于心,将其付诸国家和地方事务的领导实践,并获得人民满意和肯定的持久行动力量。2019年,习近平在会见意大利众议长时说:"我将无我,不负人民。"①这是当代中国政治家精神的最高境界,也是对当代中国政治家精神核心意涵的精辟提炼。

当代中国政治家精神具有一些鲜明特征及其显著标志。2014年,习近平在纪念邓小平同志诞辰110周年座谈会的讲话,高度赞颂了邓小平作为一代伟人所具有的崇高风范,可以将邓小平用革命家一生所塑造的

---

① 习近平:《我将无我,不负人民》,《习近平谈治国理政》第三卷,外文出版社,2020年,第144页。

崇高风范视为当代中国政治家精神的一种"模型"。

第一，当代中国政治家精神体现为信念坚定的政治品格。

第二，当代中国政治家精神包含了人民至上的情怀。

第三，当代中国政治家精神具备实事求是的理论品质。

第四，当代中国政治家精神呈现为开拓创新的政治勇气。

第五，当代中国政治家精神具有高瞻远瞩的战略思维。

第六，当代中国政治家精神必备坦荡无私的博大胸襟。[1]

当代中国政治家的血肉之躯以上述六种精神力量所铸就，形成当代中国政治家精神，这种精神与无产阶级革命家精神一脉相承，在中国特色社会主义实践的历练和考验中不断发扬光大，是当代中国的精神财富的重要组成部分，应倍加珍惜。曾几何时，也有一批曾是政治家的人物经不起考验，背离党和人民的要求与期待，走上违法犯罪道路，这从反面留下许多惨痛教训，尤为值得深刻反思和警醒。这其中也提示出政治家精神建设对政治家自身、对党和人民、对国家所具有的实际价值。

（二）坚守人民至上价值，加强政治家精神建设

"伟大的时代造就伟大的人物。"[2]中国正处在这样一个新的伟大时代。中国特色社会主义事业，需要一代代政治家薪火相传，奋力开拓，不断为实现人民对美好生活的向往而奉献。加强政治家精神建设是促进现

---

① 这六个方面的精神的阐述，详见习近平：《努力开创中国特色社会主义事业更加广阔的前景》，《习近平谈治国理政》第三卷，外文出版社2020年，第3—14页。

② 习近平：《努力开创中国特色社会主义事业更加广阔的前景》，《习近平谈治国理政》第二卷，外文出版社2017年，第3页。

代化马克思主义政党建设,以及促进社会主义现代化国家建设的题中应
有之意。因此,加强政治家精神建设的意义自不待言。

如何加强当代中国的政治家精神建设? 这是一个尚待深入思考和系
统研究的课题。这里只做初步的探讨。

寓政治家精神建设于干部队伍建设之中。使政治家精神成为干部队
伍建设中重要的激励、驱动、感召机制,这符合当代中国政治家成长的逻
辑,既使得政治家精神建设具备坚实的基础,也促使其功效更加放大和延
伸。2015 年,习近平在中央党校县委书记研修班学员座谈会上的讲话提
供了重要思想指导。为此,特部分摘引如下:

> 当好县委书记,必须始终做到心中有党。
>
> 对党忠诚,是县委书记的重要标准。
>
> 当好县委书记,必须始终做到心中有民。
>
> 做到心中有民,必须树立良好作风。
>
> 当好县委书记,必须始终做到心中有责。
>
> 责任就意味着尽心尽责干事。对定下来的工作部署,要一抓到
> 底、善始善终,坚决防止走过场、一阵风。
>
> 面对工作难题,要有明知山有虎、偏向虎山行的劲头,积极寻找
> 克服困难的具体对策,豁得出来、顶得上去,真正成为带领人民群众
> 战风险、渡难关的主心骨。
>
> 当好县委书记,必须始终做到心中有戒。
>
> 我们的权力是党和人民赋予的,是为党和人民做事用的,姓公不

姓私，只能用来为党分忧、为国干事、为民谋利。[1]

上述四个"必须始终做到"不仅对干部队伍建设具有普遍指导意义，对政治家精神建设也具有重要启迪价值。中国政治家精神一定在当代中国政治伦理情境中孕育、在中国人民现实生活的生产和再生产中扎根、在领导中国发展的实践中经受考验和历练、在时代风云中长成。将政治家精神建设寓于干部队伍建设中，是可行路径。

与此同时，还必须认识到，当代中国政治家精神建设有其相对独立性。应将其纳入党的政治建设和组织建设中系统性、战略性的研究筹划。社会主义的大国，要不断培养成长出一批又一批政治、经济、社会、文化、生态等各个方面的战略家，区域发展专家型领导者，外交家，卓越的国家和社会治理的领导人等，这些都是当代中国政治家集团的组成部分。政治家精神应成为这一集团共有共建共享的精神，而人民至上的政治价值则必将构成这一精神的内核。

六、小结

中国共产党和人民的关系是当代中国的一个根本政治关系，是中国共产党领导制度的根本政治基础。

从经验描述上说，人民至上的政治价值信念是中国共产党运用唯物史观指导中国革命、建设和改革实践而确立起来的根本的人民立场和人民观点，体现出中国共产党的马克思主义政党水平和崇高境界。建党百

---

[1] 习近平：《做焦裕禄式的县委书记》，《习近平谈治国理政》第二卷，外文出版社，2017年，第141—147页。

年来的实践历程表明,坚信人民的力量,以人民为上,塑造了中国共产党的精神、品格、意志和作风,形成了中国共产党根本的政治思维方式和解决实践问题的根本方法。将人民置于至上的政治价值位置,这是中国共产党治国理政成功的基本经验之一。

从价值逻辑上说,人民至上成为中国共产党的政治价值,能够从人民是共产党的社会存在上获得说明。这个逻辑不是选票计算的逻辑,不是"政治功利主义"的逻辑,而是历史逻辑。人民作为社会存在,是历史内在性的规定,从而可以推论出这是人民的自我规定。由此才能确立起中国共产党的领导是人民的选择、历史的选择的理据,也是必须加强党对人民的领导的可靠依据。

第六章　创造国家制度和进入国家：
　　　人民主体地位的话语生产

　　人民与国家的关系在当代中国政治生活中也是根本的政治关系,具有十分重要的地位。本书第三章的总结性论述中有如下观点:在人民话语的研究这个大叙事中,"找到或明确人民的位置,这是一个非常重要的逻辑前提"。而在实践中,"在中国任何一种政治权力的构建与运行中,始终明晰政治权力同人民的位置之间的关系,这是非常重要的实践基础。中国政治的兴衰成败将取决于这样的逻辑前提和实践基础"。这一观点可以视其为整个第二部分的根本研究意旨,而在本章中这一研究意旨更加凸显。

一、马克思的人民创造国家制度思想与中国的实践特征

　　马克思关于人民创造国家制度的思想最初来自他的《黑格尔法哲学批判》这一早期著作。马克思在该著作中多次提出人民创造国家制度的观点,他说:"在君主制中,整体,即人民,从属于他们存在的一种方式,即他们的政治制度。"就君主制和民主制同人民关系来说,"在君主制度中是

国家制度的人民;在民主制中则是人民的国家制度"。马克思批判"黑格尔从国家出发,把人变成主体化的国家"的观念,强调"民主制从人出发,把国家变成客体化的人。正如同不是宗教创造人而是人创造宗教一样,不是国家制度创造人民,而是人民创造国家制度"。在这种民主制中,即在人民所创造的这种国家制度中,"不是人为法律而存在,而是法律为人而存在;在这里人的存在就是法律,而在国家制度的其他形式中,人却是法律规定的存在"①。针对当时德国的政治发展现状,马克思指出:"人民是否有权来为自己建立新的国家制度呢? 对这个问题的回答应该是绝对肯定的,因为国家制度如果不再真正表现人民的意志,那它就变成有名无实的东西了。"②

对于马克思在1843年3月至9月期间批判黑格尔法哲学这一事件,一般认为它对马克思"向唯物主义转变起了重要作用"③,但从马克思的《〈黑格尔法哲学批判〉导言》中能够十分清晰地看到,这个时期马克思已经发现了无产阶级及其历史使命,这具有十分重要的马克思主义话语史的意义。联系到标志历史唯物论产生的著作《德意志意识形态》,特别是联系标志马克思主义产生的著作《共产党宣言》来理解马克思的人民创造国家制度的思想,应该明确指明,这一思想属于马克思主义国家学说的重要组成内容,特别是"工人革命的第一步就是使无产阶级上升为统治阶级,争得民主"及"无产阶级将利用自己的统治,一步一步地夺取资产阶级

---

① [德]马克思:《黑格尔法哲学批判》,《马克思恩格斯全集》第一卷,人民出版社,1956年,第281页。

② 同上,第316页。

③ 中共中央马克思恩格斯列宁斯大林著作编译局关于编译《马克思恩格斯选集》第一卷的说明,见该书(人民出版社,1995年)第2页。

的全部资本,把一切生产工具集中在国家即组织成为统治阶级的无产阶级手里,并且尽可能快地增加生产力的总量"①等这些论说,是马克思主义关于人民创造国家制度的基本原理的阐释。

马克思说:"要建立新的国家制度,总要经过真正的革命。"②中国共产党领导中国人民经过28年浴血奋战取得新民主主义革命的胜利,建立了中华人民共和国,将马克思主义人民创造国家制度的原理付诸中国实践,并且创造了在一个现代工业很不发达的农业大国建立社会主义国家制度的奇迹。人民创造国家制度的中国实践具有许多特点。1939年10月,毛泽东在《〈共产党人〉发刊词》这一著名文献中曾具体分析阐释中国革命中的基本问题,指出:"统一战线问题,武装斗争问题,党的建设问题,是我们党在中国革命中的三个基本问题。"毛泽东强调:"正确地理解了这三个问题及其相互关系,就等于正确地领导了全部中国革命。"基于此,毛泽东将统一战线、武装斗争、党的建设视为革命取胜的"三个主要的法宝"③。其中,党的建设问题实质是解决党的正确领导的问题。后来,毛泽东在《论人民民主专政》的名篇中,更加系统总结中国革命的经验,指出:"我们有许多宝贵的经验。一个有纪律的,有马克思列宁主义的理论武装的,采取自我批评方法的,联系人民群众的党。一个由这样的党领导的军队。一个由这样的党领导的各革命阶级各革命派别的统一战线。这三件是我们

---

① [德]马克思、恩格斯:《共产党宣言》,《马克思恩格斯选集》第一卷,人民出版社,1995年,第293页。

② [德]马克思:《黑格尔法哲学批判》,《马克思恩格斯全集》第一卷,人民出版社,1956年,第315页。

③ 参见毛泽东:《〈共产党人〉发刊词》,《毛泽东选集》第二卷,人民出版社,1991年,第605—606页。

战胜敌人的主要武器。这些都是我们区别于前人的。"①这些特点反映的是中国革命全部内容和过程,当然包括中国共产党在领导革命过程中的政权建设。但是,从人民创建国家制度的实践意义上说,政权建设这个方面的内容有更专门的研究价值,值得特别加以强调。

中国共产党领导人民创建国家制度与中国共产党领导的中国革命几乎相伴而行。最早的尝试发生于1926年秋至1927年春的上海,即中共党史上著名的上海工人三次武装起义,其中前两次起义均告失败,而1927年3月20日的起义取得成功。起义成功后,"3月22日,上海工商学各界举行市民代表会议,选举19人组成上海特别市临时市政府(即上海市民政府),其中有罗亦农等共产党员和共青团员10人。上海临时市政府虽然只存在了24天,但它是在党的领导下最早由民众在大城市建立起来的革命政权"②。这也是大革命时期巴黎公社起义模式在中国的实验。

1927年至1928年的井冈山斗争时期,毛泽东提出了工农武装割据思想和建立工农民主政权的主张并付诸实践。毛泽东说:"一国之内,在四围白色政权的包围中,有一小块或若干小块红色政权的区域长期地存在,这是世界各国从来没有的事。"③但它在中国能够存在和发展,因为它具备五个方面的重要条件:一是半殖民地中国,经济落后以及帝国主义间接统治,致使多个白色政权之间长期分裂和战争;二是具备一定的革命基础;

---

① 毛泽东:《论人民民主专政》,《毛泽东选集》第四卷,人民出版社,1991年,第1480页。

② 中共中央党史研究室:《中国共产党历史(第一卷)(1921—1949)(上册)》,中共党史出版社,2020年,第184页。

③ 毛泽东:《中国的红色政权为什么能够存在?》,《毛泽东选集》第一卷,人民出版社,1991年,第48—50页。

三是全国革命形势持续发展；四是正式红军的存在；五是共产党组织有力量及政策不失误。毛泽东所提出的工农武装割据思想具有理论和革命实践的创造性，可以说，这一富有创造性的思想和实践为其走农村包围城市的革命道路的理论的形成提供了前期思想和实践经验的基础。与此同时，工农武装割据思想包含着工农政权的意涵。井冈山斗争时期虽然不长，但工农民主政权建设却是一个重要的闪光点。1928年5月在宁冈茅坪举行湘赣边界第一次党代会，成立了中共湘赣边界特委，紧接着便成立了湘赣边界统一的工农兵苏维埃政府。实际上，早在1927年11月下旬就在茶陵县、遂川县建立了工农兵政府，1928年2月鄘县也成立了工农兵政府。其中遂川县工农兵政府成立后，在毛泽东亲自指导下，颁布了《遂川工农县政府临时政纲》，"其内容涉及政治、军事、文化、土地、生产和人民生活等诸方面的施政措施和方针，共有30多条"。该政纲"是中国革命史上第一部真正代表工农利益的施政大纲，是对井冈山革命根据地政权建设的一大贡献，为后来红色政权的建立提供了宝贵的经验"①。

在开辟农村包围城市的革命道路历程中，中央苏区政权建设是其中一个重要体现，也是革命进行中尝试建立国家制度的中国实验。1931年11月7日至20日，中华苏维埃第一次全国代表大会在瑞金叶坪村举行，来自各根据地及国民党统治区的610名代表参加大会。毛泽东代表苏区中央局向大会做了《政治问题报告》，通过了《中华苏维埃共和国宪法大纲》《中华苏维埃共和国土地法》《中华苏维埃共和国劳动法》《中华苏维埃共和国关于经济政策的决定》等一系列法律文件。大会选举产生了中

---

① 中国井冈山干部学院编著：《井冈山斗争时期的县委机构：中国共产党遂川县委》，中国发展出版社，2016年，第76—77页。

华苏维埃共和国临时中央政府,宣告中国历史上一种新型的工农民主专政的政权——中华苏维埃共和国诞生了。该共和国建立了工农兵代表大会制度,分为乡(市)、区、县、省及全国五级。其中乡级代表大会由选民直接选举工农兵代表组成,每上一级代表大会,均由下一级代表大会按一定比例选举的代表组成。每一级代表大会均选举产生同一级苏维埃政府组成人员。从1931年11月至1934年1月,在中央根据地举行了三次民主选举。在代表大会闭会期间,由从代表大会选举产生的各级执行委员会代行权力,并对代表大会负责。这个新型政权的成立有共产国际的指导,中共中央也为此做了长达一年多的准备(其中也包括因反"围剿"而延期的情况),直至1935年,这个新型政权存在了3年多时间。"到第五次反'围剿'前夕,中央苏区疆域在江西达到极盛,除占据赣南一半以上地域外,北延到南城、黎川地区,面积在4万平方公里左右。"①可以说,这个新型政权是中国共产党领导人民正式创建国家制度的一个历程和一个实践。尽管这个政权模式"就是当时世界唯一的苏俄式苏维埃政权"②,但从中国革命道路的特点来看,"党领导的根据地政权建设,是开辟人民政权道路的重要实践。这对中国共产党学会治国安民的本领,积累了宝贵的经验"③。

抗日战争时期,以陕甘宁边区政府为代表的抗日民主政权是中国共产党领导的更具国家形态的政权。就其性质而言,它是抗日民族统一战

---

① 黄道炫:《张力与限界:中央苏区的革命(1933—1934)》,社会科学文献出版社,2011年,第13页。

② 同上,第106页。

③ 中共中央党史研究室:《中国共产党历史(第一卷)(1921—1949)(上册)》,中共党史出版社,2020年,第361页。

线政权，既不同于当时的国民党政权，也不同于土地革命时期建立的工农民主政权。在理论上它是国民政府所设特别行政区域，但实际上，它完全在中国共产党领导下运行，并与国民党的南京政府形成了鲜明的对照。就政权结构说，它由立法、行政和司法机关构成。立法机关称参议会，行政机关即政府。参议会设边区(省)和县两级，边区政府设边区(省)、县及乡三级。司法机关设边区高等法院、高等法院分院及县级法院。机关中的人员组成执行"三三制"原则，即共产党员、非党的左派进步分子和中间派应各占三分之一。抗日战争时期中国共产党创造的根据地边区政府模式，持续的时间最长，即使在抗日战争胜利后，国民党政府不再承认边区政府以后，它依然存在，并延续到新中国成立初期。以1937年陕甘宁边区政府成立为标志，这个抗日民主政权存在长达十余年。这期间，毛泽东较深入系统地探索了国家理论和制度建设实践诸多问题，这些探索的成果是中国共产党领导人民创造新型国家制度探索中最重要的阶段成果，其中许多概念及其论说，如"国体""政体""人民民主专政""精兵简政""人民代表大会""民主政治""民主集中制""宪法"，等等，都在中华人民共和国的新型国家制度建设中发挥重要基础理论的指导作用，也逐渐发展成为当代中国政治生活中的基本知识。

　　1949年3月5日至13日召开党的七届二中全会，是中国共产党为准备建立中华人民共和国而召开的一次重要会议。毛泽东在会议上所做的报告，关于将要成立的新中国的国体给出了经典性的表述："无产阶级领导的以工农联盟为基础的人民民主专政"①，并提出了新中国的国家建设

---

① 毛泽东：《在中国共产党第七届中央委员会第二次全体会议上的报告》，《毛泽东选集》第四卷，人民出版社，1991年，第1436页。

的战略性思考,例如提出"在革命胜利以后,迅速地恢复和发展生产,对付国外的帝国主义,使中国稳步地由农业国转变为工业国,把中国建设成为一个伟大的社会主义国家",强调"我党同党外民主人士长期合作的政策,必须在全党思想上和工作上确定下来"①等。这些战略性思考被后来的实践证明是完全正确的政治构想。报告就召集新的政治协商会议和成立民主联合政府的条件做出分析和判断,就党的工作重心由农村转向城市,以及中华人民共和国成立后的政治、经济、文化、外交、国际经贸关系等重要政策主张,都做了重要阐述。该报告以及1949年6月发表的《论人民民主专政》,对于研究人民创造国家制度的主题来说,是十分重要的文献。

从1949年9月召开的中国人民政治协商会议第一届全体会议,到1954年9月第一届全国人民代表大会第一次会议举行,从《中国人民政治协商会议共同纲领》到《中华人民共和国宪法》,历经五年,中华人民共和国的国家根本制度架构建立起来,人民创造国家制度在中国走出了一个完整而丰富的历程,形成了富有特色的理论和实践经验,书写了国际共产主义运动不朽的新篇章,提供了在人类走向现代社会中,由人民创造国家制度的中国样式。

这里尝试从以下几个方面总结描述中国共产党领导中国人民创造国家制度的实践特征:

第一,开创了新型革命样式。中国共产党创造了马克思主义中国化的革命学说,走出一条符合中国实际的以农村包围城市,最终建立全国政权的革命道路,开创了新型革命样式。这种革命样式由以下各个实然的

① 毛泽东:《在中国共产党第七届中央委员会第二次全体会议上的报告》,《毛泽东选集》第四卷,人民出版社,1991年,第1437页。

历史过程和事件为表征:一是革命的长期性及其理论认识,二是革命的复杂性、艰巨性及其理论认识,三是革命主体力量的逻辑构建及其实践的正确运用,四是讲究革命及战争方略与斗争艺术。

属于无产阶级或工人阶级革命范畴的社会革命,除中国共产党领导的中国革命外,历史上有巴黎公社起义、俄国十月革命、古巴革命、朝鲜革命、越南八月革命及东欧社会主义革命等。在列举的这些革命中,无疑以俄国十月革命为典型。与这些革命相对照,中国革命虽然在十月革命影响下发生,得到来自共产国际及其他国家共产党的帮助,但依然是具有独立自主性、极富有中国自己特色的社会革命。从1921年中国共产党成立到1949年中华人民共和国成立共28年,革命历史最长;中国共产党参与领导了大革命,领导了土地革命战争、抗日战争及解放战争,革命对象既有外国帝国主义、封建军阀势力,也有大地主及官僚买办资产阶级,在艰苦的革命与战争历程中,既犯过许多错误、经历许多失败,也能够检讨和修正错误,赢得许多胜利,特别是最终赢得抗日战争和解放战争的胜利;紧紧依靠人民,正确分析人民的结构,始终坚持以工人阶级为领导阶级,并建立巩固的工农联盟和与不同时期的其他具有革命性的力量建立统一战线,建立以农民为主要构成的正规军队,并注重用无产阶级革命思想武装和建设军队,从而空前地凝聚起人民的力量;正确分析和认识中国革命,制定正确的革命纲领、战略、策略,走出符合实际、能够将中国革命引向胜利的道路,形成符合中国革命特点的革命学说、战争理论和斗争艺术。正是在这种新型革命样式中生长出了未来国家的"基因"与"细胞",即未来国家将出自这种革命逻辑,这种革命逻辑将永久注入新型国家的机体,也由此构成了中国共产党领导人民创造国家制度的首要特征。

第二,建立和建设革命根据地政权,构造革命中的"国家"。中国共产党在1927年以后,通过建立和领导正式的人民军队,建立革命根据地,在根据地建立革命政权等,来领导中国革命,开创了中国革命的道路,创造了革命的系统方法。无疑,根据地的政权建设服务于武装斗争,但从根据地政权的性质、组织与构建、职能设置、活动等诸多要素分析,其政治意义不亚于构造一种在革命进程中的"国家",它是使革命及其各种行动获得权威性与合法性的根本方式,是宣传、组织、动员、教育、培养民众,获取革命斗争所需资源的根本途径,是中国共产党红色政权生产的试验田,更是未来新国家大厦的奠基石。

据中国井冈山干部学院编著的《井冈山斗争时期的县委机构:中国共产党遂川县委》一书的记述:

> 1928年1月24日,遂川县工农兵政府在县城宣告成立。那天,正是大年初二,天气回暖,风和日丽。一大早,一两万工农群众,聚集在县城张家祠的大草坪前,集会庆祝遂川县工农兵政府的成立。大家喜气洋洋,互相拜年,同庆喜事降临。在一片锣鼓声中,毛泽东、陈正人、张子清、宛希先、王次淳等登上主席台。约10时许,大会执行主席陈正人宣布遂川县工农兵政府成立!顿时,鞭炮齐鸣、锣鼓喧天,口号声、欢呼声,此起彼伏。
>
> 参加大会的有工农革命军战士、区乡农民协会代表、暴动队和赤卫队队员,以及万安、泰和两县的农民代表等数千人,号称"万人大会"。大会主席台坐北向南,主席台顶上插着两面大红旗,横梁上挂着"庆祝遂川县工农兵政府成立"横幅,主席台两边木柱上,贴着经毛

泽东亲自修改过的对联。

想当年你剥削工农，好就好，利中生利；

看今朝我斩杀土劣，怕不怕，刀上加刀。

在主席台就座的有毛泽东、陈正人、张子清、宛希先、谭震林、毛泽覃、王遂人、刘万青、彭芬兰、柏金吾、罗凤鸣、蒋世良、刘辛木、王次淳、王次榛、肖万燮、肖万焜和万安、泰和县的代表。大会由陈正人主持，并宣布王次淳为县工农兵政府主席。

毛泽东在大会上讲了话。他说："同志们，乡亲们！新年伊始，遂川工农兵政府成立了！我们的工农劳苦群众解放了！"他指着县工农兵政府主席王次淳，说："这位就是你们的县长，叫王次淳，西庄人。前几天还在挑大粪，现在要当县长了。但是，革命靠一个县长不行，还要靠大家团结。一根稻草，一拉就断，把稻草拧成一股绳，就不容易断了！"

大会还宣布了《遂川工农县政府临时政纲》以及各组织负责人名单：县农民协会委员长王佐农，县总工会主席蒋世良，县赤卫队队长王次榛。

大会最后一项议程，赤卫队押来了大劣绅郭渭坚。工农兵政府立即行使职权，举行公审大会，裁判长郭安民宣读了郭渭坚的罪状，王次淳代表县工农兵政府宣布处以郭渭坚死刑，立即执行，并在判决书上加盖了县工农兵政府大印。

县工农兵政府实行工农兵代表大会制，代表大会选举执行委员，执委选举常委，常委会产生主席。县政府内设土地、教育、裁判、劳动、军事和财政部。办公地点设县城万寿宫。

大会开到下午2点。全场贫苦平民无不欢欣鼓舞。会后,老百姓唱起了新编的歌谣《过新年》。①

这段生动的描写,有如将我们带到了九十多年前遂川县工农兵政府成立的现场,工农百姓通过这个仪式而见到、亲身感受到了一种从未见过的政权。世代贫苦的这些人民大众,他们没有文化,不知道国家是什么,也可以推断他们当时根本意识不到他们已经参与了一种权力的生产。但是当毛泽东讲话说工农兵政府成立,工农劳苦群众解放了,几天前还在挑粪的农民现在成为工农兵政府的县长,而且工农兵政府仅靠县长不行,还要团结起来,"拧成一股绳",这时一种新的政治知识就这样自然而然地从那种场景中形成并进入现场的数千民众头脑中。从1927年到1949年,中国从南到北建立了众多革命根据地,每个根据地都组建了类似遂川这样的红色政权,更有中央根据地和中华苏维埃共和国及边区政府等更为典型的革命中的"国家"。马克思说人民创造国家制度,对中国人民而言,他们是在中国共产党领导下,以长期革命斗争方式和农村包围城市的道路而不停地创造一种新型的国家制度。

第三,人民当家作主的主体性锻造。中国样式的革命,也是革命的主要力量之一,即农民的主体性锻造的革命,这是国际共产主义运动史上最出色的篇章。中国共产党将马克思主义工农联盟的思想创造性运用于中国革命,使得这个联盟在革命的血与火的洗礼中锻造成钢,并铸成革命政权的强大无比的政治与社会基础。当新型国家制度在这样的基础上建立

---

① 中国井冈山干部学院编著:《井冈山斗争时期的县委机构:中国共产党遂川县委》,中国发展出版社,2016年,第89—91页。

起来，也就意味着人民将从这个基础上生长为主体力量，他内在于国家，从而这个国家在本体意义上，就是人民当家作主的国家。

毛泽东引用斯大林的话说："在中国，是武装的革命反对武装的反革命。这是中国革命的特点之一，也是中国革命的优点之一。"毛泽东进一步论证道："在中国，只要一提到武装斗争，实质上即是农民战争，党同农民战争的密切关系即是党同农民的关系。"①土地革命与生产、红色政权建设和运行、人民军队，这是农民纳入中国共产党领导范畴并进入中国现代史的三位一体历程，也是以工农联盟为基础构建国家的逻辑得以成立的历史条件。土地革命，一语双关。一是专指中共党史上的一个时期，即1927年至1937年，在这个所指中，通常完整地被称为土地革命战争时期；二是指农民与土地关系，或中国土地制度的变革，这一所指遍及整个中国现代史。中国的土地革命是中国农民实现主体性转变的历史过程，即农民实现由农民性转变为人民性的历史过程。这个过程伴随着政权建设，伴随着持续的战争，伴随着正式的人民军队的发展壮大，锻造出中国革命的主体力量，进而锻造了创造新的国家制度的主体力量。

当然，从认识论角度说，农民的主体性转变具有总体性，不能用所谓去除价值判断及实证方法来考察。可能在这个过程中的任何一个个体农民身上都还存在这样或那样的不足，他非常可能不是完美的革命者，但这并不影响总体的历史。主体性不是计算出来的。仅从人民军队建设中我们就完全能够找到农民的主体性转变的解释逻辑。从中国共产党建立军队早期的三湾改编、古田会议等重要历史事件中可知，这支革命军队是如

---

① 毛泽东：《〈共产党人〉发刊词》，《毛泽东选集》第二卷，人民出版社，1991年，第604—605页。

何形成革命性和人民性的。共产党将先进性和革命精神注入军队,通过加强党对军队的领导和强化部队政治工作,通过建立和加强军事民主、军纪、群众纪律等制度建设,进而克服官兵中各种非无产阶级思想,把这支军队建设成了既能打仗,又能生产,又能做艰苦细致的群众工作的先进的现代军队。军中的来自农民身份的官兵们都要经历从农民到革命者的嬗变。这样的根本性转换不仅仅发生在军队,也同样发生在政权建设中,不仅仅发生在农民身上,也发生在参加革命的众多知识分子身上。于是,当革命成功,新的国家建立,那些从军队中、从根据地政权中走出来的领导者,自然而然也就成为共和国的各级领导者。

二、人民:进入国家及其主体地位

恩格斯在19世纪80年代就曾指出,国家是一种"从社会中产生但又自居于社会之上并且日益同社会相异化的力量","国家的本质特征,是和人民大众分离的公共权力"①。时隔两年后,恩格斯又指出,由社会创立的国家政权,"它刚一产生,对社会来说就是独立的,而且它越是成为某个阶级的机关,越是直接地实现这一阶级的统治,它越是独立"②。恩格斯指出了国家的一般特性,对于国家的这个一般特性来说,无产阶级国家也不会例外,因此,在19世纪90年代恩格斯在为马克思的《法兰西内战》所写的导言中直言:"国家再好也不过是在争取阶级统治的斗争中获胜的无产阶

---

① [德]恩格斯:《家庭、私有制和国家起源》,《马克思恩格斯文集》第四卷,人民出版社,2009年,第189、135页。
② [德]恩格斯:《路德维希·费尔巴哈和德国古典哲学的终结》,《马克思恩格斯文集》第四卷,人民出版社,2009年,第308页。

级所继承下来的一个祸害；胜利了的无产阶级也将同公社一样,不得不立即尽量除去这个祸害的最坏的方面,直到在新的自由的社会条件下成长起来的一代有能力把这全部国家废物抛掉。"①如果说巴黎公社只是建立无产阶级专政国家的一次十分短暂的尝试,那么苏联的七十多年社会主义国家由盛及衰最终在剧变中失败的历史,则留下了十分惨痛的教训。这个惨痛的教训归结为一点,就是社会主义国家如何解决国家与人民大众分离的问题。对社会主义国家而言,它的"最坏的方面"是什么? 结合马克思主义的国家原理和社会主义国家的历史经验来论及,国家内在的与人民相分离的力量就是这个最坏的方面。

于是,人民进入国家的问题就提了出来,而这个问题是社会主义国家的根本原理问题,它要回答人民如何才能克服国家的最坏的方面,而发挥国家更好的方面,使其服务于人民的目的。在中国特色社会主义道路的中国方案中,也有中国共产党领导人民不断进入国家,在国家中当家作主,使国家成为人民的有力而有效的工具的方案。

(一)人民与国家的位置关系

人民进入国家这个话语,"它是对共产党领导的社会主义制度条件下人民与国家关系的总概括,这一概念表示:其一,人民和国家不是二元对立的,它们是政治形态中各有其位置的总体关系;其二,人民通过各种确定途径进入国家,从而标志着民主事物以其确定的实在而存在"②。人民进入国

---

① [德]恩格斯:《〈法兰西内战〉1891年单行本导言》,《马克思恩格斯选集》第三卷,人民出版社,1995年,第13页。

② 商红日:《全过程民主彰显人民民主的本质》,《探索与争鸣》,2020年第12期。

家的两层含义都离不开这个根本前提,即共产党领导的社会主义制度,这个条件提供了历史性的和政治性的限定。在这一前提条件下,第一层含义明确反对西方自由主义政治理论对国家和社会关系的误置,同时厘清对马克思主义关于社会主义国家的观点的误解,并明确人民和国家之间的位置关系。第二层含义揭示人民进入国家的实质是人民当家作主。

在中国特色社会主义制度下,人民和国家的位置关系是怎样的?

在马克思主义关于国家的一般原理中,国家作为社会的上层建筑中最核心的部分,与整个上层建筑一起,都建立在相应的社会的经济基础之上。社会就是人们从事生产的共同活动以及"互相交换其活动"中,人们相互之间所发生的"一定的联系和关系",这些联系和关系也称为生产关系的总和。"生产关系总和起来就构成所谓社会关系,构成所谓社会,并且构成一个处于一定历史发展阶段上的社会,具有独特特征的社会。古典古代社会、封建社会和资产阶级社会都是这样的生产关系的总和,而其中每一个生产关系的总和同时又标志着人类历史发展中的一个特殊阶段。"①经济基础是指一定社会或生产关系的总和所具有的作用,这种作用体现为对于同样是从这个社会中建立起来的国家以及哲学、法律、各种思想、观念等意识形态所发挥的基础作用。没有这一基础,就不能形成相应的上层建筑,因此所谓基础作用也就是决定性作用。一旦国家及意识形态等上层建筑确立起来,就会对其经济基础发生反作用。需要厘清的是如下的一种误解:经济基础和建立在该种经济基础之上的上层建筑之间的关系是空间关系,它形成如下图所示的一种想象:

---

① [德]马克思:《雇佣劳动与资本》,《马克思恩格斯选集》第一卷,人民出版社,1995年,第344—345页。

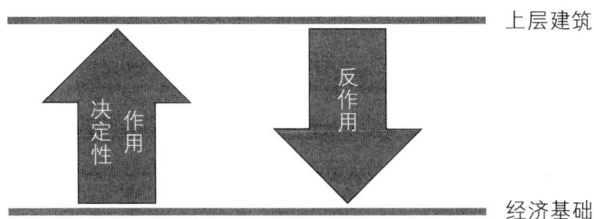

图13　经济基础和上层建筑想象性关系示意图

在上图中，经济基础和上层建筑之间由一个空间所分隔，它们之间的相互作用关系，被理解为居于不同位置的二者之间穿过分隔空间而发生的影响关系。但是，这个分隔空间是什么？是一个形而上学式的存在，即固化了的某种观念中的社会。于是，在经济基础和上层建筑之间平添了一个"社会"，而这个平添的社会通常会被赋予重要意义。实际上，经济基础指的就是社会本身所具有的基础意义，即以生产什么和怎样生产为标志的社会所具有的对上层建筑包括意识形态诸领域的基础意义。上层建筑及意识形态就"坐落于"社会中，由社会为其提供基础的支撑，借用现代政治学话语来描述，就是由社会为其提供合法性支持，但这里的合法性并非指社会认同，而是指生产水平能够形成这种支持的力量，整个上层建筑由于从社会中获取了这样的力量而与以往的上层建筑不同。当国家与社会分离的时候，就是国家的权力形成了自利性和独立性的时候，也就是国家由客体转换为主体的时候。这时，国家权力本质上是自我生产的。在不同社会形态中，国家与社会分离都是如此的情形。在社会主义制度建立以后，人民与国家的位置关系，本质上就是人民主体地位与国家客体地位的关系，要解决的问题就是人民主体地位的巩固和维护并发挥人民主体作用的问题。反过来说，就是反对和防止国家反客为主的问题。

(二)人民进入国家的含义及方式

应该如何理解人民进入国家的含义？经由何种过程？如何作为？

国家与社会的分离具有不可避免性。若使国家权力在国家治理体系中发挥其应有的作用,需要人民不断发挥其主体作用。人民进入国家就是人民的主体性成为国家意志,以及人民在国家事务中发挥主体作用的制度安排和实现方式。在中国特色社会主义的总体语境下,它运行的总原则便是人们耳熟能详的党的领导、人民当家作主和依法治国有机统一。这个总原则是对当代中国政治生活实践中所形成的基本经验的概括,反映中国特色社会主义政治发展道路的规律,并对现实与未来的实践发展具有根本的规范与指导意义。党的领导、人民当家作主和依法治国之间何以能够有机统一？关键在于执政党、国家和法治的人民主体性,即党的领导、人民当家作主和依法治国有机统一于人民主体性的逻辑。

1.中国共产党对国家的领导是人民进入国家的根本体现和保证

中国共产党领导人民创建社会主义的国家制度,这是在现代世界历史运动和国际共产主义历史运动交织叠加影响的大背景下,现代中国历史发展逻辑使然。中国共产党作为马克思主义执政党,矢志不移坚持共产主义理想,遵循历史唯物论所阐释的基本原理,并将其与中国实际发展状况相结合,开创了在生产力不发达、经济社会发展十分落后的条件下,建设中国特色社会主义的道路。在这条道路上,中国共产党还将始终牢记马克思主义早已阐释清晰的关于无产阶级历史使命的道理,继续领导中国人民向更加美好的人类社会远景目标奋进。依照人民至上的价值理念和全心全意为人民服务的立党宗旨，中国共产党秉持长期执政的信念，克服一切艰难险阻，战胜一切风险挑战，使社会主义的国家始终维护和保持人民的主体地位。正是在这样的意义上说，中国共产党对国家的领导就体现出了中国人民进入国家并发挥主体作用。接下来的推论也是成立的：坚持党的领导就是坚持人民的主体地位。

2.人民当家作主是人民进入国家的基本实践样式

人民当家作主是中国的人民民主的通俗称谓。人民民主"从价值理念转变为扎根中国大地的制度形态、治理机制、工作作风和生活方式，贯穿国家治理全过程，浸透到人们的工作生活之中"①。无论作为制度形态，还是治理机制，抑或工作作风等，人民民主都从中国共产党领导的革命历程中走来，可以说，它是为中国老百姓所熟悉，能够被人民群众所掌握和运用的现代政治生活实践样式。就其核心内容及其要义而言，人民民主就是人民的各个部分乃至个体共同构建主体性即人民性，通过学习、讨论、识别、认同、提出意见和建议、表决、付诸行动等实践过程，所形成的对根本利益的共同认知，所凝聚起来的统一的力量。简洁地概括，人民民主就是人民凝聚起来的统一的力量。这个力量驾驭着国家机器，使其始终朝着人民根本利益的实现和维护的方向，解决人民的所需所愿所难，服务于人民的物质生产、精神生产和社会生产的实践活动。

3.依法治国就是人民进入国家的法治化过程

这里有几层意思需要逐一理解：一是人民通过所制定的法律而将自己的普遍意志及根本利益固定化、规范化、制度化，以保证和便于执行法

①杨雪冬、黄小钫：《人民民主的百年探索及启示》，《光明日报》，2021年3月10日。

律的国家机关依法维护人民的根本利益;二是人民为其各个不同部分在管理国家事务中,协调他们相互之间的立场和行动、解决他们之间可能产生的矛盾与冲突,而运用法律的方式达成目的;三是对人民中发生的破坏法律、违反法治的行为,人民支持国家执法机关依法治理;四是对于国家执法机关违法以及执法活动的监督。这种法治化的实践过程,就是保障人民有秩序进入国家的过程。这个过程与党的领导的逻辑高度一体化。

需要指出的是:上述三个方面构成了人民进入国家的三种方式,即人民通过执政党的领导、人民民主和法治的方式进入国家,这些方式都是人民主体地位的政治落实的制度,它们为保护人民主体地位,从而由人民来驾驭国家,抑制国家与社会相分离,实现国家以人民为主、防止国家以自身为主提供制度保障。

三、国家治理的主体性及人民主体地位

在历史唯物论看来,人类的物质生产、精神生产和社会生产都是不间断进行的实践活动,在社会主义条件下,人民主体性也在这些不间断的实践活动中不断地生产出来,从而人民主体地位才有其内在的根据,并获得其外在的彰显。研究人民与国家的关系,将其归结为人民主体地位与国家治理的关系,看似"压缩"了主题,但实质上是在核心问题的实践领域进一步拓展和深化人民主体地位的话语生产。其中,国家治理就是核心问题的实践领域。在这个领域来拓展和深化话语生产的研究课题,就需要放弃一般地论述这二者之间关系的通常做法,而必须深入到国家治理实践,从中寻找和发现人民主体性在人民事物中的生成、发展与变化规律,

由此完成关于人民主体地位的话语生产的任务。

(一)中国改革开放以来的国家治理实践

中国的改革开放是用社会主义方式解放和发展生产力,并逐步推动中国的国家治理体系和治理能力的现代化,不断实现人民对美好生活期盼的历史运动。这一历史运动不断改变着当代中国的物质生产、精神生产和社会生产的水平,不断发展社会主义生活的品质,不断改变着人民的精神面貌。伴随着这一历史运动的进程,产生了中国特色社会主义理论和实践的开放的话语体系,奠定了中国共产党和中国人民的现代世界观的基础。中国在这一现代世界观引领下,带着自己的自信和对人类命运问题的深刻洞察与关切而走进全球化的世界。中国的国家治理就是在这样的宏观背景下而铺展开自己的图谱,我们也正是在这样的图谱中去找寻和发现人民主体性的叙事。

这里所探讨的国家治理包括国家治理体系和国家治理能力两个方面。在党的十八大之后,习近平曾对这两个方面的关系以及实践问题做出重要分析判断:"国家治理体系和治理能力是一个国家的制度和制度执行能力的集中体现,两者相辅相成。我们的国家治理体系和治理能力总体上是好的,是有独特优势的,是适应我国国情和发展要求的。同时,我们在国家治理体系和治理能力方面还有许多亟待改进的地方,在提高国家治理能力上需要下更大力气。"如何下更大力气? "只有以提高党的执政能力为重点,尽快把我们各级干部、各方面管理者的思想政治素质、科学文化素质、工作本领都提高起来,尽快把党和国家机关、企事业单位、人民团体、社会组织等的工作能力都提高起来,国家治理体系才能更加有效运转。"①这段话既是对改革开放以来中国的国家治理实践的经验总结,也是对国家治理体系和治理能力之间关系的深入思考,对人民主体性问题的学理研究,也具有重要指导意义和思想启发作用(该问题在后文展开论说)。基于习近平关于国家治理体系与国家治理能力相辅相成的论述,这里对改革开放以来的国家治理实践特点做出如下分析:

第一,以"立"治"破"的治理。"立"在"破"前,立而后破,不立不破。人们在理解改革的时候,有时会与革命话语衔接,例如邓小平说"我们把改革当作一种革命"②,"改革是中国的第二次革命"③,这是对中国改革开放意义的阐释,这一阐释强调了改革对中国经济社会发展和制度发展完善所具有的根本推动作用,强调改革就像革命那样,也要历经艰难险阻,也要付出牺牲。但改革毕竟不是革命。改革与革命的最大区别是"立"在"破"前,不立不破。通过创造、创新及其实验,先寻找"路子",发现"新大陆",再全面推进。全面推进在本质上就是全力破除。只有真正"立"起来,才能最终"破"成功。"立"已经包括使事物更完善的内涵。制度的体系完善了,即一个新的制度体系树立起来了,从而破除了体系的不完善的缺憾。因此,在中国讲"立",也不是西方国家的"立法先行",而是"从执行开始"。④社会主义没有现成的路可走,只有不断开辟新路,才能

---

① 习近平:《不断提高运用中国特色社会主义制度有效治理国家的能力》,《习近平谈治国理政》第一卷,外文出版社,2018年,第105页。

② 邓小平:《我们把改革当作一种革命》,《邓小平文选》第三卷,人民出版社,1993年,第82页。

③ 邓小平:《改革是中国的第二次革命》,《邓小平文选》第三卷,人民出版社,1993年,第113页。

④ 参见王绍光:《政治学本土化,时也,势也!》,《政治学研究》,2021年第1期。

达到光辉的彼岸。可以说"立"是社会主义的内在要求。

第二，时间治理和基础治理。一方面牢牢抓住社会主义最本质的东西，用好时间资源，以摧不垮、拉不断的韧性始终把握中心和主线；另一方面强化基础治理，不断提高基础治理的水平，形成了水到渠成的历史成效。解放和发展生产力、公有制为主体、共同富裕，这些是社会主义最本质的东西，也就是反映中国历史发展规律的东西，是中国共产党治国理政的总根据。时间对中国共产党和中国人民来说，是宝贵资源，当代中国治理的最出彩的一个方面就是对时间资源的使用。认清自己的家底，分阶段、分步骤设计目标方案，清晰地判断和抢抓机遇，擘画蓝图以形成现实实践中对人民的激励效应，高科技和前沿工业领域的弯道超车等，这些都是善于使用时间资源的例证。国际风云激荡，东欧剧变，西方霸权挑战，金融危机，贸易摩擦，南海问题、台海问题、钓鱼岛问题等，所有层出不穷的风险、挑战、难题都难以扯断中国共产党和中国的韧性，这是运用并驾驭理性的韧性，这是保持定力的韧性，从而是中国的国家治理的韧性。正是这种韧性累积起中国时间的磅礴力量。但从根本上说，中国的国家治理以强化基础治理并不断提升基础治理水平为更重要的特点。所谓基础治理即在纲领指引下对国家治理形成资源束缚、条件限制、瓶颈制约、利益固化等各种基础问题的根本解决。政策及体制、机制创新和改进是这里所言的基础治理，贫困治理、生态治理、腐败治理、依法治理、执政党建设等，都是这里所说的基础治理。这些基础治理绘就了中国的国家治理的底色。

第三，政治家集团治理。列宁在20世纪20年代初曾论述道："在通常情况下,在多数场合,至少在现代的文明国家内,阶级是由政党来领导的;政党通常是由最有威信、最有影响、最有经验、被选出担任最重要职务而称为领袖的人们所组成的比较稳定的集团来主持的。"①在中国革命中产生了中国马克思主义政治家集团,这个集团由共同的信仰、信念、理想及革命精神所凝聚,在长期斗争实践中,他们锻造成为最有威信、最有影响、最有经验的革命领袖,并作为政治家集团而构建了富有中国文化与中国革命特点的政治道德、政治智慧和政治品格,并形成了代际传播与扩散的优良传统。今天,在改革开放历程中成长起来的几代政治家集团,就这个集团而言,在继承传统的基础上,更增添了专业化和科学精神等现代要素,成为当今世界最优秀的政治家集团。中国的国家治理实践生产了这个集团,而这个集团又成为各个方面的国家治理的实施者。在当今世界的国家治理方面,中国的政治家成长和政治家集团的生产,特别是这个集团的人民主体性特质,是十分独特的,也是中国的国家治理中的重要经验,值得进行更深入系统的理论研究。

第四,突破官僚制极限的治理。在应对治理实践复杂局面与重大灾害事件时,在解决横向与纵向复杂格局中的跨域难题时,有效破解官僚制体系的困境,形成国家治理的独特优势。自20世纪80年代在欧美兴起公共管理变革运动以来,突破官僚制这支可见之手的缺陷的运动在世界各地迅速扩展,"公共行政的僵死的、等级制的官僚制组织形式曾经支配了整个20世纪漫长的时期,如今正转变为公共管理的弹性的、以市场为基

---

① 列宁:《共产主义运动中的"左派"幼稚病》,《列宁选集》第四卷,人民出版社,2012年,第151页。

础的形式"①。如何评价西方的这场公共管理的变革,需要更多一些时间,但有一点是可以肯定的:支持公共管理变革的这些研究者们,他们对这场变革的看法过于乐观。进入21世纪以来,西方公共管理的一些理论和做法也大量引入中国,并已经形成了十分广泛的影响。这些构成了一个言说的背景。在这个问题上,本论的基本观点是:迄今为止,作为现代公共行政治理的组织和制度形式,理性官僚制依然未到寿终正寝时候,而西方国家市场化取向的公共管理变革无非是进一步强化了理性工具的运用,不可能根本触及官僚制的硬核,特别是政府的核心职能部门尤其如此。

中国在改革开放以后,在较为完备的、具有科层组织特点的公共行政组织体系基础上,引入公务员制度、绩效管理制度、公共评价制度、应急管理制度等,并经过多轮行政体制改革,政府治理的现代化水平不断提高,其科学化、法治化、标准化、专业化等的能力与水平正在向更高质量要求迈进。应该看到,一方面,反映和体现现代工业文明及其科技水平的官僚制组织和制度体系,仍有其适应现代化生产与生活发展要求的性质与效能;另一方面,该种组织和制度体系也有其固有局限性或极限,如机构扩张的内在冲动、人浮于事、形式主义、官僚主义、效率低下等。后一方面的这些表现也是官僚制组织和制度体系的顽疾。改革开放以来,特别是党的十八大以来的一些新的实践探索及经验表明,中国的国家治理正在创造一种再中心化的新模式。与"去中心化"的做法相反,中国发挥共产党领导制度这一优势,运用党的领导的核心作用这一政治和组织机制,如领导小组或委员会制度、中央督导制度、跨行政区协作制度、大统战工作格

---

① [澳]欧文·E.休斯:《公共管理导论(第二版)》,彭和平、周明德、金竹青等译,中国人民大学出版社,2001年,第1页。

局、驻村工作队等,这些政治和组织机制在应对治理实践复杂局面与重大灾害事件,解决横向与纵向复杂格局中的跨域难题,解决重大攻坚任务等方面,有效破解了官僚制体系的困境,形成国家治理的独特效能。这些机制并不替代科层组织机制的作用,但却生长出科层组织所无法产生的机制,是国家治理实践中新模式的有效探索。

第五,党的自我革命的治理。这是中国的国家治理题中应有的议题,也是最根本的治理实践。作为百年大党和长期执政的政党,中国共产党"始终把为中国人民谋幸福、为中华民族谋复兴作为自己的初心和使命,并一以贯之体现到党的全部奋斗之中"①。在领导国家治理的实践中,中国共产党对自身的治理将决定国家治理全局、长远和成败,毫无疑问这就是中国治理的政治逻辑。习近平在分析一些党员、干部存在的问题时指出:"当前,少数党员、干部自我革命精神淡化,安于现状、得过且过;有的检视问题能力退化,患得患失、讳疾忌医;有的批评能力弱化,明哲保身、装聋作哑;有的骄奢腐化,目中无纪甚至顶风违纪,违反党的纪律和中央八项规定精神问题屡禁不止。""在一些党员、干部中,不愿担当、不敢担当、不会担当的问题不同程度存在。有的做'老好人''太平官''墙头草',顾虑'洗碗越多,摔碗越多',信奉'多栽花少种刺,遇到困难不伸手','为了不出事,宁可少干事','只想争功不想揽过,只想出彩不想出力';有的是'庙里的泥菩萨,经不起风雨',遇到矛盾惊慌失措,遇见斗争直打摆

---

① 习近平:《牢记初心使命,推进自我革命》,《习近平谈治国理政》第三卷,外文出版社,2020年,第530页。

子。"①就党的组织而言，"各种弱化党的先进性、损害党的纯洁性的因素无时不有，各种违背初心和使命、动摇党的根基的危险无处不在，党内存在的思想不纯、政治不纯、组织不纯、作风不纯等突出问题尚未得到根本解决"②。长期执政，担当长期领导国家治理的重任，需要长期坚持党的自我治理。中国共产党以自我革命方式不断加强党的建设，在继承和发扬党的优良传统和作风、全面加强党的领导制度建设的同时，创造出一系列诸如集体学习、自我监督、自我约束、从严治党、党规党法、主题教育、抓"关键少数"等行之有效的制度与机制，在世界政党史和国际共产主义运动史上，开创了政党自我革命与治理的范例。

当然，对于中国这样一个超大型国家的治理而言，在治理实践中存在一定的不足乃至缺憾在所难免，况且社会主义现代化国家只能在探索和开创中前行，需要不断面对治理中的未知与不确定性，因此必然要不断发现和解决新的问题，这将是中国的国家治理发展的常态。

(二)国家治理中的主体性及人民主体地位

中国的国家治理的主体性要求回答是谁、为了谁以及为了什么来治理国家这一政治和制度性的问题，其答案是：中国共产党领导人民为了实现好、维护好、发展好最广大人民根本利益而治理国家，这个答案是显而易见的。在这个答案中一个可见的核心政治逻辑，即中国共产党和人民构成国家治理主体，国家事务构成治理对象，治理的制度体系以及治理能

---

① 习近平：《持续推动全党不忘初心、牢记使命》，《习近平谈治国理政》第三卷，外文出版社，2020年，第541—542页。

② 同上，第538页。

力与水平构成必要条件,实现好、维护好、发展好人民的根本利益是国家治理的根本目的;在国家治理具体实践中,党和人民作为治理主体,构建起主体结构关系,即在中国的国家治理实践中,党紧紧依靠人民这一治理的主体力量,同时,党要为这支力量提供坚强领导。

中国的国家治理的主体性就是人民性。人民性,如上文所述,一是人民在思想、观念等意识上的整体性;二是人民的团结统一的政治性和组织性;三是人民在根本利益上的一致性;四是由以上三个性质在实践中必然形成的性质,即人民的普遍性。中国的国家治理以人民为起点,又以人民为终点。这里的人民就是具有这四种根本属性的人民。国家治理活动能够将这一人民逻辑贯穿于实践的始终,那么人民的主体地位就在国家治理事物中获得体现,并且最终,人民主体地位将在国家治理的制度体系中获得制度化规定,而这些制度反过来进一步推进和规范国家治理实践活动的深入。

社会主义国家处于不断变革的历史过程中,以创造和创新来驱动变革成为国家治理的因和果。创造与创新来自人民的生活的生产与再生产的需求。社会主义国家治理的主体性并非是一种理论规定性,而是国家治理实践的本性。恩格斯晚年曾预言道:"所谓'社会主义社会'不是一种一成不变的东西,而应当和任何其他社会制度一样,把它看成是经常变化和改革的社会。"[1]结合中国特色社会主义实践来看,这种经常变化和改革集中在国家治理制度的创新发展和健全完善上。它根源于人民对美好生活的期待,像历史唯物论的时间秩序原理所揭示的那样,人民必须不断进行物

---

① [德]恩格斯:《致奥托·冯·伯尼克》,《马克思恩格斯文集》第十卷,人民出版社,2009年,第588页。

质生产,进而不断进行精神生产和社会生产,历史才会不断向前推进,而人民福祉的不断实现与提高就构成社会主义历史的核心内容。国家治理的主体性在这样的历史过程中,在生活的生产和再生产的实践中而塑造。国家治理无疑属于客体事物。当我们要找到这种事物的主体性的时候,也就是要找出作用于该客体事物的主体是谁,并追问这个主体为什么及如何与该客体事物建立起联系,以至于主体的力量将促使客体事物生成相应主体性。这种主体性的生成过程就是主体——中国共产党和人民——对国家的治理过程,中国共产党和人民是什么样子,中国共产党和人民所治理的国家就会是什么样子,治理主体和治理客体最终统一于中国的国家治理实践中,因此国家治理的主体性就是国家治理实践的本性。

四、小结

人民与国家的关系同样是当代中国政治中的一个根本的政治关系,也是当代中国根本政治制度的重要基础。在话语生产理论视角下对这一根本政治关系的阐释,增加了些许阐释工具,如"构造革命中的国家""进入国家""治理国家""人民主体性""国家事务客体性"等,也强化了叙事性以及逻辑建构性。由此,在这样一个常识性、知识性主题的再研究中,重新获得了一些有理论价值和实际意义的思想观念和理论论说。

在本章的论述中,以下两个方面的内容值得再次给予特别强调:

一是关于党的领导、人民当家作主和依法治国有机统一的论述,本章在阐释中有所深化与推进。这得益于人民进入国家、党和人民的主体结构、人民主体地位和国家客体地位以及人民主体性等的认识,这些认识进一步促进了"党的领导、人民当家作主和依法治国有机统一"命题的学理化。

二是关于中国治理经验和国家治理中人民主体性的论说。本章关于中国治理五条经验的概括，即以"立"治"破"的治理、时间治理和基础治理、政治家集团治理、突破官僚制极限的治理及党的自我革命的治理是一项基于对中国治理实践的观察和人民主体性论说而形成的话语，这些话语仍有继续拓展与深化研究的意义。

第七章　以人民为中心及从人民
　　　返向公民的话语生产

　　与前面两章所研究的主题不同的是,以人民为中心这一主题涉及更多的是发展与公共政策问题,特别是民生与社会政策问题。因此,研究以人民为中心,在理论上旨在探讨中国或中国特色社会主义的发展问题,而在理论和实践联系的环节,旨在探讨中国政策过程从宏观、中观到微观的不同断面的理论和实践问题。显然,这个课题不能不触及公民的话语。在微观层面说,政策过程的末端相当大的部分都将面对每一个具体的公民。目前,我国理论界乃至现实生活实际中,对人民与公民的关系需进一步关注,这也凸显了本章主题研究的理论价值和实际意义。

一、以人民为中心的发展纲领

　　中国特色社会主义的发展问题是一个十分现实而又缺乏可借鉴的成功经验的重大理论和实践课题。改革开放以来,中国共产党在探索中形成的关于社会主义本质的论述、"三个代表"重要思想、科学发展观,以及以人民为中心的发展思想及其理论命题,为破解这一重大课题展开了不懈的探索。特别是党的十八大以来在理论和实践探索中关于中国特色社会主义发展问题的思考,更具有里程碑意义。

(一)发展:社会主义的本质要求

对中国而言,发展不只是战略与政策问题。制定高水平的发展战略与政策,前提是有正确的世界观和方法论,或者说,发展问题是对现代世界的现实与未来走势的根本判断和基本主张的问题(详见本书第三章第一节),同时回到中国改革开放的实践来认识,发展也是在回答什么是"社会主义,怎样建设社会主义"这个根本问题。

当我们将发展纳入历史唯物论的话语体系中来研究时,发展无疑是生产的逻辑。在历史唯物论中,生产是个宏观的大逻辑。它原本发生和体现于人类的求生存的活动,即"生产"能够满足人类生存所需要的"资料",也就是"生产物质生活本身"[①]。但是,这一生产活动一直伴随着人类的发展并将永无止境。只是在人类社会的历史演进中,人类不断地发展物质生活的生产,这种发展首先是基于"生产物质生活本身"的需要。在马克思、恩格斯看来,即使在发达的资本主义物质基础上建立起社会主义国家,国家建立后依然要通过"强制性干涉"来实现生产方式的变革,并快速发展生产力。"无产阶级将利用自己的政治统治,一步一步地夺取资产阶级的全部资本,把一切生产工具集中在国家即组织成为统治阶级的无产阶级手里,并且尽可能快地增加生产力的总量。"[②]20世纪六七十年代

---

① [德]马克思、恩格斯:《德意志意识形态》,《马克思恩格斯选集》第一卷,人民出版社,1995年,第79页。

② [德]马克思、恩格斯:《共产党宣言》,《马克思恩格斯选集》第一卷,人民出版社,1995年,第293页。

在中国发生的"文化大革命"完全背离了这个原理,出现了"以阶级斗争为纲"的所谓"抓革命,促生产"的错误纲领。党的十一届三中全会实现了历史性转折,党的工作重点转移到领导人民开展社会主义现代化建设的轨道。1982年,邓小平在党的十二大致开幕词,正式提出了建设有中国特色的社会主义的命题,标志着中国共产党找到了"什么是社会主义,怎样建设社会主义"的答案,为中国共产党领导人民与国家制定正确的发展纲领奠定了思想前提和认识论基础。

进入改革开放新的历史时期,在中国特色社会主义理论的丰富发展和完善进程中,发展问题成为"什么是社会主义,怎样建设社会主义"这个总问题中的一个重大关键问题,对此问题,邓小平始终站在社会主义的本质及其实现的高度来阐释和强调,并持续成为全党把握中国特色社会主义建设方向的主线和主题。江泽民从"三个代表"重要思想的系统阐释中来强调发展是中国共产党执政兴国的第一要务,强调"发展是硬道理,这是我们必须始终坚持的一个战略思想"①。胡锦涛提出了科学发展观,对发展的一系列重要实践问题进行了系统化阐释,指出:"科学发展观,第一要义是发展,核心是以人为本,基本要求是全面协调可持续,根本方法是统筹兼顾。"②从20世纪80年代初到21世纪的最初十余年,中国共产党人围绕"什么是社会主义,怎样建设社会主义"这个大课题,明确认识到了发展是社会主义的本质要求这个马克思主义基本观点,牢牢把握发展这个

---

① 江泽民:《在新世纪把建设有中国特色社会主义事业继续推向前进》,《江泽民文选》第三卷,人民出版社,2006年,第118页。

② 胡锦涛:《深入领会科学发展观》,《胡锦涛文选》第三卷,人民出版社,2016年,第2页。

执政兴国的第一要务,在实践的探索中,形成了一系列关于实现什么样的发展,怎样发展的科学发展观。

(二)进入新时代处在新发展阶段的中国发展问题

党的十八大以来,中国特色社会主义进入新时代。如何在新时代发展中国特色社会主义,这是中国共产党提出来的新课题、新思考和新探索,从而在解决发展问题上,再次体现出中国共产党人与时俱进的品格。新发展阶段是中国共产党的新概括,它是指中国社会主义发展进程中的一个重要阶段,即社会主义初级阶段的一个阶段,该阶段是在几十年社会主义发展的基础上,在更高起点上开始的新的重要阶段。依据2020年10月党的十九届五中全会通过的《中共中央关于制定国民经济和社会发展第十四个五年规划和二〇三五年远景目标的建议》的分析,中国的发展面临着诸多新的挑战,这些挑战也将是中国在新发展阶段实现新的发展所必须高度重视的问题。可将这些问题概括为两大方面:一是在世界百年未有之大变局过程所形成的错综复杂的国际环境即外部环境问题;二是中国社会主要矛盾变化后的基础的和突出的发展问题。

基于唯物史观看世界百年未有之大变局,发达的资本主义世界正在陷入"发达的陷阱",即不发达世界的多样性变迁和兴起使发达国家维护资本帝国霸权的费用已经难以长期维系,世界霸权已经奏响"发达"的哀歌。面对这样的大变局,21世纪的世界一方面要制定为过去的"发达"和"增长"埋单的均衡方案,另一方面要促进合理增长与发展,还要应对新冠肺炎疫情这样的全球性危机事件。在这样的变奏中产生出错综复杂的国际环境,就构成中国在新阶段实现新发展所要解决的外部环境问题。

党的十九大做出的中国社会主要矛盾发生转变的分析和判断,是发现和揭示中国在新阶段发展问题的重要指引,也将是解决这些发展问题的重要理据。依据《中共中央关于制定国民经济和社会发展第十四个五年规划和二〇三五年远景目标的建议》,在解决未来中长期发展问题时,必须认识到:中国发展的不平衡不充分中的矛盾和问题集中体现在发展质量上,因此必须把发展质量问题摆在更为突出的位置,提升发展质量和效益是新阶段发展的主题。为此,要解决创新能力不适应高质量发展要求、农业基础还不稳固、城乡区域发展和收入分配差距依然较大,以及生态环保任重道远、民生保障存在短板、社会治理还有弱项等一系列基础的和突出的发展问题。

上述两大方面的问题即应对错综复杂的国际环境带来的挑战和实现高质量发展,这二者之间并非是截然分开和各自孤立的问题,恰恰相反,在中国特色社会主义已经进入新时代,中国发展已经进入新阶段的形态下,中国解决自己的问题同中国参与解决世界的问题的能力紧密纽结在一起,而这一点则是进入新时代处在新发展阶段的中国,如何实现发展的关键问题,也是与前四十年发展有重要区别的认识维度。

(三)新发展理念:以人民为中心的发展纲领

新发展理念是习近平新时代中国特色社会主义思想的重要内容。自党的十八大以来,习近平就中国的发展问题发表了诸多论说,其中新发展理念集中体现了习近平新时代中国特色社会主义思想的发展观,这一发展观在党的十八大以来的新时代中国特色社会主义建设实践中,发挥了重要指导作用。

习近平指出："理念是行动的先导,一定的发展实践都是由一定的发展理念来引领的。"2015年,习近平在《中共中央关于制定国民经济和社会发展第十三个五年规划的建议》开始起草时就强调："首先要把应该树立什么样的发展理念搞清楚,发展理念是战略性、纲领性、引领性的东西,是发展思路、发展方向、发展着力点的集中体现。"①在这一思想指导下,党的十八届五中全会形成了坚持创新、协调、绿色、开放、共享的发展理念。此后,习近平多次详加阐释新发展理念。2016年初,习近平在省部级主要领导干部学习贯彻十八届五中全会精神专题研讨班上,从近代以来的世界发展历程的大视野来阐释"创新";运用唯物辩证法原理及其与中国现代化建设实践相结合的方法来论说"协调";结合人与自然关系的历史唯物论原理、中国古代的生态思想、20世纪发生的诸多生态灾难事件等来阐述"绿色";运用马克思主义的世界历史理论分析经济全球化的本质、逻辑和过程,结合近代以来中国与世界的关系变迁史,进一步论说"开放";通过阐释"着力践行以人民为中心的发展思想"来阐释"共享"。习近平这篇讲话理论联系实际,历史与现实结合,中国与世界紧密衔接,系统完整地论述了新发展理念,是习近平发展思想的经典性著述。

2021年5月初,习近平在《求是》发表《把握新发展阶段,贯彻新发展理念,构建新发展格局》一文,对新发展理念给予特别的强调,要求"全党必须完整、准确、全面贯彻新发展理念",指出:"党的十八大以来我们对经济社会发展提出了许多重大理论和理念,其中新发展理念是最重要、最主

---

① 习近平:《以新的发展理念引领发展》,《习近平谈治国理政》第二卷,外文出版社,2017年,第197页。

要的。"①这一理念是中国共产党关于发展的目的、动力、方式、路径等一系列理论和实践问题的清晰而明确的回答,阐明了中国共产党关于发展的政治立场、价值导向、发展模式、发展道路等重大政治问题。新发展理念建立在对社会主义发展阶段的深化和发展的认识基础之上,贯穿着以人民为中心的思想,是新时代中国特色社会主义经济社会发展的总纲领。

二、发展纲领:政策价值主导的实践逻辑

研究当代中国的公共政策,不能忽略执政党的发展纲领和政府的五年规划。纲领与规划构成中国的宏观政策过程。蕴含于这个宏观政策过程的实践逻辑,即由执政党发展纲领所定义和阐明的价值主导实践逻辑。

纲领是中国共产党依据自己的价值理念和理论,对党在某一特定时期的根本任务的规定,通常由目的或总体目标及其方向、道路、根本方式等要素所构成,是党的领导的实现方式与方法,也是党的理论的实践转换途径和机制。虽然通过制定纲领来指示行动的方向是现代政治的普遍现象,但对无产阶级政党来说,正确地制定纲领是党是否成熟的标志,也是社会评价这个党的重要依据。"一般说来,一个政党的正式纲领没有它的实际行动那样重要。但是,一个新的纲领毕竟总是一面公开树立起来的旗帜,而外界就根据它来判断这个党。"②对于要建立无产阶级政党这样的政治行动而言,纲领具有标志性,"如果建立一个没有纲领的党,一个谁都

---

① 习近平:《把握新发展阶段,贯彻新发展理念,构建新发展格局》,《求是》,2021年第9期。

② [德]恩格斯:《给奥·倍倍尔的信》,《马克思恩格斯文集》第三卷,人民出版社,2009年,第415页。

可以参加的党,那末这就不成其为党了"①。实际上,《共产党宣言》就是全世界无产阶级政党所共同拥有的纲领。中国共产党在领导中国革命、建设和改革的长期实践中,运用纲领的制定与施行而实现党的团结统一,领导革命、建设和改革实践并取得成功,这已经成为中国共产党领导的重要特色。

改革开放以来直到现今,通过执政党制定发展纲领并经过国家法定程序而转化为政府的行动纲领,构成当代中国宏观的公共政策过程,这个过程凝聚起中国社会的力量,自上而下贯通起人民的期盼,从中央到地方串起公共政策的主题、主线,集中展示了中国具有鲜明特色的政治实践图景。发展纲领是中国共产党的领导集团(中央委员会及其政治局)关于国家五年经济社会发展问题而形成的集体认知和政治共识,通常以正式、规范及系统文本的建议形式向国家提出,并经过国家法定的政治过程而发挥指导作用。贯穿于宏观政策过程的价值主导实践逻辑,是指内在于发展纲领的宏观指导性及其理据。虽然规划建议文本自身就具有指导意涵,但其中的价值依据需要特别强调,"宏观指导性"提供的就是整个规划建议文本或者发展纲领的价值依据。当我们将规划建议的宏观指导性及其理据与发展实践历程结合起来分析的时候,我们找到了中国宏观政策作用于发展实践的逻辑。这里仅以最近二十年即从"十五"计划建议至"十四五"规划建议的文本为例,我们能够从中解读出中国宏观政策过程的价值主导实践逻辑的特征及其变化轨迹。

为准确把握规划建议中体现中国宏观政策过程的价值主导与实践的关系,我们将定义价值主导的概念分解为"宏观指导性"和"理据"两个具

---

① [德]恩格斯:《致爱德华·伯恩斯坦》,《马克思恩格斯全集》第三十五卷,人民出版社,1971年,第401页。

体概念,并分别将其语义锚定,即回到文本中来厘定该具体概念的意义在建议文本中所指向的价值物,并在规划建议文本中寻找到符合语义锚定的内容,经过不同建议文本的比照,就能够解读出价值主导实践逻辑的特征与变化。下面,我们依次从"十五"计划建议至"十四五"规划建议文本中摘引[1]出相关内容,以便于展开分析。

《中共中央关于制定国民经济和社会发展第十个五年计划的建议》摘引如下:

> 第十个五年计划期间(二〇〇一至二〇〇五年)经济和社会发展的主要目标:国民经济保持较快发展速度,经济结构战略性调整取得明显成效,经济增长质量和效益显著提高,为到二〇一〇年国内生产总值比二〇〇〇年翻一番奠定坚实基础;国有企业建立现代企业制度取得重大进展,社会保障制度比较健全,完善社会主义市场经济体制迈出实质性步伐,在更大范围内和更深程度上参与国际经济合作与竞争;就业渠道拓宽,城乡居民收入持续增加,物质文化生活有较大改善,生态建设和环境保护得到加强;科技教育加快发展,国民素质进一步提高,精神文明建设和民主法制建设取得明显进展。
>
> 发展是硬道理,是解决中国所有问题的关键。实现现代化建设的宏伟目标,解决经济和社会生活中存在的矛盾和问题,不断提高人

---

① 如果将中共中央5个五年规划建议文本作为"附录"显然是不合适的。这里的摘引是在文本分析时使用的引证方式。对文本做摘要时,必须把握文本内在逻辑,但所摘录的内容并不一定是连续的段落,而所有的摘录有机排列,反映文本的总体性,这样就能够有效避免频繁引用和注释,特别是能够最大限度保持文本的完整性,便于下文展开分析,也便于作者和读者在本书中的前后对照。

民的生活水平,必须保持较快的发展速度。……国内外形势要求我们,必须坚定不移地贯彻党的十五大精神,坚持以经济建设为中心不动摇,抓住机遇,加快发展。

实现国民经济持续快速健康发展,必须以提高经济效益为中心,对经济结构进行战略性调整。……要坚持在发展中推进经济结构调整,在经济结构调整中保持快速发展。

推动经济发展和结构调整必须依靠体制创新和科技创新。要深化改革,充分发挥市场机制的作用,推进国有经济布局和所有制结构调整,使生产关系适应生产力发展的要求,进一步解放和发展生产力;继续实施科教兴国战略,加快科技进步和人才培养,充分发挥科学技术作为第一生产力的决定性作用。

制定"十五"计划,要把发展作为主题,把结构调整作为主线,把改革开放和科技进步作为动力,把提高人民生活水平作为根本出发点。要全面估量加入世界贸易组织后的新形势,充分体现发展社会主义市场经济的要求。

面对改革开放和现代化建设新阶段的形势和任务,必须坚持党的基本理论、基本路线和基本纲领,进一步解放思想,实事求是,正确处理改革、发展、稳定的关系,推动经济发展和社会全面进步。

《中共中央关于制定国民经济和社会发展第十个五年计划的建议》由序言加十六个部分构成,上文摘自序言部分。序言概要总结了包括"九五"时期在内的二十多年的改革开放和发展所取得的巨大成就,指出,我国的生产力水平迈上了一个大台阶,社会主义市场经济体制初步建立,全方位对外开放格局基本形成,已经实现了现代化建设的前两步战略目标,经济和社会全面发展,人民生活总体上达到了小康水平。从"十五"开始的五至十年,我国经济和社会发展进入新的重要时期,这将是进行经济结构战略性调整和完善社会主义市场经济体制、扩大对外开放的重要时期。在做出上述概括以后,连续用几段文字集中阐述"十五"时期的发展纲领,以上引文即为要点。

《中共中央关于制定国民经济和社会发展第十一个五年规划的建议》摘引如下:

> 坚持以科学发展观统领经济社会发展全局。制定"十一五"规划,要以邓小平理论和"三个代表"重要思想为指导,全面贯彻落实科学发展观。坚持发展是硬道理,坚持抓好发展这个党执政兴国的第一要务,坚持以经济建设为中心,坚持用发展和改革的办法解决前进中的问题。发展必须是科学发展,要坚持以人为本,转变发展观念、创新发展模式、提高发展质量,落实"五个统筹",把经济社会发展切实转入全面协调可持续发展的轨道。要坚持以下原则:
>
> 必须保持经济平稳较快发展。……
>
> 必须加快转变经济增长方式。……
>
> 必须提高自主创新能力。……
>
> 必须促进城乡区域协调发展。……
>
> 必须加强和谐社会建设。……
>
> 必须不断深化改革开放。……
>
> 科学发展观是指导发展的世界观和方法论的集中体现。全面落

实科学发展观,必须从思想上、组织上、作风上和制度上形成更为有力的保障。要深化对科学发展观基本内涵和精神实质的认识,建立符合科学发展观要求的经济社会发展综合评价体系,坚持一切从实际出发,尊重群众的首创精神,自觉按客观规律办事,扎扎实实推进改革开放和社会主义现代化建设。

"十一五"时期经济社会发展的目标。综合考虑未来五年我国发展的趋势和条件,"十一五"时期要实现国民经济持续快速协调健康发展和社会全面进步,取得全面建设小康社会的重要阶段性进展。主要目标是:在优化结构、提高效益和降低消耗的基础上,实现二〇一〇年人均国内生产总值比二〇〇〇年翻一番;资源利用效率显著提高,单位国内生产总值能源消耗比"十五"期末降低20%左右,生态环境恶化趋势基本遏制,耕地减少过多状况得到有效控制;形成一批拥有自主知识产权和知名品牌、国际竞争力较强的优势企业;社会主义市场经济体制比较完善,开放型经济达到新水平,国际收支基本平衡;普及和巩固九年义务教育,城镇就业岗位持续增加,社会保障体系比较健全,贫困人口继续减少;城乡居民收入水平和生活质量普遍提高,价格总水平基本稳定,居住、交通、教育、文化、卫生和环境等方面的条件有较大改善;民主法制建设和精神文明建设取得新进展,社会治安和安全生产状况进一步好转,构建和谐社会取得新进步。

从《中共中央关于制定国民经济和社会发展第十一个五年规划的建议》开始,原来的"五年计划"改为"五年规划",强调了科学发展观的理论和实践指导作用,使整个文本贯穿以人为本、"五个统筹"①及和谐社会建设思想。

《中共中央关于制定国民经济和社会发展第十二个五年规划的建议》摘引如下:

制定"十二五"规划,必须高举中国特色社会主义伟大旗帜,以邓小平理论和"三个代表"重要思想为指导,深入贯彻落实科学发展观,适应国内外形势新变化,顺应各族人民过上更好生活新期待,以科学发展为主题,以加快转变经济发展方式为主线,深化改革开放,保障和改善民生,巩固和扩大应对国际金融危机冲击成果,促进经济长期平稳较快发展和社会和谐稳定,为全面建成小康社会打下具有决定性意义的基础。

以科学发展为主题,是时代的要求,关系改革开放和现代化建设全局。我国是拥有十三亿人口的发展中大国,仍处于并将长期处于社会主义初级阶段,发展仍是解决我国所有问题的关键。在当代中国,坚持发展是硬道理的本质要求,就是坚持科学发展,更加注重以人为本,更加注重全面协调可持续发展,更加注重统筹兼顾,更加注重保障和改善民生,促进社会公平正义。

以加快转变经济发展方式为主线,是推动科学发展的必由之路,符合我国基本国情和发展阶段性新特征。加快转变经济发展方式是我国经济社会领域的一场深刻变革,必须贯穿经济社会发展全过程和各领域,提高发展的全面性、协调性、可持续性,坚持在发展中促转

---

① 即统筹城乡发展、统筹区域发展、统筹经济社会发展、统筹人与自然和谐发展、统筹国内发展和对外开放,是科学发展观的重要实践性、原则性和政策性指向。

变、在转变中谋发展,实现经济社会又好又快发展。基本要求是:

——坚持把经济结构战略性调整作为加快转变经济发展方式的
主攻方向。……

——坚持把科技进步和创新作为加快转变经济发展方式的重要
支撑。……

——坚持把保障和改善民生作为加快转变经济发展方式的根本
出发点和落脚点。……

——坚持把建设资源节约型、环境友好型社会作为加快转变经
济发展方式的重要着力点。……

——坚持把改革开放作为加快转变经济发展方式的强大动力。……

综合考虑未来发展趋势和条件,今后五年经济社会发展的主要
目标是:

——经济平稳较快发展。……

——经济结构战略性调整取得重大进展。……

——城乡居民收入普遍较快增加。……

——社会建设明显加强。……

——改革开放不断深化。……

经过全国人民共同努力奋斗,要使我国转变经济发展方式取得
实质性进展,综合国力、国际竞争力、抵御风险能力显著提高,人民物
质文化生活明显改善,全面建成小康社会的基础更加牢固。

中共中央关于制定"十二五"规划和"十一五"规划的建议,在文本上
保持了一致的形式风格,序言部分十分简短,正文均采用节段跨部分连续

排列方式。《中共中央关于制定国民经济和社会发展第十二个五年规划的建议》进一步强化科学发展观的引领性,通过"主题"和"主线"的逻辑构建,指明了科学发展的必然性、必要性及其实现路径,即"加快转变经济发展方式"。

《中共中央关于制定国民经济和社会发展第十三个五年规划的建议》摘引如下:

> 到二〇二〇年全面建成小康社会,是我们党确定的"两个一百年"奋斗目标的第一个百年奋斗目标。"十三五"时期是全面建成小康社会决胜阶段,"十三五"规划必须紧紧围绕实现这个奋斗目标来制定。
>
> "十三五"时期我国发展的指导思想。高举中国特色社会主义伟大旗帜,全面贯彻党的十八大和十八届三中、四中全会精神,以马克思列宁主义、毛泽东思想、邓小平理论、"三个代表"重要思想、科学发展观为指导,深入贯彻习近平总书记系列重要讲话精神,坚持全面建成小康社会、全面深化改革、全面依法治国、全面从严治党的战略布局,坚持发展是第一要务,以提高发展质量和效益为中心,加快形成引领经济发展新常态的体制机制和发展方式,保持战略定力,坚持稳中求进,统筹推进经济建设、政治建设、文化建设、社会建设、生态文明建设和党的建设,确保如期全面建成小康社会,为实现第二个百年奋斗目标、实现中华民族伟大复兴的中国梦奠定更加坚实的基础。
>
> 如期实现全面建成小康社会奋斗目标,推动经济社会持续健康发展,必须遵循以下原则。

　　——坚持人民主体地位。······

　　——坚持科学发展。······

　　——坚持深化改革。······

　　——坚持依法治国。······

　　——坚持统筹国内国际两个大局。······

　　——坚持党的领导。······

　　完善发展理念。实现"十三五"时期发展目标,破解发展难题,厚植发展优势,必须牢固树立创新、协调、绿色、开放、共享的发展理念。

　　创新是引领发展的第一动力。······

　　协调是持续健康发展的内在要求。······

　　绿色是永续发展的必要条件和人民对美好生活追求的重要体现。······

　　开放是国家繁荣发展的必由之路。······

　　共享是中国特色社会主义的本质要求。······

　　坚持创新发展、协调发展、绿色发展、开放发展、共享发展,是关系我国发展全局的一场深刻变革。全党同志要充分认识这场变革的重大现实意义和深远历史意义,统一思想,协调行动,深化改革,开拓前进,推动我国发展迈上新台阶。

　　全面建成小康社会新的目标要求。党的十六大提出全面建设小康社会奋斗目标以来,全党全国各族人民继续奋斗,各项事业取得重大进展。今后五年,要在已经确定的全面建成小康社会目标要求的基础上,努力实现以下新的目标要求:

　　——经济保持中高速增长。······

——人民生活水平和质量普遍提高。……

——国民素质和社会文明程度显著提高。……

——生态环境质量总体改善。……

——各方面制度更加成熟更加定型。……

《中共中央关于制定国民经济和社会发展第十三个五年规划的建议》是党的十八大以后第一个五年规划的建议,提出并阐释了新发展理念。习近平曾专门强调:"这五大发展理念不是凭空得来的,是我们在深刻总结国内外发展经验教训的基础上形成的,也是在深刻分析国内外发展大势的基础上形成的,集中反映了我们党对经济社会发展规律认识的深化,也是针对我国发展中的突出矛盾和问题提出来的。"[1]新发展理念统领了整个规划建议。

《中共中央关于制定国民经济和社会发展第十四个五年规划和二〇三五年远景目标的建议》摘引如下:

到二〇三五年基本实现社会主义现代化远景目标。党的十九大对实现第二个百年奋斗目标作出分两个阶段推进的战略安排,即到二〇三五年基本实现社会主义现代化,到本世纪中叶把我国建成富强民主文明和谐美丽的社会主义现代化强国。展望二〇三五年,我国经济实力、科技实力、综合国力将大幅跃升,经济总量和城乡居民人均收入将再迈上新的大台阶,关键核心技术实现重大突破,进入创

---

① 习近平:《以新的发展理念引领发展》,《习近平谈治国理政》第二卷,外文出版社,2017年,第197页。

新型国家前列;基本实现新型工业化、信息化、城镇化、农业现代化,建成现代化经济体系;基本实现国家治理体系和治理能力现代化,人民平等参与、平等发展权利得到充分保障,基本建成法治国家、法治政府、法治社会;建成文化强国、教育强国、人才强国、体育强国、健康中国,国民素质和社会文明程度达到新高度,国家文化软实力显著增强;广泛形成绿色生产生活方式,碳排放达峰后稳中有降,生态环境根本好转,美丽中国建设目标基本实现;形成对外开放新格局,参与国际经济合作和竞争新优势明显增强;人均国内生产总值达到中等发达国家水平,中等收入群体显著扩大,基本公共服务实现均等化,城乡区域发展差距和居民生活水平差距显著缩小;平安中国建设达到更高水平,基本实现国防和军队现代化;人民生活更加美好,人的全面发展、全体人民共同富裕取得更为明显的实质性进展。

"十四五"时期经济社会发展指导思想。高举中国特色社会主义伟大旗帜,深入贯彻党的十九大和十九届二中、三中、四中、五中全会精神,坚持以马克思列宁主义、毛泽东思想、邓小平理论、"三个代表"重要思想、科学发展观、习近平新时代中国特色社会主义思想为指导,全面贯彻党的基本理论、基本路线、基本方略,统筹推进经济建设、政治建设、文化建设、社会建设、生态文明建设的总体布局,协调推进全面建设社会主义现代化国家、全面深化改革、全面依法治国、全面从严治党的战略布局,坚定不移贯彻创新、协调、绿色、开放、共享的新发展理念,坚持稳中求进工作总基调,以推动高质量发展为主题,以深化供给侧结构性改革为主线,以改革创新为根本动力,以满足人民日益增长的美好生活需要为根本目的,统筹发展和安全,加快建设现代化经

济体系,加快构建以国内大循环为主体、国内国际双循环相互促进的
新发展格局,推进国家治理体系和治理能力现代化,实现经济行稳致
远、社会安定和谐,为全面建设社会主义现代化国家开好局、起好步。

"十四五"时期经济社会发展必须遵循的原则。

——坚持党的全面领导。……

——坚持以人民为中心。……

——坚持新发展理念。……

——坚持深化改革开放。……

——坚持系统观念。……

《中共中央关于制定国民经济和社会发展第十四个五年规划和二〇
三五年远景目标的建议》将未来五年的发展规划与二〇三五年远景目标
的规划衔接,将党的十九大的战略安排转化为国家的发展规划部署,进而
通过政府的政策规划体系而付诸人民的实践。与此同时,《中共中央关于
制定国民经济和社会发展第十四个五年规划和二〇三五年远景目标的建
议》是在全面建成小康社会取得决定性成就,经济社会发展基础进一步夯
实的新的发展条件下,在国际环境日趋复杂,新冠肺炎疫情影响广泛深
远,经济全球化遭遇逆流,世界进入动荡变革期的背景下制定的,该建议
在中国共产党和国家事业发展史上将具有重要里程碑意义。

上面摘引的五年规划建议中涉及指导思想、发展理念、发展的总体目
标和各项具体目标、发展原则或要求,以及发展方法等内容,为下面展开
分析中国宏观政策价值主导逻辑带来了便利。我们首先通过下面的表格
来分析上面摘引的内容:

"十五"计划至"十四五"规划建议中关于发展的描述

	发展的核心意涵与关键事项				
	发展理念	总体目标	拟解决的关键问题	发展方法	实践原则或要求
"十五"计划建议	坚持以经济建设为中心，抓住机遇，加快发展	国民经济保持较快发展速度，经济结构战略性调整取得明显成效，经济增长质量和效益显著提高	经济结构的战略性调整，体制创新和科技创新	把发展作为主题，把结构调整作为主线，把改革开放和科技进步作为动力，把提高人民生活水平作为根本出发点	坚持党的基本理论、基本路线和基本纲领，进一步解放思想，实事求是，正确处理改革、发展、稳定的关系
"十一五"规划建议	科学发展	实现国民经济持续快速协调健康发展和社会全面进步，取得全面建设小康社会的重要阶段性进展	把经济社会发展切实转入全面协调可持续发展的轨道	坚持以人为本，转变发展观念、创新发展模式、提高发展质量，落实"五个统筹"	保持经济平稳较快发展；加快转变经济增长方式；提高自主创新能力；促进城乡区域协调发展；加强和谐社会建设；不断深化改革开放
"十二五"规划建议	科学发展	转变经济发展方式取得实质性进展，综合国力、国际竞争力、抵御风险能力显著提高，人民物质文化生活明显改善，全面建成小康社会的基础更加牢固	促进经济长期平稳较快发展和社会和谐稳定，为全面建成小康社会打下具有决定性意义的基础	以科学发展为主题，以加快转变经济发展方式为主线	把经济结构战略性调整作为主攻方向；把科技进步和创新作为重要支撑；把保障和改善民生作为根本出发点和落脚点；把建设资源节约型、环境友好型社会作为重要着力点；把改革开放作为强大动力

续表

	发展的核心意涵与关键事项				
	发展理念	总体目标	拟解决的关键问题	发展方法	实践原则或要求
"十三五"规划建议	新发展理念	全面建成小康社会,为实现第二个百年奋斗目标、实现中华民族伟大复兴的中国梦奠定更加坚实的基础	要在创新、协调、绿色、开放、共享发展上,完成一场深刻变革	以提高发展质量和效益为中心,加快形成引领经济发展新常态的体制机制和发展方式,保持战略定力,坚持稳中求进,统筹推进经济、政治、文化、社会、生态文明建设和党的建设	坚持人民主体地位,坚持科学发展,坚持党的领导,坚持深化改革,坚持依法治国,坚持统筹国内国际两个大局,坚持党的领导
"十四五"规划建议	新发展理念	推进国家治理体系和治理能力现代化,实现经济行稳致远、社会安定和谐,为全面建设社会主义现代化国家开好局、起好步	统筹发展和安全,加快建设现代化经济体系,加快构建以国内大循环为主体、国内国际双循环相互促进的新发展格局	坚持稳中求进工作总基调,以推动高质量发展为主题,以深化供给侧结构性改革为主线,以改革创新为根本动力,以满足人民日益增长的美好生活需要为根本目的	坚持党的全面领导,坚持以人民为中心,坚持新发展理念,坚持深化改革开放,坚持系统观念

对上表的描述,我们可进行以下讨论:

第一,关于发展理念。

发展理念是基于中国共产党的基本理论而对一定时期经济社会发展全局的战略指引,是对特定时期制定发展纲领所提供的总方针,"是战略性、纲领性、引领性的东西,是发展思路、发展方向、发展着力点的集中体现"[1]。因此,发展理念是中国共产党在特定历史条件下解决为什么要发展、如何发展问题的系统思考。

在编制"十五"计划时,经济全球化趋势处于快速发展中,中国加入世贸组织的谈判已接近尾声,虽然发达国家基于高科技的垄断地位对中国发展依然形成较大压力,霸权主义和强权政治的挑战依然存在,但和平和发展依然是跨世纪时期世界的主要走势,这使得当时中国的未来发展依然有诸多机遇。依照党的十五大提出的远景发展目标,到2010年国内生产总值要比2000年翻一番,这就意味着"十五"计划必须考虑发展速度问题。在具体的国际国内发展环境背景下,"十五"计划建议文本中,强调发展是解决中国所有问题的关键,要牢牢把握经济建设这个中心,努力提高国家的综合国力和国际竞争力,"必须抓住机遇,加快发展"。

2002年11月至2003年8月,突如其来的"非典"疫情,是中国过去从未遭遇过的重大疫情。2003年7月28日,胡锦涛在全国防治"非典"工作会议上发表讲话,提出要进一步研究并切实抓好经济社会协调发展。时隔一个月,胡锦涛在江西考察,明确提出科学发展观概念,指出要牢固树立协调发展、全面发展、可持续发展的科学发展观。"十一五"和"十二五"发展规划建议文本均强化了科学发展的理念,这一理念成为指导两个五年发展规划实施的总方针。这期间,2007年10月党的十七大第一次提出将建设生态文明作为实现全面建设小康社会奋斗目标。2014年12月中央经济工作会议上,习近平在讲话中指出,中国经济正在向形态更高级、

---

① 习近平:《以新的发展理念引领发展》,《习近平谈治国理政》第二卷,外文出版社,2017年,第197页。

分工更复杂、结构更合理的阶段演化,经济发展进入新常态。同月13日至14日,习近平在江苏考察期间,提出要主动把握和积极适应经济发展新常态,协调推进全面建成小康社会、全面深化改革、全面推进依法治国和全面从严治党。

"十三五"和"十四五"规划建议文本中,均强调坚持创新发展、协调发展、绿色发展、开放发展和共享发展,并明确将其命名为"新发展理念"。从发展理念的演化变革中能够发现:中国共产党领导经济社会发展始终高度重视发展理念的价值主导性,始终高度关注整个经济社会发展的阶段性特征,始终对经济社会发展进程释放的重要信号保持高度敏感性,始终在变与不变的辩证思维中定义中国的发展问题。在最近二十余年的发展实践中,发展理念经历了从"快速发展"到"科学发展",再到"创新、协调、绿色、开放和共享"的新型发展的变迁,但它们却都来自同一的坚定的"发展意志",即"发展是硬道理""发展是党执政兴国的第一要务",这是全党共识,也体现出五个五年计划/规划建议的一以贯之的发展决心。从根本上说,这个坚定意志来自对中国特色社会主义发展道路理论和实践逻辑的深刻认识与把握。

第二,关于总体目标。

规划建议的内容包含各个方面的目标,但在这些具体目标之上,还有总体目标的设计和明确的概括。从每个五年规划建议的横向分析,发展理念—发展的总体目标—各方面具体目标,构成了宏观政策价值主导性的连接与扩散。由此观之,中共中央五年规划建议中的目标设计不仅仅是政策制定中必须有的要素,也不仅仅是要体现整个规划建议的目标导向,更重要的是将宏观政策的价值主导功能通过"目标链"而构建起实践逻辑框架。如果再进一步从五个五年规划建议的纵向维度分析,那么五年规划中的总体发展目标联结成中国经济社会发展"三周期"的实践逻辑:五年为"规划周期";十至十五年为"台阶周期";十五至二十年以上为"远景周期"。三个周期既各自有相对独立的价值意涵和实践结果期待,但也有一条"目标链"来贯通,从而使得中国经济社会发展遵循着基于中国特点的时间秩序原理,将以五年为一个规划周期而实现的宏观政策价值主导性在发展时间中有机延展,从而写就了当今世界最富有特色的发展图景与叙事。

所谓规划周期即每五年为一个规划期。"台阶周期"是指历经两至三个五年规划期的建设和发展,使国民经济和社会发展总体上能够前进一大步或上一个大台阶。"十五"计划建议中使用"台阶"概念来评价生产力发展,建议文本中指出,经过二十多年的改革开放和发展,我国的生产力水平迈上了一个大台阶。"十二五"规划建议文本通过分析"十二五"时期经济社会发展的国内外环境后做出肯定判断:"我们完全有条件推动经济社会发展和综合国力再上新台阶。"在"十三五"规划建议中,在回顾总结"十二五"期间取得的成就时,得出高度肯定性评价:"'十二五'规划目标即将胜利实现,我国经济实力、科技实力、国防实力、国际影响力又上了一个大台阶。"这个大台阶大体是两个五年规划期的重大发展成果。"远景周期"是对中国经济社会发展长时期的远景目标的设置。必须指出,这里的远景目标周期是党的十一届三中全会以后,特别是党的十二大宣布从1981年到20世纪末用二十年时间实现小康社会的目标开始。2000年恰是"九五"计划收官之年。到2000年,"九五"计划的主要任务完成或超额完成,国内生产总值达89404亿元,人均国民生产总值比1980年翻两番的目标在 1997 年提前三年完成。①2002 年 11 月,党的十六大召开,江泽民在《全面建设小康社会,开创中国特色社会主义事业新局面》报告中指出:"我们要在本世纪头二十年,集中力量,全面建设惠及十几亿人口的更高水平的小康社会","到本世纪中叶基本实现现代化"②。2017 年 10 月,党的十九大对从全面建成小康社会到基本实现现代化,再到全面建成社会主义现代化强国,作出战略部署,提出从 2020 年到 21 世纪中叶按两个阶段安排:第一阶段从 2020 年到 2035 年,基本实现社会主义现代化;第二阶段从 2035 年到 21 世纪中叶建成富强民主文明和谐美丽的社会主义现代化强国。可以说,经济社会发展三周期的实践逻辑是将时间秩序转化为中国现代化发展秩序的逻辑,中国共产党通过制定符合中国实际、宏伟而又能及的发展目标,汇聚起人民的力量,使国家一步一步走向富强民主文明和谐美丽,使人民不断实现对美好生活的向往。

第三,关于拟解决的关键问题、发展方法和实践原则。

发展目标总是令人鼓舞的。但是,宏伟目标只有在解决发展问题,特别是攻克艰难险阻,最终取得决战胜利后才更会激动人心。这就又回到宏观政策价值主导的实践逻辑的话语上来。上述两个方面即关于发展理念和发展的总体目标的分析集中于宏观政策价值的主导性问题,而关于发展必须解决的关键问题、发展方法及实践原则,则是要集中讨论该实践逻辑的理据问题。这里所说的理据是指五年规划建议中理念、目标设计及各种发展事项确定的道理与依据。众所周知,中国共产党的基本理论

① 参见当代中国研究所:《新中国 70 年》,当代中国出版社,2019 年,第 241 页。

② 江泽民:《全面建设小康社会,开创中国特色社会主义事业新局面》,《十六大以来重要文献选编(上)》,中央文献出版社,2005 年,第 15 页。

中关于抓主要矛盾的理论和方法,是中国共产党人把马克思主义认识论与中国革命和建设实际结合起来,通过科学分析与划分社会发展阶段,并发现和揭示该阶段主要矛盾,据此确定革命与建设根本任务的理论和方法。具体在研究制定经济社会发展规划问题上,则采用了依据主要矛盾发现和提出主要问题,确定实践方案来解决问题的方法。

在这里讨论的五个五年规划建议文本中,"十五"至"十二五"的三个五年规划建议所依据的社会主要矛盾判断是人民日益增长的物质文化需要同落后的社会生产之间的矛盾。[①]2017年,党的十九大对中国社会主要矛盾做出新的判断,指出"我国社会主要矛盾已经转化为人民日益增长的美好生活需要和不平衡不充分的发展之间的矛盾"。理据存在于事实中。理论的生命力在于准确认识和把握事实,因而理论会成为某种依据。社会主要矛盾的分析判断是运用一定理论来把握事实的体现。这里研究的五个五年规划建议文本,前三个和后两个文本根据中国社会两种不同的事实,即在社会主义初级阶段中的两个不同阶段的事实,因而要解决的一系列经济社会发展的问题,特别是其中的关键问题也就必然是不同的。正如十九大报告所阐述的,中国十几亿人总体上已经实现了小康,人民对美好生活的要求不仅局限于更高的物质文化生活方面,而且日益增长着对民主、法治、公平、正义、安全、环境等方面的要求。社会生产力水平总

---

① 这个表述是1956年党的八大做出的,完整的表述是:我国国内的主要矛盾,已经是人民对于建立先进的工业国的要求同落后的农业国的现实之间的矛盾,已经是人民对于经济文化迅速发展的需要同当前经济文化不能满足人民需要的状况之间的矛盾。1981年,党的十一届六中全会通过的《关于建国以来党的若干历史问题的决议》将中国社会主要矛盾进一步表述为:人民日益增长的物质文化需要同落后的社会生产之间的矛盾。

体上显著提高,在许多方面已经进入世界前列,更加凸显的问题是发展的不平衡不充分。因此,"十三五"和"十四五"规划建议文本中所要解决的发展的关键问题是如何实现发展的变革,解决经济社会发展如何从过去的快速发展、更加科学的快速发展,转变为更高质量、更高水平的发展,即实现新发展理念所定义的发展。前后二十年,中国经济社会全力解决的两大类关键的发展问题,体现了中国发展的规律。在解决关键发展问题的实践推进上,集中体现为锚定主题,厘清主线,处理好主题与主线的关系,并强化政策实施者的原则约束。

对上述分析可以做出以下总结:

如何将中国这样一个生产力十分落后的发展中国家,在一个较短的历史时期中,建设成为富强民主文明和谐美丽的社会主义现代化强国,中国共产党用中国特色社会主义的理论和实践给予了明确而坚定的回答。其中,发展纲领连接起中国特色社会主义理论和实践,执政党和国家,过去、现实与未来,成为当代中国政治的连绵不断而又精彩纷呈的大叙事。

以五年规划建议为表征的发展纲领,运用马克思主义认识论,特别是关于社会主要矛盾的学说,牢牢把握社会发展阶段的实际,一次次制定出符合中国发展实际、经得住历史拷问的发展蓝图,创造出了周期性上台阶的发展实践样式,成为世界范围内现代化的一个富有原始创新性的范本。

重点是:中国的发展纲领的根本性质是以人民为中心。以什么为中心,这是判断世界上不同现代化的根本标准。以资本为中心还是以人民为中心,区分了西方的现代化和中国的现代化,即资本主义现代化和社会主义现代化。我们通过对中国共产党五年规划建议文本的解读,联系中国发展实践进程和结果,找到了时常困扰人们的一个迷惑问题的答案:坚持以人民为中心的发展思想并坚定地付诸经济社会发展实践而不断取得突破性历史成就,这就是中国共产党的本事,这就是中国特色社会主义道路的内在机理,这就是社会主义中国的本性。

三、从人民返向公民的话语生产

人民就其组织化与整体化实体而言,总是以共同体的形态而存在;人民就其社会力量的映像而言,总是以社会运动与变革的实然过程和结果而呈现。人民是总体概念,在形式逻辑上,人民与公民之间不能画等号。但是,在18世纪启蒙运动时期,启蒙运动思想家们一般不区分人民与公民,尤以卢梭更甚,这似乎已成一种传统。今天我们当然不能去搬运18世纪的思想来为现实生活背书,更要警惕当今流行的各种关于公民理论的话语空间无不打上自由主义的烙印。同时,现实生活中的公共政策,特别是其中的社会政策直接关涉每一个公民。在现实生活中人们常常陷入某种概念迷思:强调人民必然忽视公民或公民权利。在这种逻辑之下,一些人对人民观念心存疑虑甚或误解。对此,必须弄清楚中国政治,特别是公共政策语境中,人民与公民的关系。

(一)社会主义语境下人民与公民的整体关系

在社会主义语境下,人民与公民之间一般不存在"算术关系",因而通过"计算"来理解和解释这二者之间的一般关系,既在逻辑上行不通,也在处理公共政策事务中难免出错。

整体是一种思维方式。整体的概念来自对历史唯物论的理解,因而不能将其误解为是"社群主义"(亦译"共同体主义")的概念。在这里,整体分解为不同层次来理解。其一,历史前提的整体性。生活的生产和再生产是从既定的前提出发而展开的。这个既定的前提就是"每个个人和每一代所遇到的现成的东西:生产力、资金和社会交往形式的总和",它构成为"现实历史的基础"或"现实基础"①,从而人们的精神生产活动不能脱离这个基础,必须立基于这个基础之上;人们创造历史的活动离开这个基础是不能想象的;历史变革的发生与各种结局,不能脱离这个基础条件来解释。这个既定的前提是历史给定的,不以人的意志为转移。其二,以人的"复数"性所表征的人的存在的整体性。抽象的人没有复数。用"人们"这一人的复数形式来指称的人"是从事活动的,进行物质生产的,因而是在一定的物质的、不受他们任意支配的界限、前提和条件下活动着的"人;而这样的人的存在就是整体性存在,他们"发展着自己的物质生产和物质交往",并且,"在改变自己的这个现实的同时也改变着自己的思维和思维的产物"②。其三,人们与他们的共同体的关系是整体性关系。这种整体性的关系在阶级社会中分属于不同的共同体,由此形成"某一阶级的各个人所结成的、受他们的与另一阶级相对立的那种共同利益所制约的共同关系"。而直到生产力高度发达,社会划分为阶级的现象完全消失,人们的共同体不再以阶级和国家的形式存在,而是由各个人的联合所构成,"这种联合把个人的自由发展和运动的条件置于他们的控制之下"③。因而,在马克思主义所阐述的共产主义社会中,人民与公民的区分已无任何必要,共产主义社会的整体性表现为各个人在其完全实现自主性条件下

---

① [德]马克思、恩格斯:《德意志意识形态》,《马克思恩格斯选集》第一卷,人民出版社,1995年,第92—93页。

② 同上,第73页。

③ 同上,第121页。

人们的自由联合,那时人们的共同体完全发展成为"自由人联合体"。"个人的自由发展和运动的条件"最重要的是"关系"条件,即这些关系,核心的是生产力与生产关系,在此之前是人们不能控制的,并且在生活的生产与再生产中,同时也就生产着对立关系。

那么,该如何理解中国现实条件下人民与公民之间的整体关系?

在社会主义初级阶段这个现实条件下,即在当代中国一直在建设社会主义现代化国家的历史进程中来研究人民与公民之间的整体关系,这是一个尚未成为理论议题的重大问题。但是,它却是在本课题研究中必须提出来,并对其展开初步探讨的一个基础问题。本项研究尝试从以下两个维度进行一些初步讨论。

第一,关于人民共同体。

人民在生活的生产和再生产中,依然要组成许多共同体。这些共同体可统称为人民共同体。人民共同体是一种社会形式,因此不能将其等同于省、市、县、乡等各个层级,以及相当于这些层级的政治与行政单位。作为社会形式的人民共同体,它们是现实生产力水平下,人们依照社会需求、生存需要、社会分工规律及专业化要求而从事经济生产、政治生产及精神生产活动的社会边界。由此说,人民共同体与流行的社会组织的概念不同,在这里,各种工商业组织、各种文化组织、各种事业组织以及从中产生的各种人民团体,都属于人民共同体。但是,这只是相对的富有弹性的和具有复合型特征的边界,从而人民共同体将人民在城乡社会空间中进行了大体的形态化分割。这些人民共同体既是生产关系的体现,也是人们多样的共同利益——它们意味着社会性差异的共存——的生产与维护的方式,更是各个人的具体社会存在及其呈现的基本样式。人民共同体的生存法则由各种生产规律及机制所制约,由国家法律和制度所规范和调整,由社会的公序良俗和各共同体内部自行的规范所约束。

在所有的人民共同体之间还难以产生共产主义社会语境中的完全的整体性,甚至离这样的整体性还相当遥远,但是在社会主义制度和国家治理体系框架下,人民共同体已经形成了具有整体性意涵的总体性。所谓具有整体性意涵,即所有的人民共同体除了具有根本上是一致的共同利益——如都在共产党的领导之下,都能分享由国家及其政府提供的政治、经济、文化、社会等各个领域的安全,能够平等享有宪法、法律及其制度的保障等——之外,各个不同的人民共同体之间,只要它们需要,均可依法平等建立和发展合作关系。合作关系虽然还不是马克思主义语境下的"联合"关系,但合作是人民共同体普遍的生产关系。包含着这种整体性的总体性,其核心意指在于确认各个人民共同体各自有其独立、自主、只在该共同体内部分享的利益。于是,各个相关人民共同体之间,存在竞争关系,存在差异,存在不平衡不充分的发展问题等。

第二,关于中国公民的整体性与个体性。

公民如果从话语史的角度进行研究将是一个有价值的课题。但这里不能投放对这个课题的注意力以免偏离本项研究的主题。在中国当前社会发展阶段,公民这一术语包含多重意涵:其一,指拥有中华人民共和国的国籍;其二,指作为一种法律关系的主体或客体;其三,指作为公共管理主体或客体的人们;其四,指一种身份,通常具体指个体的权利等。这些意涵各有其独立意义,不能笼而统之,其中有的意涵与公民的整体性和个体性问题并不直接相关,讨论意义不大。这里将聚焦上述第四个意涵进行讨论。

在公民身份理论的经典论说中，"公民身份是一种地位，一种共同体的所有成员都享有的地位，所有拥有这种地位的人，在这一地位所赋予的权利和义务上都是平等的"①。显然，这是一个关于公民身份的形式上的定义，但它对于研究公民问题带来了一个经典视角，这对我们研究现阶段中国公民问题有一定帮助。当我们既使用公民概念也使用人民概念的时候，这绝非是因为这两个概念所指谓的对象物完全相同，恰恰相反，它们是两套话语。在公民这套话语中，公民概念的基本含义是强调公民是一种身份，而这种身份在本质上是一种由国家以及相关专门机构和制度加以促进实施、维护和保障的权利义务体系。正是这样的身份将人们的生产与生活的不同空间和意义做出区分，并为人们的社会平等和公平正义提供同一尺度。但国家是人民创造的。

现行的《中华人民共和国宪法》②在第一章第二条中规定："中华人民共和国的一切权力属于人民"，这里使用的是"人民"而不是"公民"的概念，并且在这里的这两个概念绝对不能置换。该宪法在马克思主义国家理论指导下，确定了共产党、人民和国家的关系，中国共产党领导人民创造了中国的社会主义国家及其制度，从而人民是决定国家性质的要素。宪法第二章则专门规定"公民的基本权利和义务"，这里使用的是"公民"而不是"人民"的概念，并且在这里的这两个概念同样绝对不能置换。在中国这个社会主义国家中，人民中的每一个个体以公民身份来确定与国

---

① ［英］T.H.马歇尔：《公民身份与社会阶级》，载郭忠华、刘训练编：《公民身份与社会阶级》，江苏人民出版社，2007年，第15页。
② 指经过1988年、1993年、1999年、2004年及2018年各届全国人大会议修正的1982年宪法。

家的关系以及相互之间的关系，从而公民就是人民中的一个个成员，他们共有的个体性成为决定人民品质的要素。这里的个体性，不是自我性、个人性的意思，而是指每个公民都能够独立、自主承载和履行宪法规定的这些权利义务的能力与品格等特质。这些特质还将随着社会发展而发展。具备这样的个体性，公民具备了参加和参与相关人民共同体生活的条件。所有的公民都应在各种人民共同体中从事生活的生产与再生产活动，而这个过程就是公民的整体性的培育和塑造过程，这个整体性也就是公民参与并融入一定共同体，通过建立起共同体意识所形成的集体人格。

如果人民是大海，则数不清的人民共同体就是条条奔腾不息的江河，而公民如同千千万万的细流。大海、江河、细流——都是水，它们指向同一者，那就是有生命的人。这就是对社会主义条件下人民与公民的整体关系的理解和描述。

（二）什么是从人民返向公民的话语生产？

"返向"是着力点的另一个向度，与"正向"相对应。这个命题的核心意旨是：在我们从理论上弄清了人民与公民的关系以后，还需要从实践上明确公民话语生产这一指向，即人民话语生产如何作用于公民话语生产，以及公民话语生产对应何种事物，如何通过探究这种事物来构建公民话语。因此，公民的话语生产是人民话语生产的重要内容，公民话语也是人民话语体系的重要组成部分。由此就构建起从人民返向公民的话语生产的逻辑。

如果前述的以人民为中心的发展纲领是五年乃至更长时期内中国经

济社会发展的宏观政策体系,那么公民就是这些政策体系中所有政策的落脚点。这样,公民话语生产的问题集中于公共政策及其实施过程中,公民话语作为一种话语生产的成果将呈现在政策目标的实现与公民权利义务发展水平统一的各种相关事物上。这样的一种认知可能打开了一片新的研究领域,或者至少开辟了一个关于公共政策与公民制度话语生产研究的新视角。毫无疑义,虽然这个主题依然不脱离本书的研究范围,但它毕竟是有其特定对象、问题和研究价值的一个相对独立的研究领域,需要长期研究。这里为论证需要起见,仅就"中国特色社会主义政治发展道路与公民政治发展政策"的命题做一些讨论,意图是阐释"从人民返向公民的话语生产的逻辑"是成立的。

所谓公民政治发展政策是在理论和实践中重构了政治发展议程后,中国政治发展的公民取向及其政策。其中,公民政治发展的概念是人民话语生产从宏观返向微观、从一般返向具体、从偏向理论返向重在实践的政策研究的概念。中国特色社会主义政治发展道路,它如何在公民生活中发生实际的作用,其发生作用的机理和机制是什么?为此需要何种政策资源的支持?如果将这样的问题置于实际生活的场景中,或与具体的问题联系起来,从而转化为具体问题,可能更容易理解其重要性。例如,我们将该话题聚焦于城市发展的主题,那么这种"返向"研究的价值就更加凸显。

2019年11月,习近平在上海考察时提出"人民城市人民建,人民城市为人民"的理念,这无疑也是在新发展理念框架下,高质量发展中国现代化城市的重要思想。据第七次全国人口普查公布的结果,全国人口中,居住在城镇的人口为901991162人,占63.89%,与2010年第六次全国人口普查相比,城镇人口增加236415856人,城镇人口比重上升14.21个百分点,中国城市化进程依然快速发展。在这样的背景下,城市问题也日益突出,其中发展不平衡不充分问题尤为凸显。不仅在不同地区间的城市发展不平衡不充分问题十分明显,即使同一个城市中同样存在这样的问题。在创新、协调、绿色、开放、共享的新发展理念语境下,解决城市率先实现现代化、满足城市人民对美好生活的期待,这是在新发展阶段要解决的新课题。

从话语生产角度来研究这个问题,应从两种话语生产向度上展开探索:一是在人民的整体论向度上研究城市发展和治理问题,这个方面问题解决得如何,既考验城市的领导者,也考验着这个城市中的人民。将党和国家发展纲领与本市现代化建设与治理实际结合起来,全面提升城市发展和治理的思想、战略、规划、路线图、关键性决断等供给,这些需要两个方面整合的智慧和能力,即来自城市领导和城市人民两个方面的智慧与能力的合力。充分挖掘城市的政治资源是开发和充分使用城市其他资源的前提。因此,中国各种类型城市的政治发展水平和质量将具有决定性意义。这需要运用"第二时间秩序原理",大力促进城市的政治发展话语生产。二是在公民的个体论向度上研究城市发展和治理问题,这个向度的话语生产具有同等重要性。个体论的向度即基于公民个体性而形成的微观层次的话语生产视角。在规划及其政策实施中,公民的认知和合作、公民参与、公民不服从问题的解决、公民需求导向的公共服务供给,以及公共服务过程中公职人员与公民的关系等,有层出不穷的问题几乎每天都在产生。在动迁、拆迁、河道整治、环境绿化、滨水岸边资源开发、公共交通、公共卫生、公共安全维护、公共秩序维护、社区治理、服务网络构建等生产和生活的细分空间,如何运用公民合作而不是对抗或"抗争"的思维来推进公民话语生产并不断取得成果,这就是问题的意指。显然,公民关系、公共政策实施中的公民协同、公共服务供给过程中的供给者与消费者关系、公民理性运用、公民参与法制和政策过程等,均属于公民政治发展政策的主题论域。

如果说前一个问题是关于如何正确地进行政策生产,那么后一个问题是关于政策如何落地取得实效的问题。前者是人民话语生产范畴,后者是公民话语生产范畴。两者之间是统一的,但却在两个不同向度上展开。

四、小结

人民与发展,进而人民与公共政策之间的关系,是当代中国政治过程中的基本关系。本章在中国共产党关于社会主义现代化建设的发展纲领、关于发展纲领的公共政策价值主导,以及公共政策如何在实践中变为人民的福祉等一系列问题的思考中,探讨了在当代中国政治过程中人民中心地位的问题。

本章有如下基本结论:

发展,实现社会主义现代化,这是社会主义本质的要求,体现了唯物论历史观的逻辑。是否以人民为中心来谋求和实现发展、实现现代化,这是区分发展道路,即搞社会主义现代化还是搞资本主义现代化的试金石。

中国共产党制定了以人民为中心的发展纲领,在发展纲领中始终贯穿人民的根本利益要求,始终把人民置于发展的中心位置,形成了公共政策的人民中心价值主导,建立了从发展纲领到政策贯彻落实的紧密的实践逻辑。

　　公民是以人民为中心的政策的落脚点。如果说人民的整体性话语构建是形成中国政治宏观、中观原理，则从人民返向公民的话语构建是形成中国政治微观原理。从微观走向宏观，再从宏观返向微观，也许是当代中国政治理论和实践的基本脉络。

结　语

一、关于话语生产的论说

话语生产理论将话语定义为关于事物的言说,从而将话语和与其言说的事物之间的一体化关系视为话语的本质。"事物"的概念引向了一种思想逻辑,即进入唯物史观看事物,并基于"时间秩序原理"析分事物的存在形态,进而将话语生产定位于精神生产活动。作为一种精神生产活动的话语生产,其根本特征和意义在于它反观人类的精神生产活动,即以人类的精神生产活动为对象,将对象重新置于它所在或所指涉的事物中去,寻找和发现事物存在以及演化变迁的机理和机制,找出或找到(抑或形成)描述、分析、概括、阐释等表达事物的话语,这个过程即话语生产。凡过程皆为史。话语生产过程即话语史。但某一话语一旦成史,却又具有了相对独立性,可以将其作为独立的对象展开研究,从而话语史具有探索话语生产规律的知识与方法论等功用。在话语生产的研究中,作者、读者、对象及作品等概念均有其特定含义,不能按照通常的理解而简单使用。这些概念同样具有话语生产的某种标志性。基于上述话语生产的论说视角,本书的研究聚焦于人民观念的话语生产问题。

二、语境和语义的设定

以人民观念为话语生产研究对象,首先需要设定语境和语义,当然这也是话语生产问题研究的一般要求。那么,是谁以及如何来设定该主题的语境和语义?依照本书的分析,当代中国所具有或秉持的现代世界观为人民观念及人民话语生产的研究设定了总体语境和语义。"现代世界"即现代世界历史中的世界。当代中国的现代世界观是中国共产党关于现代世界的总体认知和判断以及由此提出的一系列理念和主张,其中关于当代中国与现代世界的关系的认识为本书研究提供了更具体的语境及其语义。

三、关于人民观念

在唯物史观中,观念是一种社会意识,是人们从事精神生产活动的产物。但是,"生活决定意识"。"人们是自己的观念、思想等等的生产者",而这个生产者必定是"发展着自己的物质生产和物质交往的人们"①。因此,将人民观念作为话语生产的研究对象,必须明确"谁的人民观念"。这直接关系到"观念的生产者"及其社会存在。本书聚焦中国共产党的人民观念,从中国共产党诸多人民观念中提取三大主要人民观念,即人民至上观念、人民主体地位观念和以人民为中心的观念,并将这些观念分别作为具

---

① [德]马克思、恩格斯:《德意志意识形态》,《马克思恩格斯选集》第一卷,人民出版社,1995年,第72—73页。

体研究对象而展开了相应话语生产研究工作。

四、关于人民至上观念的话语生产

中国共产党与人民的关系,这是该研究主题的核心点。人民至上观念是中国共产党基于自身与人民关系的政治与社会逻辑而形成的政治价值信念和政治实践原则。人民就是共产党的社会存在,这是从历史唯物论中推导出来的一个逻辑结论,而这个结论与中国现实实际生活吻合。从人民至上观念的研究中,我们获得了一些人民话语生产的成果,诸如人民至上就是中国共产党的人民观的总概括、总命名,体现着中国共产党治国理政的最高价值追求及其所要达到的最高精神境界,人民的社会存在体现为主体性存在、总体性存在及实体性存在三种样式,坚持人民至上与加强党对人民的领导是辩证统一关系,始终坚持人民至上的政治价值,将其贯穿和落实于中国共产党治国理政实践中,这是解除风险、赢得未来的根本之策,等等。

五、关于人民主体地位的话语生产

人民与国家的关系是本书研究主题的核心点。中国人民在中国共产党领导下,通过开辟中国革命道路,创立了富有中国特点的国家制度,并在将马克思主义国家理论与中国实际结合中,将其发展为中国特色社会主义国家制度,构建了中国特色社会主义国家治理体系。围绕人民与国家关系的主题,我们就人民进入国家这一富有创新意味的话语展开了较为深入的研究,以一种新的命题阐释了党的领导、人民当家作主和依法治国有机统一的原理,形成了有重要探索意义的中国政治话语。对该研究主题展开的论说,一个基本结论是:"人民通过执政党的领导、人民民主和法治的方式进入国家,这些方式都是人民主体地位的政治落实的制度,它们为保护人民主体地位,从而由人民来驾驭国家,抑制国家与社会相分离,实现国家以人民为主、防止国家以自身为主提供制度保障。"

六、关于以人民为中心及人民返向公民的话语生产

发展纲领及其公共政策与人民的关系构成该研究主题的核心点。新发展理念贯穿着以人民为中心的思想,是中国共产党关于发展的目的、动力、方式、路径等一系列理论和实践问题的清晰而明确的回答,昭示了中国共产党关于发展的政治立场与价值导向,并揭示了发展模式及发展道路的要义。以发展理念为指导而形成的发展纲领,连接起中国特色社会主义理论和实践,执政党和国家,过去、现实与未来,成为当代中国政治的连绵不断而又精彩纷呈的大叙事,而人民则处于这个大叙事的中心,以人民为中心的现代化也成为社会主义现代化的标志。从人民返向公民的话语生产将公共政策从前端到末端有机衔接起来,既关注整个步骤,也关注"最后一步",从而人民始终处于中心的位置。

七、人民及其福祉:国之大者

在当代中国政治研究中,人民具有三个不同理论视域的位置:在中国共产党与人民的关系中,人民至上;在国家与人民的关系中,人民居于主体地位;在政策与人民的关系中,人民为中心。人民逻辑——从生产逻辑到社会力量生成逻辑,从革命逻辑到进入国家逻辑,从统治逻辑到治理逻辑,从价值逻辑到政策逻辑——构成中国现代政治形成发展基本理路,也

是人民话语研究的基本结论。中国共产党始终将人民及其福祉内化于心,外化于行;彰宣其道,成约建制。由中国共产党来领导中国和人民,是人民的选择和历史的选择,合乎人民逻辑,合乎历史逻辑。当然,人民也需要懂得这个逻辑。

附　录

中国政治的话语生产：

知识逻辑与智慧逻辑会通的思想实验①

一、日常生活事件及其话语生产

日常生活曾被吉登斯的"结构化"论说机械地理解为"重复"和"惯例"，强调其"经验在时空中的构成"的特征。吉登斯说："日常"（day-to-day）就是"只有在重复中才得以构成"②。但是对于正处于现代化进程中的中国而言，真正影响人们对日常生活理解的，并非是年复一年每天重复的"惯例"，而是发生于日常生活中的事件。对中国政治而言，理解与阐释日常生活中的事件具有十分重要的意义。人们围绕着政治、经济、社会、文化各个生活领域中的事件，组成一个个虚拟或真实的"村落"，构筑起一个一个舆论场，形成一个个话语中心。由具体事件引出的关于事件的命名、定义、描述、评论、引申、转义、转译、讥讽、思想观念、论说、传播乃至修

①　该文发表于《江苏社会科学》2016年第6期，收入本书时，注释采用全书统一格式。
②　［英］安东尼·吉登斯：《社会的构成》，李康、李猛译，生活·读书·新知三联书店，1998年，第101页。

辞等,构成话语生产的诸多机制。这是可以按照谱系来区分的多重话语生产机制。日常生活—事件—话语生产,提供了一个理解现实的契机与通道,也为学术研究敞开了一扇大门。

但是话语生产过程既是解读生活的过程,也是构建生活的过程。正是在这样的过程中,或者说必须经历这样的过程,日常生活才具有了更广泛的社会意义,而其中的事件也就具有了实践性、历史性和文化性。循着这一思路来展开与深化日常生活事件的思考,探讨日常生活事件与话语生产的关系,我们有可能重新发现真正的研究对象,有可能重新找到真正能够指引我们走出困境的路标。

话语生产不是修辞的"琢磨"或制造,尽管"如果要使理性拥有力量并发生影响,必须始终加上雄辩术的说服力"①。当然,话语生产也不同于话语分析,尽管话语分析者"在对现代化现象进行研究时,也既不从了解所谓支配着这一现象的那些'客观规律'入手,又不从建构了这一现象的那些行动者们的主观意义世界入手,而是主张从对人们以话语形式建构这一现象时所采用的那些话语策略及其背后的话语系统(话语构成规则)入手,来达成对这一现象的理解"②。话语生产面向生活实践,抓住日常生活事件,并通过对事件的研究来生产学术话语。

中国政治的话语生产指涉学术自主自立与自为性,并非主观刻意寻

---

① [英]昆廷·斯金纳:《霍布斯哲学思想中的理性和修辞》,王加丰、郑崧译,华东师范大学出版社,2005年,第4页。

② 谢立中:《走向多元话语分析:后现代思潮的社会学意涵》,中国人民大学出版社,2009年,第143页。

求学术的集体"特立独行",而是从"负现代性"①的绑架中实现解脱,辨析中国问题的特质,生产符合事件本真性的解释话语和理论逻辑。

二、现代性治理工具的缺陷

现代性是一种极强大的解构力量和促发机制,因此除非某种抵御的文化信仰足够强大,否则现代性可以在十分短暂的历史时间单位内,解构千百年来形成的风俗习惯、社会结构、行为模式与各种制度,成为人们的日常生活的基本方式,无论其正面性还是其负面性都是如此。但是由于"不识庐山真面目,只缘身在此山中"的效应,人们很少反向思考其缺陷,即使有诸多反思性论说值得对其深省,但只有很少的人能够对此采取认真的立场和态度。现代性治理工具的缺陷是负现代性的重要体现。由于在面对现代性问题时,人们按照惯性依然会在现代性治理工具库中寻找治理之方,而这是远远不够的,甚至会陷入固化的泥潭而不能自拔,因此研究负现代性问题,应从破解现代性治理工具的缺陷开始。这里集中讨论其中的三种主要缺陷。

现代性中的理性思维无疑是首先应予以正视的问题。现代性治理工具的首要缺陷即理性依赖。确实像美国政治学家贾恩弗朗哥·波齐所言:"现代化进程总体上推动了理性的勃发,社会活动日益按照多样化、专业的方式进行管理,社会的每一个领域均受到不同制度安排的支持,不再受

---

① 这一用语旨在强调现代性的"双面性",并将话语生产聚焦于对现代性的负面性展开研究。这一研究不同于后现代的批判,也不同于从"正向"角度为了克服现代性的缺陷所进行的研究,而是分离现代性,视"负现代性"为一种相对独立的存在,以此为研究对象。

到那些没有直接关系的事物的影响。"①正是现代化对理性的倡导、运用和激励,致使人们无法不日益依赖理性的力量;而随着人们对现代化成果的分享,现代化过程强化了人们对未来的信念,因而人们主动去探寻与运用理性来完善自己的行为。历史地看,现代化在现代性刺激下萌发和发展,却在自身的惯性中滋润着现代性的成长。理性思维就成为现代性的基本内涵和特征之一。

何为理性依赖?这是一种在人们的生活实践中固化为基本原则并成为惯习的思维与行为特征。在现代治理活动中,虽然理性不是工具本身,但所有的工具都不能脱离其理性的本质。问题也恰恰就出在这里。首先,社会的"单向度"趋势开始初露端倪,以"技术理性"为标志的社会组织方式和管理方式,工业与商业乃至新兴产业如服务和信息业等的生产方式,无不纳入该种理性范畴;其次,作为对这样一种"必然性"的信念,该种理性逐渐意识形态化,自我合理性的辩护能力大大提升的同时,排斥性的能力也得到极大增强;再次,知识精英内部的分裂不可避免,因为知识界在研究中的分歧在上述特点的作用下,形成共识的能力不断弱化,而扩大分歧,并使其"原子化","小团体化"的能力不断增强,致使多种"单向度"而非一种"单向度"生成,特别是,马尔库塞式的单向度被转化成中国式的

---

① [美]贾恩弗朗哥·波齐:《国家:本质、发展与前景》,陈尧译,上海人民出版社,2007年,第89页。

单向度①，这种状态将影响着社会情绪的形成、主题的凝聚与提炼、舆论之间的博弈等；最后，在需要理性的地方，却出现理性化程度不足的情况，致使明显不合理的事情时常发生，导致治理困局，特别是治理的活动不断蜕化为"剧场"活动，真实生活的真实逐渐演绎成为"剧场性"的真实。

现代性治理工具的第二种重要缺陷是主体失灵。在现代治理活动中，人们对市场失灵、政府失灵等术语及其理论几乎耳熟能详，但主体失灵可能是人们没有或很少考虑过的问题。在后现代哲学话语中，主体早已成为被解构的对象，后现代哲学的旗帜性人物福柯，在其主体的批判中已将主体抹去，"如同大海边沙地上的一张脸"②。这里当然不是在后现代语境中来讨论主体失灵问题，只是提请人们注意：当我们拿起各种治理工具来应对需要治理的事务时，主体的诸多缺陷不幸被后现代理论家言中。

---

① 马尔库塞在其著名的《单向度的人》(*One-Dimensional Man*)的著作中，分析发达的工业文明内生出了这样一种社会控制机制：自由已经蜕变为"一个强有力的统治工具"，工业社会不断创造需求，致使"人们似乎活在他们的商品之中；他们的灵魂困在他们的小轿车、高清晰度的传真装置、错层式家庭住宅以及厨房设备之中"。社会差异似乎被同一消费所消弭，因而形成了一种人们愿意接受这种社会控制的状态，个人与社会之间出现了"直接的、自动的一致化过程"，因此发达的工业文明的社会是单向度的社会。由于这种单向度社会是由"高级的、科学的管理和组织"所创造出来的，在这一过程中，人的内在的否定性、批判性思考能力不断弱化以至于丧失，各种私人产品和公共物品"起着思想灌输和操纵的作用"，这种灌输和操纵已经不再被人们认为是外在的，而被作为"一种好的生活方式"来认同和接受，于是单向度的社会状态致使单向度的思想和单向度的人出现。本文对马尔库塞的单向度概念称之为"马尔库塞式"，意在指出发达工业社会的一些状态在中国现代化进程中也已显现，但在中国，却又受到固有思维模式的影响，例如非好即坏、非善即恶、非左即右、非民主即极权、非国家即私人、非法治即人治等等两极对立思维，成为中国式单向度。

② ［法］米歇尔·福柯：《词与物：人文科学考古学》，莫伟民译，上海三联书店，2001年，第506页。

今天,我们面对越来越增加的不确定性风险,必须重新思考和塑造主体以解决现代治理活动中的主体失灵难题。

所谓主体失灵不是泛指作为哲学范畴的主体失去与客体的关系对应性,从而导致哲学意义上的主客体关系的破坏。之所以要首先澄清这一点,是因为后现代思想家和试图完善现代性的理论家如哈贝马斯等,他们犯了一个共性的错误,即都混淆了哲学主体与实际生活主体,因此他们都失去了正确找到破解难题的机会。这里的主体失灵指现实实际生活中居于主体地位的人的缺失,以及在场的主体其主体性的丧失。由于这两种状态的存在,导致主体的"空场化"和"空心化"。

现实实际生活中的主体不是一种哲学规定,而是在生活的内容及其方式影响下产生的、既为生活所塑造也直接影响生活的人。因此,这里的主体是十分具体的和多样化的。主体失灵指的就是这样的主体的状态:一方面,体制性治理主体经常实际上处于空场状态,因为他们外在于这里的实际生活,体制性责任或知识性使命将其置于主体地位;另一方面,真正的主体已经被客体化了。当某个事件发生后,人们看到的首先是责任主体逃避、知识主体纷纷评说,各论其道,但真正的主体却处在客体位置,他不能以主体的身份讲述;当日常生活被高度程序化、技术化以后,生活的内涵被这些程序、技术所覆盖,许多事务的处理、许多工作的展开,许多公共性的活动,越来越停留于程序终止的地方,其中活动的人逐渐失去其主体性,而演变成为一个"程序员"。

这样一来,治理的风险已经无处不在了。其中最大的风险就是治理主体缺位,这也是主体失灵的最主要表现。德国著名社会学家乌尔里希·贝克将现代社会命名为风险社会,这个风险社会"生活在文明的火山上"①。人们虽然早已意识到风险的严峻性，但在如何解释和解决风险的问题上，却出现了"科学理性和社会理性之间的断裂和缺口"②。他提出了"反思性现代化"的概念，尝试在理论上解决用"新的现代性"改造"旧的现代性"，克服"组织化不负责任"的现代性困境。但他没有将主体问题置于核心位置，因而他的风险社会理论依然只是提出了问题，而没有从根本上找到解决问题之路。主体失灵是远比市场失灵、政府失灵危害更大、更甚的现代性问题。因此，现代性治理工具的缺陷中，不能没有主体失灵的清单。

现代性治理工具的第三种重要缺陷是制度模拟。制度模拟，也可称之为制度仿造或制度模仿。人们通常以"共性""借鉴""学习""科学移植"，乃至"专业化""创新"等概念为制度模拟提供合法性论说的逻辑。治理制度是否一定是内生的？这有待进一步深入研究。但治理制度的核心要素必须有内生性，这是毋庸置疑的。这就是说，治理制度不能简单模拟。何为治理制度？其核心要素是什么？核心要素为什么必须具有内生性？显然，这一连串的问题都应有明晰的答案，否则，制度模拟问题不能说明白。

为此，这里必须首先就新制度主义做些讨论，因为问题由此而引发。美国著名政治学家盖伊·彼特斯总结新制度主义各流派关于制度的阐释，概括了制度所具有的四大特征，即结构性、稳定性、约束性和价值与意义的共享性。其中，第四个特征即价值与意义的共享性存在着重要争论。理性选择制度主义基于方法论个人主义立场，将制度与行为之间的关系

---

① 引自《风险社会》第一部分的题目："生活在文明的火山上：风险社会概观"。

② [德]乌尔里希·贝克：《风险社会》，何博闻译，译林出版社，2004年，第30页。

视为反应式的关系，"作为理性的动物，人们假定个体会对制度结构中的各种因素做出反应"。因而，理性选择制度主义将制度变迁看得比较简单和容易，只要预先设计好能够改变人的行为动机的方式，"行为几乎立刻就会发生变化"。但是，以马奇和奥尔森为代表的运用规范方法来研究制度的新制度主义流派则形成了不同的论说。该派认为："政治和社会生活中的偏好与意义是通过各种教育、灌输和体验形成的。它们既不是固定的，也不是外生的。"制度和社会各自有其独立性和自主性，二者之间是相互依存的互动关系，而非反应式的主从关系。这就意味着制度的价值和意义的共享发生于制度与社会的相互依存的互动关系中。

在公共事务治理的问题领域，国内学界的研究乃至治理实践均偏好于理性选择制度主义的观念。应该说，新制度主义各派都是作为对西方行为主义反思的理论而发展起来的，既具有西方历史文化的总体特征，也具有特定时期西方社会问题的针对性，因此其理论论说的局限性在各个流派中都是存在的。但如何结合中国具体实际来研究吸纳新制度主义中的有益成分，还是应该对其不同流派有所甄别和选择。尤其是理性选择制度主义与中国问题相距更远。

如果说新制度主义是在基本理论层次展开的理论创新的结果，那么治理制度即把新制度主义理论和方法应用于公共事务治理实践而产生的制度创新的结果。政治学家、诺贝尔经济学奖得主埃莉诺·奥斯特罗姆在此方面的开创性工作具有代表性。简单地说，治理制度是新制度主义理论的实践结果。治理制度的复制，在组织理论中也被称为"制度同形性"，指的就是制度的复制或模仿，是组织"按照其他组织的形式塑造自己"。一般说，由以下三个方面因素所导致：一是外在的权威性强制，例如重要法律制度变化,致使相关制度在各种组织中复制;二是基于环境不确定以及组织技术难以应对来自环境不确定的风险时,致使组织从标杆组织那里复制其制度;三是现代职业规范促使专业差异被普遍规范所统一,如大学里的教师存在广泛的专业领域差别,但却可以由统一的大学制度规范,致使制度复制普遍存在;再如职业经理人在不同企业组织,甚至可以跨企业、政府等性质不同的组织而流动,促进制度在不同组织中复制等。

但是,制度复制的复杂性日益被简化的过程所遮蔽,特别是,这种简化过程也是制度的价值元素或核心元素逐渐被"筛漏"的过程,这个过程使制度模仿变得低成本和具有速成性,因而一种治理制度模拟现象大面积出现。这种制度模拟的主要缺陷是:模拟的制度就如同是一个预制的建筑材料,由于它不是在原地浇筑,因而它与那里的建筑物并不契合。这就是说,制度并没有在这个场地中生产出来,缺少生命活力和制度应有的意义,因此其内生元素缺乏。这样的制度必然存在合法性、效能性和效力等问题。毫无疑义,这样的制度几乎全部要依靠一种外在力量使其运行,这个外在力量即某种权力意志,因此制度模拟的结果是制度成为权力意志的工具,制度本身并无力量。

如果上述三种主要缺陷分别出现于治理活动中,情况可能会好一些。但通常情况下,这三种主要缺陷同时出现,从而造成了现代性治理工具的系统性缺陷,由此就带来了矫正的难度。当然,分析、揭示现代治理工具的缺陷既不能因噎废食,也不是否定其全部意义。只是人们需要把握它的缺陷,并能够修正它们;尤其需要在深入认识其缺陷中,创造出更富有活力、更接地气、更有效的现代治理工具。

三、知识逻辑与智慧逻辑

知识逻辑发轫于古希腊，它与现代知识逻辑之间存在着固有的联系。这个课题需要专门研究，这里限于本文主题，直接讨论现代的知识逻辑。

"知识就是力量"，这是弗朗西斯·培根的名言，也是知识逻辑的简明说明。"我思故我在"，这是笛卡尔的哲学名言，也是知识逻辑的另一种简明说明。前者强调了经验与归纳的获取知识的途径，后者强调了理性与演绎的获取知识的途径。科学革命、工业革命和启蒙运动相伴而行，工匠和学者"引起一个爆发性的联合"，最终致使知识逻辑成为现代性的代名词。知识逻辑为人类行动提供合理性的最终根据。因此，只有表达知识的规则才是规范，只有能够形成为知识的理性才是理性，只有理解知识、创造知识、运用知识的人才是主体。随着19世纪、20世纪工业文明的高歌猛进，知识逻辑已经一般地成为"理性逻辑"或"科学逻辑"，其简化形式为"因果逻辑"。这个逻辑导致了现代西方文明的缺陷和局限，正如马尔库塞所指出的："发达工业文明的内在矛盾正在于此：其不合理成分存在于其合理性中。"如何在合理性中祛除其不合理成分，就成为研究、分析、借鉴知识逻辑的关键要素，尽管这是十分艰难的任务。

智慧逻辑同样为人类行动提供合理性的最终根据。但智慧逻辑与知识逻辑之间存在着极大的差异性。知识逻辑的总前提为"知"。"知"即"知道"。"知道"并非是对"不知"的否定，而是对所知之物的本体确认过程。尽管在认识论和逻辑学中，关于"知"与"真"的关系、关于"知"与信念的关系、关于"知"与"证据"的关系等等问题的论争从古希腊持续到现在，但这些复杂的论辩都不影响知识逻辑在生活中的实际作用的显现。智慧逻辑并非是因果逻辑，从而也不能用知识逻辑来理解或解读。正如清末学者刘思白在注解《周易》时所言："若注古书，把古时的制度习俗全都撇开，强用新学说牵引附会，恐削足纳履，必至越发无有头绪。"①同样的道理，如果按照知识逻辑的思维来重构中国古代的思想、观念、文化、旨趣等，也就不能再视其为古代的思想、观念、文化、旨趣等，而转换成为另一种言说了。智慧逻辑是对应逻辑，即行动者在事物对应关系中表达意旨。从有限对应关系的确立，到对应事物的无限生发转换，形成基本的宇宙观、人事观；有对应的事物存在，就有智慧逻辑的意旨。意旨的核心是寻求建立对应事物之间的平衡关系。《周易》中的智慧就是智慧逻辑的重要形态。"阴""阳"对应生发出天、地、人的对应，进而转换出无穷多样性对应关系。人间事物在复杂对应关系中变化，而人事的道理，即各种各样平衡关系则蕴含于对应的事物及其变化关系之中。

知识逻辑与智慧逻辑的差异还体现在其他诸多方面。例如，神和人的关系，在知识逻辑中必须作为因果关系来理解，而在智慧逻辑中必须作为对应关系来理解。在前者的理解中，神与人始终是"同体"的：其中，早期的理解是，神作为人的伙伴，就生活在人们中间，是人们日常生活的有机组成部分。人们敬仰神，是因为神就在现实生活里，甚至在理念上说人可以变成为神。基督教产生，神人更加同体化了。对上帝的信仰，意味着将上帝及其精神置于心中，从而在来世才可以获得神性（进入天国）。启蒙以降，人在宇宙中的位置取代了神的位置，这时曾有启蒙学家预言，宗教即将终结。"就我们所能找到的资料看，英国神圣的自由思想家托马斯·伍尔斯顿（Thomas Woolston，1670—1731）最先定了个日期，说到时现代

---

① [清]刘思白：《周易话解》，龙若飞校点，上海三联书店，2015年，第1页。

性将战胜信仰。他在1710年前后的著述中很有信心地表达说,基督教将在1900年前消失。"半个世纪以后,伏尔泰在一封回信中说:"宗教的终结将在50年内到来。"①但是,宗教信仰在知识逻辑的作用下,转换成为"宗教资本",成为表达宗教情感的符号和仪式,而这些宗教资本能够成为一种重要"投资"②。神与人的关系由过去的现世与来世的精神关系转变为现实的物质关系,神性最终被人性取代,神、人在现代性的物化运动中实现了一体化。与此不同,智慧逻辑理解神与人的关系,始终是作为两个世界来定位的。这两个世界各自有其独立的秩序和规则,并形成对应关系,其中,神始终是外在于人的世界的力量。人们敬畏神,只在于祈求神的力量的庇护,可谓"凡间千般事,皆需神照应",从求财求嗣、祈求风调雨顺,到趋福避祸、消灾祛病等不一而足。③

再如,人与自然的关系。按照知识逻辑行事的人类,在面对自然时,强调人的力量,特别是强调拥有了知识的人的力量。因而,人类可以向自然无限地扩张,只要人类所掌握的关于自然的知识足够丰富。正如美国哲学家、生态学家大卫·雷·格里芬所说,所谓现代文明,以16—18世纪新教改革和理性主义启蒙为其文化形式,可以将其看作一个"巨大文化工程","这一现代工程所展示出的最终目的是将人类从自然和宗教的束缚下解放出来。它最终追求的(即使最初并不很明确)是建立一个完全自动化的科学世界。科学及其技术手段成了现代的世俗宗教,其目的在于释

①[美]罗德尼·斯达克、罗杰尔·芬克:《信仰的法则:解释宗教之人的方面》,杨凤岗译,中国人民大学出版社,2004年,第70—71页。

②同上,第156页。

③参见侯杰、范丽珠:《世俗与神圣:中国民众宗教意识》,天津人民出版社,2001年,第87—102页。

放普罗米修斯般的能量，以解决人类的所有问题，并取消所有的自然限制"①。总体说，知识逻辑对自然的根本态度是"外向的"。与此不同，遵循智慧逻辑，人对自然是"自敛"的。在智慧逻辑中，自然始终是与人类对应而独立存在的，自然与人的关系作为和谐关系来确定。而"天人合一"的智慧思想则是对这种和谐关系的高度解读。人对自然的自敛性，体现在人们的思想观念、思维模式、行事方式，乃至当今处理国际事务、公共政策及发展理念等方面面。例如，就发展理念来说，知识逻辑的发展理念以不断激发人类享受更高级文明的愿望为机制，试图通过满足人类不受约束的物质欲望而推动人类索取能力的不断提升和竞争。这就必然不断释放人的能量来争夺自然界有限的资源，这在文明的意义上，是不合理的，这种不合理正是前引文中所说的"不合理成分存在于其合理性中"的一个注解。智慧逻辑蕴含着有限发展理念。在事物的对应思维中，始终有对应物在场，哪怕是未来的人们。因此，对于还未来到人间的现在不在场的未来人类而言，只有智慧逻辑是最合理的、最具正义性的。

知识逻辑与智慧逻辑也是各有自身的缺陷的。就知识逻辑说，由于它很难承认其他逻辑的合理性，依靠知识逻辑的思想与实践，其基本的路线是运用知识逻辑统一世界，因而知识逻辑的文化不易得到其他文化的认同，甚至会导致严重的文化冲突。冷战结束后，美国在国际关系领域一时陷入茫然，不知道对手在哪里。著名政治学家亨廷顿在《文明的冲突》一书中，提出文明冲突的理论，似乎是又找到了新的对手。但亨廷顿没有搞清楚，冷战结束后出现的文化的冲突，实质上是知识逻辑与非知识逻辑

---

① ［美］大卫·雷·格里芬：《后现代精神》，王成兵译，中央编译出版社，1998年，第63页。

的冲突。倒是有的欧洲的学者采取了更明智一点的立场,呼吁西方世界放弃"冲突"观而采用"对话"与"合作"观念,强调"必须学会从其他的文化中汲取有益的养分"①。遗憾的是这样的学者也是依然固守知识逻辑的思想轨迹来分析当代世界走势,难免落入"西方中心论"的窠臼。当然,智慧逻辑同样也是存在缺陷的。诸如认知上的模糊性、缺乏严谨的科学精神、自我合理性论辩的空间过大等,这些重要缺陷同样是不可忽视的,它们会对现代制度的实现与公共空间的规范化,形成很大的负面性制约。

世界的事物纷纭复杂,特别是对于正在进行现代化建设的国家而言,认识和解决复杂的事务,相应需要有不同的逻辑,尽管各种逻辑都有缺陷。知识逻辑和智慧逻辑为中国政治话语生产预设了两个基本的文化场。

四、中国政治话语生产的文化场

我们将中国政治话语生产的生活实践的时间与空间定义为文化场。场概念来自对布迪厄场概念的改造性使用。布迪厄在《实践感》《帕斯卡尔式的沉思》等著作中,将场的概念定义为"游戏场","也就是游戏空间、游戏规则、赌注,等等"②。"一个场的逻辑以一个特定习性的形式,或更确切地说以一种游戏意识的形式,在被归并的状态下建立,……"③每个场都有其特定的属性和目的。布迪厄将人们的现实生活实践置于各种游戏场

---

① [德]哈拉尔德·米勒:《文明的共存——对塞缪尔·亨廷顿"文明冲突论"的批判》,郦红、那滨译,新华出版社,2002年,第298页。

② [法]皮埃尔·布迪厄:《实践感》,蒋梓骅译,译林出版社,2003年,第102页。

③ [法]皮埃尔·布迪厄:《帕斯卡尔式的沉思》,刘晖译,生活·读书·新知三联书店,2009年,第3页。

景来描述，增加了生动性和直观性，并且也不失对话语空间的拓展。但游戏一词在中国语境下，有时会作贬义理解。即使在一般意义上，也是指娱乐性、体育性活动，不易直接使用。由此，对场的概念要做一定的再界定。这里赋予场的概念以时空内涵，是能够产生故事的地方，也是积累并贮存故事档案的地方。文化场是人们的有意识的、形成意义的活动过程及其范围，即人们的生活实践的时间和空间。但是仅仅给出这一解释，并无太大的意义。中国的文化场已经不再是单纯的，甚至是十分简单的单一时空存在。两种基本的生活逻辑——知识逻辑和智慧逻辑——同时在场，它们或并置、或博弈、或纠结、或镶嵌、或覆盖，通常由事件而引出不同话语表达。于是，场的文化意蕴和实践意蕴凸显，这使得文化场概念具有了重要功能。

例如，反腐败构成为一种事件的总体，在这个具有总体性的事件中，运行着两种逻辑：一是知识逻辑，即腐败是肌体腐烂而必除之，这就是反腐败；二是智慧逻辑，即反腐败存在"标"与"本"的不同治理方式，这也是反腐败。这两个逻辑是不同的，但它们却是相融和镶嵌的。用好两个逻辑，方能在中国真正治愈腐败顽疾。再如，某市市民聚集起来反对在该地建造可能带来严重环境问题的某个工程，构成为一种事件。在形成事件的这些市民的行为中，包含着生活安全的意义诉求，但也可能包含着其他意义诉求。运用知识逻辑来解释这种事件，人们会寻找诸如此类的一些事件，将其类型化，然后分析其中的各种可解释的要素。运用智慧逻辑来解释这个事件，则首先确定其对应性：哪些人，在什么地方，做了什么事情；什么标语口号、要干什么、持续了多长时间；导致什么结果、影响如何等。两种不同文化场为事件的研究确定了不同的理路。

文化场对于政治话语生产所具有的意义是什么？概言之，其意义主要在于经过命名与定义等的话语生产机制而形成事件的总体性。日常生活事件，每一件都是具体的，事件之间不一定都存在共生性，甚至它们并不存在什么联系。但在一定的文化场的作用下，通过命名与定义等话语生产机制，却使空间上具有散布性、时间上具有非共时性的事件，形成总体性。其中，对事件的命名与对命名话语的定义是基本的机制，其他一些话语生产机制如传播、转译与转义等，都是在这两种意义形成后发生的，虽然这些机制都需要深入研究，但从文化场的存在意义上说，命名与定义更具有根本性。

如上文所述，事件能够引发出话语表达，因此事件即陈述对象。但这个事件与福柯《知识考古学》所论的"话语事件"有一些区别。《知识考古学》中的"话语事件"是一种话语分析的概念，具体指在"话语的形成"的"散布系统"中，某一"陈述"如何演化而成为"事件"的过程，"这种分析所特有的问题，我们可以如此提出来：这个产生于所言之中东西的特殊存在是什么？它为什么不出现在别的地方"①？所以能够形成如此追问，来自追问的对象，即某一陈述本身，由其引起，围绕其展开，由此话语本身就具有了事件性质。发生于本文所指的文化场的事件，不同于福柯的话语事件，区别是：在福柯那里，话语在先，话语为研究对象；而本文这里，话语在真实的事件之后，事件才是研究对象。事件是指所发生的事情的真实状况：事情的原委、演化、参与者、影响者、结局等。这样的事件，总是要给予一个称呼，即命名；命名所具有的含义可能是简单的、直接的，也可能是复

---

① ［法］米歇尔·福柯：《知识考古学》，谢强、马月译，生活·读书·新知三联书店，2003年，第29页。

杂的、容易产生歧义的。这样，如何定义其含义，就关涉事件本身：它何以发生，它的性质、程度、意义、范围、类型、层次等。

以治理的话语生产为例。治理由不同文化场的话语生产给予了不同的总体性。在知识逻辑中，治理是对国家主权的解构，也是对超越国家的权力建构。但必须告诫人们：治理是解构谁的国家主权，权力建构要超越什么国家。在知识逻辑下，全球治理"是根据西方国家的理念所建构的，其本质是维护西方核心利益与主导地位"①。由此，对西方国家而言，非西方国家的主权观念及其国家制度是对治理的最大挑战，用治理来解构主权，并建构起体现西方价值的超越国家的权力，这就是其治理的要义。这个要义是对以"华盛顿共识"为标志的各种事件的总体性的揭示。其中包含着一系列的确定的命名与定义，生产出一整套治理的话语。但智慧逻辑赋予治理以不同的总体性。它引导知识逻辑在主权之下再建构，瓦解由知识逻辑所形成的解构能量，确立起上下合作的逻辑前提和基础。而当这个前提和基础扎实稳固建立起来，全球治理将生产一整套新的治理话语。智慧逻辑的先导性、超越能力成为处理好知识逻辑和智慧逻辑的关键要素，也是两种不同文化场的关系的生动演绎。

如果中国政治学即研究者立足学术立场来研究中国政治并形成学问，那么发生于中国现代化进程中的所有事件，就成为中国政治学研究的对象。实现知识逻辑与智慧逻辑的会通，在运用话语生产机制形成事件的总体性的研究中，创造中国政治话语体系，这就成为中国政治学研究的基本任务。

---

① 朱云汉：《王道思想与世界秩序重组》，《中国治理评论》，2012年第2辑。

全过程人民民主的发展机理研究 ①

　　全过程人民民主是对中国民主政治性质、特点和优势的新概括。这一新概括进一步强调了社会主义民主的真实性、广泛性和有效性特质。2014年9月21日，习近平在庆祝中国人民政治协商会议成立65周年大会上的讲话中指出："协商民主深深嵌入了中国社会主义民主政治全过程。"②习近平阐释道："社会主义民主不仅需要完整的制度程序，而且需要完整的参与实践。""人民是否享有民主权利，要看人民是否在选举时有投票的权利，也要看人民在日常政治生活中是否有持续参与的权利。"③2019年11月2日，习近平在上海市长宁区虹桥街道古北市民中心考察时强调，我们走的是一条中国特色社会主义政治发展道路，首次完整提出"人民民

---

　　① 该文发表于《统一战线学研究》2021年第5期。虽然全过程人民民主问题在本书中尚未展开讨论，但该问题与本书主题高度相关，且发表的此篇论文对本书相关内容有所补益，故收入本书附录。文中有部分内容与书中文字重合，注释采用全书统一格式，特此说明。
　　② 习近平：《推进协商民主广泛多层制度化发展》，《习近平谈治国理政》第二卷，外文出版社，2017年，第294页。
　　③ 同上，第292页。

主是一种全过程的民主"①的论断。2021年7月1日,习近平在庆祝中国共产党成立100周年大会上再次提出了"发展全过程人民民主"②的要求。

在全面建设社会主义现代化国家新征程上,发展全过程人民民主成为一项重大理论与实践课题,需要展开深入的理论和实践探索。学界已经开始广泛地探讨全过程人民民主的一些理论和实践问题,诸如从政治文明的高度定位全过程人民民主,认为它是人类政治文明的新探索③或人类民主政治的新形态④;从政治功能和作用上论说全过程人民民主的价值,认为它彰显中国特色社会主义民主政治之路⑤,保证了中国道路的成功⑥,体现了中国式民主的鲜明特点⑦。当前,发展全过程人民民主正成为一项重要研究课题。但是,学界对全过程人民民主的发展机理,尚未形成足够的关注。本文提出和探讨全过程人民民主的发展机理问题,从中国政治过程中抽象出三大政治关系,论证这些政治关系作为全过程人民民主三重发展机理的缘由。

---

①《习近平:中国的民主是一种全过程的民主》,人民网,2019年11月3日。

② 习近平:《在庆祝中国共产党成立100周年大会上的讲话》,《人民日报》,2021年7月2日。

③ 参见肖立辉:《全过程人民民主:人类政治文明的民主新探索》,《中国党政干部论坛》,2021年第7期。

④ 参见鲁品越:《全过程民主:人类民主政治的新形态》,《马克思主义研究》,2021年第1期。

⑤ 参见杜运泉:《全过程民主:中国特色社会主义民主政治之路》,《探索与争鸣》,2020年第12期。

⑥ 参见韩震:《全过程民主制度保证了中国道路的成功》,《社会主义论坛》,2019年第12期。

⑦ 参见亓光:《全过程民主:中国共产党治国理政的思维变革与政治逻辑》,《社会科学研究》,2021年第2期。

一、从党和人民的关系看发展全过程人民民主

中国共产党和人民的关系是"休戚与共、生死相依"的血肉联系。这对关系是当代中国的根本政治关系,是中国共产党领导制度确立和规范的根本关系。从中国政治理论层面言说这对政治关系,需要深入探讨相关重要理论命题:人民是中国共产党的社会存在,中国共产党是人民的领导者。习近平在庆祝中国共产党成立100周年大会上,将这种社会存在与领导的关系形象地描述为"根基""血脉""力量"。这些比喻蕴含深刻的历史逻辑:人民作为共产党的社会存在,是中国近代以来历史运动的内在规定;中国共产党作为人民的领导者,是马克思主义政党的根本要求,也是人民上升为国家主体的根本要求。中国共产党坚守自身与人民群众不可分离的联系,在政治价值和政治实践中树立起人民至上的观念。这是中国共产党运用唯物史观指导中国革命和建设而确立起来的根本的人民立场和人民观点,体现出中国共产党的马克思主义政党水平和崇高境界。中国共产党成立100年来的实践历程表明,坚信人民的力量,以人民为上,紧紧依靠人民,塑造了中国共产党的精神、品格、意志和作风,形成了中国共产党根本的政治思维方式和解决实践问题的根本方法。将人民置于至上的政治价值位置,成为中国共产党治国理政成功实践的基本经验。由此,人民是共产党的社会存在,共产党是人民的领导者,成为中国政治的一条基本原理。该原理的普遍意义在于,在世界的任何地方,只要一个政党真正立基于人民,承担起领导人民的责任,坚守人民至上的价值,为人民服务,就会确立起这种政党与人民的关系。

首先,发展全过程人民民主契合执政党的使命任务。在当代中国政

治生活中,中国共产党与人民之间的关系,集中体现为中国共产党保证和支持人民当家作主。这种保证和支持贯穿于中国民主政治全过程。发展全过程人民民主,成为中国共产党与人民之间维护结构化主体关系的要求。人民生产的力量、社会的力量最终体现为政治的和历史的力量,进而为中国共产党源源不断地提供强有力的政治主体资源。中国共产党通过实施坚强的领导,特别是通过保证和支持人民当家作主,使人民的力量不断积聚和增强,使社会主义国家制度不断完善并富有治理效能,使人民福祉不断增长。

这种结构化主体关系为发展全过程人民民主提供了理论之维。这就要求正确处理党与人民的关系,人民是全过程人民民主的"本体"存在。正如习近平在庆祝中国共产党成立100周年大会上指出的:"新的征程上,我们必须紧紧依靠人民创造历史,坚持全心全意为人民服务的根本宗旨,站稳人民立场,贯彻党的群众路线,尊重人民首创精神,践行以人民为中心的发展思想,发展全过程人民民主,维护社会公平正义,着力解决发展不平衡不充分和人民群众急难愁盼问题,推动人的全面发展、全体人民共同富裕取得更为明显的实质性进展!"①

其次,发展全过程人民民主契合社会主义国家的价值追求。中国共产党把马克思主义国家学说与中国具体实际相结合,领导人民建立新型国家,发展社会主义民主政治。社会主义民主政治以实行人民当家作主制度为标志,以运用社会主义制度优势快速发展生产力、推动人的全面发展和实现全体人民共同富裕、满足全体人民的美好生活需要为内容。中

---

① 习近平:《在庆祝中国共产党成立100周年大会上的讲话》,《人民日报》,2021年7月2日。

国民主政治既经由马克思主义而形成与世界政治文明的思想联系，又经由中国共产党领导人民革命和建设的实践而创造出全新的内容。它是对人类政治文明发展史的重大贡献。这种民主政治在理论上追问，人民何以能历史性地组织成为国家的主人，并运用国家来达到自己的目的，最终促进人类普遍福祉的真正实现。因此，社会主义中国的民主政治过程在本质上是国家过程，即人民内在于国家，而不是在国家之外。人民不仅要生产国家权力和权威，而且要运用国家权力和权威；人民不仅要参加选举，还要参与决策、参与管理、参与监督。"人民当家作主必须具体地、现实地体现到中国共产党执政和国家治理上来，具体地、现实地体现到中国共产党和国家机关各个方面、各个层级的工作上来，具体地、现实地体现到人民对自身利益的实现和发展上来。"[1]人民内在于国家的过程，使自身成为中国民主政治过程的本体。人民代表大会制度、中国共产党领导的多党合作和政治协商制度、民族区域自治制度及基层群众自治制度，都是中国民主政治过程的制度载体。它们以制度形式和法治威力保证人民民主过程的本体实在性。

最后，发展全过程人民民主契合人民作为主体性存在的多种样式。在当代中国，人民构成社会的主体、总体和实体。社会存在具体化为人民的主体性存在、总体性存在及实体性存在等多种样式。当社会存在以人民的主体性存在为样式的时候，人民的现实生活过程在根本上就是人民的自我生产过程。从而，人民的价值由人民在现实生活过程中生成。人民在生产关系中的主体地位决定了在现实生活中人民的自我强调。因

---

① 习近平：《推进协商民主广泛多层制度化发展》，《习近平谈治国理政》第二卷，外文出版社，2017年，第292页。

此，人民进入国家、掌握国家、管理国家事务具有权力要求的必然性，它建立在社会主义国家的人民主权原则之上，而非所谓社会契约论的基础之上。当社会存在以人民的总体性存在为样式的时候，人民的现实生活过程客观地呈现出差异性分布的格局，体现出现实生活过程的内在结构性张力。人民作为总体性社会存在，他们的不同构成部分受到历史、文化、资源等的制约，因而他们的现实生活过程存在差别，甚至存在很大差别。这些差别反映着生产水平和生产能力等根本方面的差别。与此同时，人民又总是处在从过去到未来的历史总体之内，人民现实生活的生产与再生产过程不能脱离这个历史的总体。因此，人民作为总体性社会存在，既具有现实总体性，也具有历史总体性。当社会存在以人民的实体性存在为样式的时候，人民的现实生活过程呈现为组织化状态：既呈现为实然的权责关系，如从事某种生产活动（物质生产、精神生产及社会生产）的微观组织状态；也呈现为无实然边界、无明晰权责关系，但共享同一社会符号的宏观组织形态，如阶级、阶层、族群等。这样的实体性存在同样离不开历史唯物论语境中的生产活动，特别是作为生产话语的社会分工以及社会变革等活动。它们一方面体现了人民的现实生活过程本身，另一方面具有内在于这种生活过程而不断影响这一过程的意义。可以说，以人民的实体性存在为样式的社会存在处于自我更新和自我发展的过程中。

党对人民的领导，不仅是中国共产党的历史使命使然，更是人民的社会存在生成的必然要求，具有客观性。在发展全过程人民民主的历史实践中，人民的社会存在的多样性不断为人民民主事务注入活力、形成需求、产生动力，人民因而将存在于人民民主全过程中。党通过对人民的社会存在多样性的整合而发挥领导作用。在全过程人民民主实践中,党将保证和支持人民当家作主贯穿始终。

二、从人民与国家的关系看发展全过程人民民主

早在19世纪70年代,马克思、恩格斯就曾对新创建的无产阶级国家同社会相脱离的风险有过重要论述,强调无产阶级的国家要在政治统治和社会管理中保持与人民的联系。恩格斯在《家庭、私有制和国家的起源》中指出,国家是一种"从社会中产生但又自居于社会之上并且日益同社会相异化的力量"①。结合苏联七十多年社会主义国家由盛及衰最终在剧变中解体的历史,反思这一历史留下的十分惨痛的教训,不能不说:社会主义国家能否真正避免国家与人民大众分离的问题,关系社会主义事业的成败。

社会主义国家要保持与人民的紧密联系。于是,人民进入国家的问题就提了出来,这个问题是社会主义国家的根本原理问题。它要回答人民如何才能克服国家与社会的分离,进而发挥国家更好地服务人民的目的。在中国特色社会主义政治发展道路的理论和实践探索中,中国共产党领导人民不断进入国家,在国家中当家作主,使国家成为人民有力而有效的工具。这是中国政治发展的一条根本经验,发展全过程人民民主正是对这条根本经验的理论总结。

要使国家权力在国家治理体系中发挥其应有的作用,需要人民不断发挥主体作用。人民进入国家就是人民的主体性成为国家意志,以

①[德]恩格斯:《家庭、私有制和国家的起源》,《马克思恩格斯文集》第四卷,人民出版社,2009年,第189页。

及人民在国家事务中发挥主体作用的制度安排和实现方式。在中国特色社会主义的总体语境下，它运行的总原则便是党的领导、人民当家作主和依法治国的有机统一。党的领导、人民当家作主和依法治国的有机统一，反映中国特色社会主义政治发展道路的规律，并对现实与未来的实践发展具有根本的规范与指导意义。党的领导、人民当家作主以及依法治国的有机统一，关键在于保持执政党、国家和法治的人民主体性。

首先，中国共产党对国家的领导是人民进入国家的根本体现和保证。中国共产党领导人民创建社会主义的国家制度，这是在现代世界历史运动和国际共产主义历史运动交织影响的大背景下，现代中国历史发展逻辑使然。中国共产党作为马克思主义执政党，矢志不移坚持共产主义理想，遵循历史唯物论所阐释的基本原理，并将其与中国实际发展状况相结合，开创了在生产力不发达、经济社会发展比较落后的条件下建设中国特色社会主义的道路。在这条道路上，中国共产党秉持无产阶级历史使命的原理，领导中国人民向更加美好的人类社会远景目标奋进。依照人民至上的价值理念和全心全意为人民服务的根本宗旨，中国共产党秉持长期执政的信念，克服一切艰难险阻，战胜一切风险挑战，使国家始终维护和保持人民主体地位。在这个意义上，中国共产党对国家的领导就体现为支持中国人民进入国家并发挥主体作用，坚持党的领导就是坚持人民的主体地位。

其次，人民当家作主是人民进入国家的基本实践样式。人民当家作主是中国人民民主的通俗称谓。人民民主"从价值理念转变为扎根中国大地的制度形态、治理机制、工作作风和生活方式，贯穿国家治理全过程,浸透到人们的工作生活之中"①。无论作为制度形态,还是治理机制,抑或工作作风,人民民主都是从中国共产党领导的革命历程中走来的。它是中国老百姓熟悉,能够被人民群众掌握和运用的现代政治生活实践样式。就其核心内容而言,人民民主是人民的各个部分乃至个体共同构建主体性即人民性,通过学习、讨论、识别、认同、提出意见建议、表决、付诸行动等实践过程,形成的对根本利益的共同认知,是凝聚起来的统一力量。简而言之,人民民主就是人民凝聚起来的统一力量。这个力量驾驭着国家机器,使其始终朝着实现和维护人民根本利益的方向前进,解决人民所需所愿所难,服务人民的物质生产、精神生产和社会生产等实践活动。

最后,依法治国是人民进入国家的法治化过程。人民进入国家的法治化过程包含如下层次。一是人民通过法律将自己的普遍意志及根本利益固定化、规范化、制度化,以促使执行法律的国家机关依法维护人民的根本利益。二是人民为其各个不同部分在管理国家事务中,协调他们相互之间的立场和行动,解决他们之间可能产生的矛盾与冲突,而运用法律的方式达成目的。三是对人民中发生的破坏法律、违反法治的行为,人民支持国家执法机关依法治理。四是对国家执法机关执法活动的监督。这种法治化的实践过程,是保障人民有序进入国家的过程。这个过程与党的领导的逻辑高度一体化。

上述三个方面构成人民进入国家的三种方式,即人民通过党的领导、人民民主和法治的方式进入国家。这些方式都是落实人民主体地位的政

---

① 杨雪冬、黄小钫:《人民民主的百年探索及启示》,《理论导报》,2021年第3期。

治制度。它们保护人民主体地位，支持由人民驾驭国家，抑制国家与社会相分离，为实现国家以人民为主、有效防止国家以自身为主提供制度保障。人民进入国家，为发展全过程人民民主提供了社会主义国家自我发展完善的基础。

三、从人民与发展的关系看发展全过程人民民主

人民与发展的关系是当代中国另一对主要的政治关系。这对关系被概括为发展要以人民为中心，或要实现以人民为中心的发展。这里之所以要将"人民"与"发展"联系起来，并将其概括为当代中国的一对主要政治关系，基于以下重要理据。

其一，根据中国社会主要矛盾确定革命与建设根本任务，是中国在解决发展问题过程中形成的认识论逻辑。始终围绕人民的根本利益及其实现这个中心课题，客观分析现实的生产能力，即建立起人民与发展的联系，是中国共产党准确分析社会主要矛盾的基本方法。中华人民共和国成立以来，党对社会主要矛盾的认识不断深化。1956年，党的八大指出："我国国内的主要矛盾，已经是人民对于建立先进的工业国的要求同落后的农业国的现实之间的矛盾，已经是人民对于经济文化迅速发展的需要同当前经济文化不能满足人民需要的状况之间的矛盾。"1981年，党的十一届六中全会通过的《关于建国以来党的若干历史问题的决议》，将中国社会主要矛盾进一步表述为"人民日益增长的物质文化需要同落后的社会生产之间的矛盾"。2017年，党的十九大对中国社会主要矛盾做出新判断："我国社会主要矛盾已经转化为人民日益增长的美好生活需要和不

平衡不充分的发展之间的矛盾。"①中国共产党关于社会主要矛盾认识的转变充分表明,处理好人民与发展的关系,始终是执政党把握社会前进方向和发展道路的根本出发点和落脚点。

其二,坚持以人民为中心的发展,实质是实现社会主义现代化。将中国这样一个发展中国家建设成为富强民主文明和谐美丽的社会主义现代化强国,通过制定和实施以人民为中心的发展纲领达成目标,这是一项具有重要理论价值和世界意义的伟大实践。以人民为中心的发展纲领连接起中国特色社会主义理论和实践、执政党和国家、历史和现实,成为当代中国政治的大叙事。由于人民及其根本利益始终处于中国发展的中心地位,从而这一大叙事的本质就是人民叙事。在过去一个较长时期,人们对如何定义社会主义现代化,没有找到更契合这个事物本质的话语。确立以人民为中心的发展思想,构建起以人民为中心的发展逻辑,揭示了社会主义现代化的实质,回答了什么是社会主义现代化的问题。以谁及以什么为中心来实现发展,这是判断世界上不同现代化类型的根本标准。以资本为中心还是以人民及其根本利益为中心,区分了资本主义现代化和社会主义现代化。

其三,提出与发展阶段、发展方向和发展目标相契合的发展理念,用以指导发展实践,使人民与发展的关系在发展实践中不断得到维护与强化。发展理念"是战略性、纲领性、引领性的东西,是发展思路、发展方向、发展着力点的集中体现"②。因此,发展理念是中国共产党在特定历史条

---

① 习近平:《决胜全面建成小康社会,夺取新时代中国特色社会主义伟大胜利——在中国共产党第十九次全国代表大会上的报告》,《人民日报》,2017年10月28日。

② 习近平:《以新的发展理念引领发展》,《习近平谈治国理政》第二卷,外文出版社,2017年,第197页。

件下对为什么要发展、如何发展问题的系统思考。中国共产党关于发展理念演进的历史轨迹是：从对发展理念的最初认识，到十一届三中全会以来发展理念的不断推进，再到十八大以来对发展理念的创新。[①]中国共产党的发展理念经历了从"快速发展"到"科学发展"，再到"创新、协调、绿色、开放、共享"的新型发展的变迁。发展理念的演进揭示：中国共产党领导经济社会发展始终高度重视发展理念的价值主导性，始终高度关注整个经济社会发展的阶段性特征，始终对经济社会发展进程释放的重要信号保持高度敏感性，始终在变与不变的辩证思维中定义中国的发展问题。发展理念变迁反映"发展是硬道理""发展是党执政兴国的第一要务"的全党共识，蕴含在其中的逻辑始终是以人民为中心。

其四，将人民与发展的关系贯穿于中国特色社会主义现代化国家建设的历史实践中，持续实现发展战略与发展规划的衔接和统一，创造了中国的发展模式。中国特色国家发展坚持总体目标和发展周期的统一。五年规划中的总体发展目标联结成中国经济社会发展的"三周期"实践逻辑，即五年为"规划周期"，十至十五年为"台阶周期"，十五至二十年以上为"远景周期"。规划周期即每五年为一个规划期。"台阶周期"是指历经两至三个五年规划期的建设和发展，使国民经济和社会发展总体上能够前进一大步或上一个大台阶。"远景周期"是对中国经济社会发展长时期的远景目标的设置。三个周期既各有其相对独立的价值意涵和实践结果期待，但也有一条"目标链"来贯通。这使得中国经济社会发展遵循基于中国特点的时间秩序原理，以五年为一个规划周期而实现的宏观政策价

---

① 参见严书翰：《中国共产党发展理念的演进与创新——兼论习近平发展思想的科学内涵》，《人民论坛·学术前沿》，2016年第3期。

值主导性在发展时间中有机延展。经济社会发展的"三周期"实践逻辑是将时间秩序转化为中国社会主义现代化发展秩序的逻辑,中国共产党通过制定符合中国实际、宏伟而又能及的发展战略,汇聚起人民的力量,使国家一步一步走向富强民主文明和谐美丽前景,使人民不断实现对美好生活的向往。

人民与发展的关系作为当代中国的一对主要政治关系,也是全过程人民民主不断获得发展动力、不断形成新的内容、不断发挥实际效能,从而不断丰富自身意义的机理。

首先,人民与发展的关系促进全过程人民民主内在动力的不断生成。"民主不是装饰品,不是用来做摆设的,而是要用来解决人民要解决的问题的。"[①]一方面,发展在总体上就是人民要解决的大问题;另一方面,众多具体的发展事项或直接或间接地与人民所需所盼所求相关。全过程人民民主正是人民参与到解决问题的实践中来。全过程人民民主在解决中国发展问题上的意义体现在执政党和人民一起,运用人民、国家、法治、治理、体制、政策、机制等力量和工具,不断促进以人民为中心的发展。其动力就是党和人民关于发展需求的议程转化,就是人民与国家在发展事业上的持续、多形式的互动,就是人民之间具体利益的协调和整体利益的维护。

其次,人民与发展的关系不断促进全过程人民民主内容的更新、丰富和完善。中国的人民民主有诸多制度形式,既包括根本的制度形式,也包括一些基本制度形式。它们为全过程人民民主的实行提供制度保证。人

---

① 习近平:《推进协商民主广泛多层制度化发展》,《习近平谈治国理政》第二卷,外文出版社,2017年,第296页。

民民主就其内容而言,就是人民的民主生活,既体现为选举活动,也体现为人民广泛参与国家事务管理、参与立法和政策制定过程中的讨论与意见表达、人民在各种具体生活场景中参与治理活动等。人民与发展的关系在实践中不断延伸与深化,从而不断生成需要人民广泛参与的民主生活,促使全过程人民民主的内容不断更新、丰富和完善。由此,全过程人民民主的要义及其优越性在广泛而丰富的民主生活实践中得到彰显。

最后,人民与发展的关系不断为全过程人民民主制度的治理效能转化提供政治资源支持。全过程人民民主制度的治理效能,最终体现为人的全面发展和实现全体人民的共同富裕。这是一个历史过程。以人民为中心的发展,将贯穿这个历史过程。于是,在不断获得全面发展和提升共同富裕水平中,人民民主生活能力、民主生活品质也将随之提高,形成水涨船高效应。在这样的历史过程中,人民既是人民民主制度转化为治理效能的政治资源,也是治理效能福利的共享者。

总之,作为中国政治中的一对重要关系,人民与发展的关系不断孕育、激发全过程人民民主的生机和活力,从而成为全过程人民民主发展的重要机理。

主要参考文献

经典文献

《马克思恩格斯全集》第一卷,人民出版社,1956年。

《马克思恩格斯全集》第三十五卷,人民出版社,1971年。

《马克思恩格斯选集》第一卷,人民出版社,1995年。

《马克思恩格斯选集》第三卷,人民出版社,1995年。

《马克思恩格斯文集》第一卷,人民出版社,2009年。

《马克思恩格斯文集》第二卷,人民出版社,2009年。

《马克思恩格斯文集》第四卷,人民出版社,2009年。

《马克思恩格斯文集》第五卷,人民出版社,2009年。

《马克思恩格斯文集》第十卷,人民出版社,2009年。

《列宁选集》第一卷,人民出版社,1995年。

《列宁选集》第四卷,人民出版社,2012年。

《毛泽东选集》第一卷,人民出版社,1991年。

《毛泽东选集》第二卷,人民出版社,1991年。

《毛泽东选集》第三卷,人民出版社,1991年。

《毛泽东选集》第四卷,人民出版社,1991年。

《邓小平文选》第二卷,人民出版社,1994年。

《邓小平文选》第三卷,人民出版社,1993年。

《江泽民文选》第三卷,人民出版社,2006年。

《胡锦涛文选》第三卷,人民出版社,2016年。

《习近平谈治国理政》第一卷,外文出版社,2018年。

《习近平谈治国理政》第二卷,外文出版社,2017年。

《习近平谈治国理政》第三卷,外文出版社,2020年。

习近平:《论坚持推动构建人类命运共同体》,中央文献出版社,2018年。

资料汇编

《十六大以来重要文献选编(上)》,中央文献出版社,2005年。

《十七大以来重要文献选编(上)》,中央文献出版社,2009年。

《十八大以来重要文献选编(上)》,中央文献出版社,2014年。

《十八大以来重要文献选编(中)》,中央文献出版社,2016年。

《十八大以来重要文献选编(下)》,中央文献出版社,2018年。

《十九大以来重要文献选编(上)》,中央文献出版社,2019年。

中共中央文献研究室编:《毛泽东传(1983—1949)》,中央文献出版社,1996年。

中共中央文献研究室编:《邓小平年谱(1975—1997)》,中央文献出版社,2004年。

中文著作

中共中央党史和文献研究院:《改革开放四十年大事记》,人民出版社,2018年。

中共中央党史研究室:《中国共产党历史(第一卷)(1921—1949)》,中共党史出版社,2011年。

中共中央党史研究室:《中国共产党历史(第二卷)(1949—1978)》,中共党史出版社,2011年。

中国井冈山干部学院:《井冈山斗争时期的县委机构:中国共产党遂川县委》,中国发展出版社,2016年。

当代中国研究所:《新中国70年》,当代中国出版社,2019年。

朱云汉:《高思在云:中国兴起与全球秩序重组》,中国人民大学出版社,2015年。

[清]刘思白:《周易话解》,龙若飞校点,上海三联书店,2015年。

孙江、陈力卫主编:《亚洲概念史研究(第二辑)》,生活·读书·新知三联书店,2014年。

张世英:《黑格尔〈小逻辑〉绎注》,吉林人民出版社,1982年。

侯杰、范丽珠:《世俗与神圣:中国民众宗教意识》,天津人民出版社,2001年。

[美]黄仁宇:《大历史不会萎缩(增订版)》,中信出版社,2016年。

黄道炫:《张力与限界:中央苏区的革命(1933—1934)》,社会科学文献出版社,2011年。

董云虎、刘武萍:《世界人权约法总览》,四川人民出版社,1991年。

傅佩荣:《傅佩荣译解易经》,东方出版社,2012年。

谢立中:《走向多元话语分析:后现代思潮的社会学意涵》,中国人民大学出版社,2009年。

外文译著

[古希腊]亚里士多德:《范畴篇 解释篇》,聂敏里译,商务印书馆,2017年。

[加]亨利·罗杰斯:《文字系统:语言学的方法》,孙亚楠译,商务印书馆,2016年。

[加]查尔斯·泰勒:《自我的根源:现代认同的形成》,韩震等译,译林出版社,2001年。

[英]T.H.马歇尔、安东尼·吉登斯等著,郭忠华、刘训练编:《公民身份与社会阶级》,江苏人民出版社,2007年。

[英]休·佩曼:《中国巨变:地球上最伟大的变革》,万宏瑜译,人民出版社,2019年。

[英]安东尼·吉登斯:《社会的构成》,李康、李猛译,生活·读书·新知三联书店,1998年。

[英]安东尼·吉登斯:《现代性的后果》,田禾译,译林出版社,2011年。

[英]昆廷·斯金纳:《霍布斯哲学思想中的理性和修辞》,王加丰、郑崧译,华东师范大学出版社,2005年。

[英]路德维希·维特根斯坦:《哲学研究》,陈嘉映译,上海人民出版社,2015年。

[法]卢梭:《论人类不平等的起源和基础》,李常山译,商务印书馆,1997年。

［法］卢梭:《社会契约论》,何兆武译,商务印书馆,1997年。

［法］皮埃尔·布迪厄:《帕斯卡尔式的沉思》,刘晖译,生活·读书·新知三联书店,2009年。

［法］皮埃尔·布迪厄:《实践感》,蒋梓骅译,译林出版社,2003年。

［法］托克维尔:《论革命:从革命伊始到帝国崩溃》,曹胜超、崇明译,上海三联书店,2016年。

［法］吕克·布里松:《柏拉图:语词与神话》,陈宁馨译,华东师范大学出版社,2020年。

［法］伊曼纽尔·列维纳斯:《总体与无限:论外在性》,朱刚译,北京大学出版社,2016年。

［法］米歇尔·福柯:《词与物:人文科学考古学》,莫伟民译,上海三联书店,2001年。

［法］米歇尔·福柯:《知识考古学》,谢强、马月译,生活·读书·新知三联书店,2003年。

［法］克洛德·列维-施特劳斯:《神话与意义》,杨德睿译,河南大学出版社,2016年。

［法］亨利·列斐伏尔:《马克思的社会学》,谢永康、毛林林译,北京师范大学出版社,2018年。

［法］保罗·利科:《从文本到行动》,夏小燕译,华东师范大学出版社,2015年。

［法］保罗·利科:《作为一个他者的自身》,佘碧平译,商务印书馆,2013年。

［法］雅克·德里达:《论精神:海德格尔与问题》,朱刚译,上海译文出版

社,2014年。

[法]路易·阿尔都塞、艾蒂安·巴里巴尔:《读〈资本论〉(第二版)》,李其庆、冯文光译,中央编译出版社,2017年。

[美]大卫·雷·格里芬:《后现代精神》,王成兵译,中央编译出版社1998年。

[美]丹尼尔·E.弗莱明:《民主的古代祖先:玛里与早期集体治理》,杨静清译,华东师范大学出版社,2017年。

[美]乔治·J.E.格雷西亚:《文本:本体论地位、同一性、作者和读者》,汪信砚、李白鹤译,人民出版社,2015年。

[美]罗德尼·斯达克、罗杰尔·芬克:《信仰的法则:解释宗教之人的方面》,杨凤岗译,中国人民大学出版社,2004年。

[美]彼得·赖尔、艾伦·威尔逊:《启蒙运动百科全书》,刘北成、王皖强编译,上海人民出版社,2004年。

[美]施特劳斯:《修辞术与城邦——亚里士多德〈修辞术〉讲疏》,何博超译,华东师范大学出版社,2016年。

[美]贾恩弗朗哥·波齐:《国家:本质、发展与前景》,陈尧译,上海人民出版社,2007年。

[美]理查德·W.布利特:《大地与人:一部全球史(下册)》,刘文明、邢科、田汝英译,商务印书馆,2020年。

[美]理查德·塔纳斯:《西方思想史》,吴象婴、晏可佳、张广勇译,上海社会科学院出版社,2017年。

[美]梅萨罗维克、[德]佩斯特尔:《人类处于转折点:给罗马俱乐部的第二个报告》,梅艳译,生活·读书·新知三联书店,1987年。

［美］谢尔登·S.沃林:《政治与构想:西方政治思想的延续和创新(扩充版)》,辛亨复译,上海人民出版社,2009年。

［美］路易斯·亨利·摩尔根:《古代社会(上册)》,商务印书馆,1977年。

［美］赫伯特·马尔库塞:《单向度的人:发达工业社会意识形态研究》,刘继译,上海译文出版社,2014年。

［奥］阿德勒:《阿德勒人格哲学》,罗玉林等译,九州出版社,2004年。

［意］卡洛·罗韦利:《时间的秩序》,杨光译,湖南科学技术出版社,2019年。

［意］吉奥乔·阿甘本:《论友爱》,刘耀辉、尉光吉译,北京大学出版社,2017年。

［德］于尔根·哈贝马斯:《在事实与规范之间:关于法律和民主法治国的商谈理论》,童世骏译,生活·读书·新知三联书店,2003年。

［德］于尔根·哈贝马斯:《现代性的哲学话语》,曹卫东译,译林出版社,2011年。

［德］马克斯·韦伯:《新教伦理与资本主义精神》,于晓、陈维刚等译,生活·读书·新知三联书店,1987年。

［德］乌尔里希·贝克:《风险社会》,何博闻译,译林出版社,2004年。

［德］吕迪格尔·萨弗兰斯基:《时间:它对我们做什么和我们用它做什么》,卫茂平译,社会科学文献出版社,2018年。

［德］伊安·汉普歇尔-蒙克:《比较视野中的概念史》,周保巍译,华东师范大学出版社,2010年。

［德］克里斯托夫·武尔夫:《人的图像:想象、表演与文化》,陈红燕译,华东师范大学出版社,2018年。

[德]威廉·狄尔泰:《历史中的意义》,艾彦译,北京联合出版公司,2013年。

[德]哈拉尔德·米勒:《文明的共存——对塞缪尔·亨廷顿"文明冲突论"的批判》,郦红、那滨译,新华出版社,2002年。

[德]海德格尔:《存在与时间》,陈嘉映、王庆节译,生活·读书·新知三联书店,1987年。

[德]黑格尔:《哲学史讲演录》第四卷,贺麟、王太庆等译,商务印书馆,2013年。

[德]黑格尔:《世界史哲学讲演录(1822—1823)》,刘立群、沈真、张东辉、姚燕译,商务印书馆,2015年。

[澳]欧文·E.休斯:《公共管理导论(第二版)》,彭和平、周明德、金竹青译,中国人民大学出版社,2001年。

致　谢

本书是按照笔者的国家社科基金课题立项约定而出版的著作。书稿在送交出版社之前,参照结项评审专家意见做了进一步修改完善。在这里首先要感谢国家社科基金的资助! 与此同时,在课题从立项评审、获批后开题到结项评审的多个环节中,许多评审专家都付出了自己的辛劳,对此深表敬意和感谢!

本书的成书也得益于笔者承担的上海市哲社规划专项课题的研究成果。该项目题为"中国特色话语理论:基于话语史的研究"(结项证书号:2020H18)。这一研究的结项成果促进了笔者承担的国家社科基金课题的研究,本书第二章、第三章的诸多内容直接来自专项课题成果的运用。为此,特别感谢上海市哲社规划专项课题的支持。

笔者的同事王礼鑫、陈媛、陈兆旺、张深远等老师或作为团队成员参与课题研究并发表阶段性成果,或在课题结项与本书出版的事务中提供诸多帮助,在此一并表示感谢!

研究生兰剑、郑要、王钰鹏、江曼、达雅楠、张益森都参与了同笔者的课题相关的研究工作,其中兰剑、郑要、王钰鹏与笔者联名发表了阶段性成果,其他同学的参与对课题研究也有帮助,在此一并表达谢意,并祝各位同学在攻读博士学位期间获得新的学术进步!

笔者数十年来的教学、科研工作,一直得到夫人彭廉玮女士的鼎力支持与帮助,值此书出版之际,特向夫人致敬!

感谢天津人民出版社欣然出版拙作,同时感谢本书责任编辑赵子源在本书出版、编辑工作中的辛苦付出!

商红日

2021年10月21日